U0083382

古代歷史文化 研究輯刊

三 編

王明蓀 主編

第 **14** 冊

宋代的俠士

蔡 松 林 著

國家圖書館出版品預行編目資料

宋代的俠士／蔡松林 著 — 初版 — 台北縣永和市：花木蘭文
化出版社，2010〔民 99〕

目 2+170 面；19×26 公分

（古代歷史文化研究輯刊 三編：第 14 冊）

ISBN：978-986-254-099-2（精裝）

1. 游俠　2. 社會關係　3. 宋代

546.11　　　　　　　　　　　　　　　　　　99001235

ISBN - 978-986-2540-99-2

9 789862 540992

古代歷史文化研究輯刊

三 編 第十四冊　　　　　ISBN：978-986-254-099-2

宋代的俠士

作　　者　蔡松林

主　　編　王明蓀

總 編 輯　杜潔祥

出　　版　花木蘭文化出版社

發 行 所　花木蘭文化出版社

發 行 人　高小娟

聯絡地址　台北縣永和市中正路五九五號七樓之三

　　　　　電話：02-2923-1455／傳眞：02-2923-1452

網　　址　http://www.huamulan.tw 信箱 sut81518@ms59.hinet.net

印　　刷　普羅文化出版廣告事業

初　　版　2010 年 3 月

定　　價　三編 30 冊（精裝）新台幣 46,000 元　　　　版權所有・請勿翻印

宋代的俠士

蔡松林　著

作者簡介

　　蔡松林，1972 年冬至出生於台灣北端的台北縣瑞芳鎮，為礦工家庭子弟。花蓮師範學院教育學學士，佛光歷史學所碩士，文化大學史學系博士班研究生。中研院「年輕學者論文精進計畫」學員，現任基隆市南榮國小總務主任。

　　主要研究領域為宋史、社會文化史。目前關注的課題有：俠士、游民及其對社會的影響力等問題。熱愛：歷史、思考、敘事、音樂、看海、寫作。

提　要

　　俠士是中國歷史中一部分特殊的人群，存在於各個朝代與環境裡；他們講求自己所定的人間正義，有著各式的俠義行徑、精神、性格展現，對國家、社會皆產生不小的影響力；至今，前人的研究與累積的文章亦頗有些許。然而部份研究中過於美化俠士的形象，缺少俠士與時代、環境互動的探討，因此，所論略嫌空泛。筆者以為俠士研究當從歷史學角度出發，進行相關史料歸納、分析，方能得到較為中肯的論述。

　　在中國歷史上，宋代是非常特殊的時期。綜觀整個宋代，外患頻仍、戰事不斷，可說，俠士活動狀態有很大的討論空間，但相關研究的探討卻相當薄弱與不全。因此，探討宋代俠士的活動方式、風格，當時官民對俠士的普遍看法，俠士與朝廷、法律之間如何取得關係的平衡，即成為筆者極感興趣的研究課題。故以此為論題，整理宋代相關史書、筆記、方志、文集、前人研究等展開研究與分析。

　　本書共分為五章。第一章：「緒論」；敘述研究動機、目的及方法，和回顧國內外對此範圍的研究概況。第二章：「俠士的概況與歸類」；分析「俠士」在宋代的定義與意涵，整理俠士的活動時期、地域分布、出身、家世等圖表；並分析相關基本概況進行俠士類型的歸納。第三章：「俠士的個案研究」；首先回顧唐、五代時期俠士的特色，再以北宋、北宋末南宋初、南宋三個時期為背景，挑選具代表性之俠士個案進行細部討論、比較、分析。第四章：「俠士與社會的關係」；則試圖處理俠士與階層流動、法律、朝廷、社會經濟的複雜關係，輔以俠士活動方式統計整理及其衍生之相關問題探討，考察宋代社會狀態下俠風的特色與轉變。第五章：「結論」；肯定俠士的正面意義，針對各章成果與問題進行梳理，為此論題做總結。

出版致謝辭

　　乙酉年夏至，本論文終於順利定稿，將自己最初的論題構想完整呈現，最要感謝的是我的指導教授王明蓀老師；在王老師的諄諄教誨下，論文中許多粗陋的概念、想法、觀點，都能一一獲得較爲適切、合理的修正，這全賴王老師的包容與鼓勵。王老師的爲學與做人風範是值得後輩學習的，他這三年來的指導與叮嚀，所提供的治學寶貴經驗，更是我對這個論文題目由最初的困惑，到豁然開朗邁入完成階段的最大推力。因此，王老師不僅是我的論文指導教授，一位值得敬重的歷史學學者，更是我人生的導師，這篇符合我心性與研究樂趣的論文，能有王老師的細心指點是我難得的福氣。

　　此外，承蒙李紀祥老師、林煌達老師不棄，擔任論文的口試委員，提供許多寶貴的意見與思考方向，讓我對論文內容的調整與問題修正，能更清楚的掌握，在此向兩位老師表達萬分的敬意。另外，佛光歷史所裡的陳捷先、李紀祥、邵東方、卓克華、范純武等五位老師，在我修業期間的循循善誘、耳提面命，也是這些年來；我在歷史學領域學習有所進步的另一層助力。

　　服務的基隆市南榮國小，自朱憲瑾校長到楊坤祥校長以來對我的提攜與鼓勵之情，亦將終生銘感於心。感謝總務處所有夥伴在本人擔任總務主任期間的大力協助，讓我能順利完成職場上的各項工作、挑戰與碩、博士學業。此外，學校同仁對我的支持與愛護，本人亦表達最高的謝忱。

　　文化大學史學博士班的朱浩毅學長及好友台大歷史博士班的王雲洲等，在這本論文撰寫及博士班考試期間，提供了不少寶貴的建議與準備方向，十分感謝。當然家人也是重要的精神支柱，尤其是母親多年的辛勞及內子美孜默默的支持與鼓勵，才有今天這本書的完成。溫暖的家庭可說就是我徜徉學術領域的最大助力。

　　物換星移中亦感謝花木蘭文化出版社，提供將本人碩士論文「宋代的俠士」出版的機會。藉此機會一併向諸位師長、先進、好友致謝。

目

次

第一章　緒　論

第一節　研究動機與目的

　　研究俠士的目的為何？其源流該如何探尋？俠士的發展進程有何異同？俠士是屬於什麼領域的課題？文學研究者發表了看法，歷史研究者也有不同角度的切入點，探討社會結構理論的學者更可以談，故俠士是一個跨學科的議題？究竟俠士是真實還是虛構的人物？其形象、精神、活動方式、行徑、社會地位為何？俠士與善、惡之間的關係如何界定？各朝代中俠風興盛或衰落？俠士是哪一種職業或階層？對社會的影響有多深遠？

　　這些值得反省的問題，全都是談論俠士時需要用心面對的幾個重要課題，但卻少有學者認真去處理與探討。因此，談論俠士的學者雖然不在少數，累積的文章亦頗有些許，但仍常給人一種人云亦云的感覺，原因無他，多數研究者未能清楚掌握俠士活動的歷史脈絡，只針對俠士的意涵或爭論點，便多以想像的方式加以論說，不僅讓人對俠士的概念越來越模糊，研究者本身亦可能迷失在研究的目的與方向中。

　　這樣問題繁多的俠士研究狀態，讓筆者對俠士議題充滿鑽研的期許與動力，但處理這個課題的複雜與困難度是不小的。因為，若研究方法、步驟、目的不明確，就會再次掉入老舊的圈套裡，無法作確實、有系統的探討。於是，此次筆者將研究範圍限定在中國的宋代，試圖解決資料根源空泛的問題，以不同過往的論述方法，處理過於美化的俠士形象。由探討俠士與時代、法治、社會環境的互動關係等課題著手，確實掌握研究的方向與目標，

或許能呈現俠士研究的新概念。

在宋代的歷史研究課題中，平民社會所受到的關注相對地是比較缺乏的，但能夠討論的層面卻不少〔註1〕。其中，宋代平民所處的環境與社會文化、經濟生活、科舉取士、城市發展間如何相互影響等議題的探討，是目前國內外研究中較爲薄弱的部分。雖然在相關資料的蒐集上，將面臨不小的困難與挑戰，但這樣的研究方向卻令筆者充滿期待。故此次結合俠士與宋代平民社會兩個議題所進行的宋代俠士研究，不僅希望在研究議題上能有其新意，也期盼能開啓宋代歷史研究的新課題。〔註2〕

總體而言，宋代俠士的研究，便是希望藉由這段社會與國家局勢特殊的時代，觀察俠士存在的原因是否隨環境變化而有所波動，他們屬於哪個階層，與社會的互動關係爲何等，適切處理俠士的相關問題。另外，在此次縮小俠士研究範圍的過程中，保持議題思考的廣度，以對社會階層的透析與探討爲方向，沉浸在此種人文關懷中，透過歷史學方法進行俠士的相關史料歸納與分析，擺脫以往慣用文學手法處理俠士議題所產生的資料薄弱問題。而力求獲得較爲中肯的論述和見解則是本論文的研究目的。

本次論文議題探討以歷史學研究方式進行，雖然比起過往相關俠士研究所面臨的難度會更高、更多。但筆者相信，在這次以宋代爲主的縱線時間與歷史背景探討中，有較明確的研究目的，並佐以史料爲基礎進行的宋代俠士分析、研究，應是能將俠士與宋代社會之間的複雜關係呈現的。

第二節　研究概況

本論文爲宋代的俠士問題研究，所要處理的是宋代俠士概況、活動狀態、個案分析、與社會結構、法律、經濟間的關係、影響層面等問題。此外，俠士資料的蒐集相當複雜，包含：官員、盜賊、義民、義軍、游手、平民、奴婢等群體中都有他們的蹤跡存在，但目前相關的論著並未有宋代俠士議題的直接研究可供參考，故此次宋代俠士資料的整理將更棘手。也因爲如此，

〔註1〕宋代史學研究中，社會文化方面，如士人及庶民生活、醫療、衛生等都是值得一試的題目。見黃寬重，《史事、文獻與人物——宋史研究論文集》（台北：東大圖書公司，2003年初版），頁245～246。

〔註2〕期許宋史研究者，重視新議題的開拓。見王曾瑜，〈宋史研究的回顧與展望〉，收錄於《宋遼金元史》（1998年4月出版），頁19～20。

本節僅能就相關之研究進行回顧。

　　首先，以通論性的俠士歷史探討及文史中的俠士等間接研究部分來看：近來俠士的研究著作不少，偏重在俠士歷史回顧、探討者，在學位論文上有孫鐵剛的台大歷史所博士論文《中國古代的士和俠》（1973 年），其他俠士歷史專著有：龔鵬程、林保淳的《二十四史俠客資料彙編》（1995 年），汪涌豪的《中國游俠史》（2001 年），王齊的《中國古代遊俠》（1998 年），鄭春元的《俠客史》（1999 年），陶希聖的《辨士與游俠》（1995 年）、陳山的《中國武俠史》（1992 年）、汪涌豪、陳廣宏的《游俠錄》（2002 年）等。普遍的情形是，針對特定朝代的研究仍嫌薄弱，皆屬全面性探討中國歷史上產生的俠士現象，但歷朝中俠士和社會的關係卻也著墨不多，故其研究方向較偏重於俠士發展史的論述，宋代的俠士問題並非他們所探索的焦點。

　　這幾本專書中；又以汪涌豪《中國游俠史》的見解最具有代表性，也較符合歷史中的俠士狀態，可惜對於宋代俠士的論述部分，過於草率、武斷，缺乏說服力。龔鵬程、林保淳的《二十四史俠客資料彙編》中，宋代俠士資料較多，但欠缺整理與篩選，沒有俠士的定義，只以俠字為選取的要件，留下不少問題與值得討論的空間。鄭春元的《俠客史》，關於宋代俠士狀態研究著墨亦不多，但探討俠意識的流變論述相當精闢，是筆者分析宋代以前俠意涵流傳的重要參考。陳山的《中國武俠史》針對宋代以後的俠士提出不少新的看法，對於筆者的研究有一定的參考價值。王齊的《中國古代遊俠》，提出宋代俠士生存於城市的概念，但論證篇幅太少，不夠詳盡。孫鐵剛的《中國古代的士和俠》則著重於古代（春秋戰國時期）俠士概況論述，是研究中國古代俠士的通論性論文，提供與傳承俠士研究須具備的歷史概念與方法。整體而言，他們的研究專書，對本論文的研究與撰寫都有不少精闢論點可供參考。

　　綜合文學和歷史兩種方法進行俠士研究的學者與專書有：劉若愚的《中國之俠》（1991 年）、淡江大學中文系主編的《俠與中國文化》（1993 年）、龔鵬程的《大俠》（1987 年）、和《俠文化精神史論》（2004 年）、王立的《中國古代豪俠義士》（1996 年）、董國慶主編的《武俠文化》（1995 年）、曹正文的《中國俠文化史》（1997 年）、陳平原的《千古文人俠客夢——武俠小說類型研究》（1995 年）等。這些研究都是針對俠士議題討論熱烈的著作，但對於宋代俠士的探討卻相當的少。事實上，劉若愚所提出的觀點，所觸及的俠士意

涵與概念，至今仍是相當有建樹的〔註3〕。龔鵬程雖未涉足宋代俠士的探討，但其不忘對目前俠士研究狀況進行反省的態度，提供筆者極為重要的俠士研究概念。董國慶主編的《武俠文化》提到武俠精神的種種表現，雖然根源薄弱，但仍有不小的新意值得在俠士議題研究中繼續探討。

　　在學位論文上，崔奉源的政治大學中文所博士論文《中國古典短篇俠義小說研究》（1983 年）、游秀雲的東海大學中文所碩士論文《宋代傳奇小說研究》（1992 年）等，皆爲文學性極高的論文，廣泛的俠義精神探索，是他們對於俠士議題的貢獻，歷史角度的觀察則略嫌不足。崔奉源在《中國古典短篇俠義小說研究》中所提相關俠士意涵論點相當出色，雖然歷史資料的佐證較爲不足，仍是研究者處理俠士定義問題上重要的參照。游秀雲的《宋代傳奇小說研究》提到宋代俠士的平實風格，雖未能進一步論述，但對於宋代俠士的探討卻提供了一個值得觀察的方向。

　　關於俠士研究的爭辯點：俠士的源流?眞實還是虛構的人物？其形象與精神爲何？俠義倫理是否與俠士劃上等號等，相關爭論研究請參見龔鵬程的《大俠》（1987 年）、《俠文化精神史論》（2004 年），張業敏的〈俠議〉，收錄於《學術論壇》（1996 年），關於俠質、俠源、俠性、俠存在的論證研究，李浩的〈原俠〉，收錄於《西北大學學報》（1996 年），亦對俠源、俠士類型，與諸子關係等議題進行梳理。幾位學者雖提供多元的的俠士議題思考角度，但論證仍嫌不足；未能提供足夠的論證資料是他們共同的問題。

　　另外，針對宋代社會環境、生活、法治、經濟狀態之研究國內外相關論著頗多，可供本文研究參考者整理如下：

　　在宋代社會狀態與背景環境研究中，以朱瑞熙的《宋代社會研究》（1986年）與王曾瑜的《宋朝社會階層結構》（1996 年），兩位學者的研究最爲精闢，以兩者的觀點爲依據，則本文中相關宋代社會狀態的整理可得一定的概念。在學位論文方面，陳義彥的《北宋統治階層社會流動之研究》（1977 年），其相關官宦數據的統計分析，提供筆者宋代俠士仕進者眾的合理解釋與思考方向。郭東旭的《宋朝法律史論》（2001 年）和《宋代法制研究》（2000 年），對於宋代法治有完整的論述，是筆者在處理宋代法治問題時重要的參照。在

〔註3〕劉若愚針對俠士與階層問題提出見解。另外，他亦有俠士助人卻破壞了社會的秩序，造成混亂等十分精闢的論述。請參，劉若愚，周清霖、唐發鐃（譯），《中國之俠》（上海：三聯書店上海分店，1991 年一版），頁 4～7。

學位論文方面，黃純怡的中興大學歷史所博士論文《宋代刑法修正之研究》（2003 年），對於宋代法治問題有較深入的探討，對本文處理法治與俠士問題助益頗大。

鍾佳伶的文化大學歷史所碩士論文《宋代城市治安的管理與維護》（2001 年），以宋代治安和管理為探討重點，在史料的蒐集上相當用心，治安研究則與筆者探討的宋代社會法治狀況概述有密切的關係，極富參考價值。朱倍儀的東海大學歷史所碩士論文《宋代士人之義行》（2003 年），相關儒學對宋人的影響，果報觀念的普及，士人義行的探討等議題都有其見解，和本文所論的俠士行徑，可進行相關之比較與對照。陳祈安的台灣大學歷史所碩士論文《宋代社會的命份觀念》（2001 年），以宋代筆記小說作為主要研究史料，在宋代差役和賦稅問題處理上提供筆者重要的背景概念。黃繁光的中國文化大學史學研究所博士論文《宋代民戶的職役負擔》（1980 年），和聶崇岐的單篇論文〈宋役法述〉，收錄於《宋史叢考》（1986 年），則是針對宋代役法問題提出見解，對於本文在役法層面的處理有一定的裨益。

第三節　研究方法與資料

一、研究方法與步驟

本文的相關探討，主要是以歷史學的角度與研究方法進行，照觀宋代俠士的角色朝人文關懷的研究路線前進，探索宋代俠士在其所處時代中代表的社會意涵。並以統計與分析方法，與「歷史地理」、「時間分期」等概念整合，共同探索、解析俠士的分布狀態及其所代表的意義。

在中國歷史上，宋代是非常特殊的時期。綜觀整個宋代，外患頻仍、戰事不斷，因此，俠士活動狀態有很大的討論空間，但相關研究的探討卻相當薄弱與不全〔註4〕。故考察宋代官民對俠士的普遍看法，俠士的出身、家世、

〔註 4〕認為宋代俠士活動並不活躍，見汪涌豪，《中國游俠史》（上海：復旦大學出版社，2001 年第一版），頁 133。提出宋代俠士來自民間，有平民化現象。請參陳山，《中國武俠史》（上海：上海三聯書局，1992 年第一版），頁 163～165。認為崇文抑武政策，造成宋代俠士的衰落，請參鄭春元，《俠客史》（上海：上海文藝出版社，1999 年），頁 38～39。但卻沒有學者仔細討論宋代裡的俠士生存狀態，也未進行相關時代、環境變化與影響的論證，故他們的論斷似乎都過於草率，尚有很大的探討空間。

類型、地理分布、時間分期，俠士與朝廷、法律如何周旋，俠士與經濟的關係，俠士的活動方式、風格、出路等，就成為本文必須重視與用心處理的研究課題。

研究最後，將宋代俠士研究中的各個部份，如「時代背景」、「俠士類型」、「俠士意涵見解」、「個案研討」、「社會概況」、「社會經濟」、「法治矛盾」、「俠士活動」、「風格的比較」、「俠士活動分析」等，幾個互有關聯的環節結合起來作一總結性的分析論述。

總體而言，本文所採用的研究方法，如蒐集宋代俠士的人物事蹟、類型歸納分析、及社會環境背景的處理等，皆是以歷史學的研究原則為出發點，加入社會史路線的探索與相關史實的分析，作為本文研究的主軸與方法。整理宋代史書、筆記、方志、文集、前人著作等則是論證的史料與依據。

在研究步驟方面，在進行資料的收集與篩選後，首先將完成簡略的人物札記，再依史料的多寡進行各項短缺資料的增補，這是寫作論文前的準備工作。接下來的時間分期、家世分類、出身分類、俠蹟歸納、類型分析，都將以這些札記為基礎，以圖表統計、探討的方式呈現，使研究方向更容易掌握與修正。

當然，俠士的個案分析也是筆者研究中重要的步驟。因此，個案代表者的相關資料掌控和增補自然是不能忽略的一環。最後將處理的是社會背景狀況的釐清，俠士與宋代社會的交互影響等問題，如：「活動狀態」、「俠士生活」、「俠士與社會結構、法治、經濟、困境、出路」的綜合研討等，完成本文的撰寫。

二、資料與文獻

本文研究的資料搜集，筆者將從宋代相關的史料著手，如：《宋史》、《宋會要輯稿》、《宋代石刻史料叢書》、《續資治通鑑長編》、《三朝北盟會編》、《建年以來繫年要錄》、《文獻通考》、《宋元方志叢書》、《宋刑統》、《東都事略》、《宋大詔令集》、《名公書判清明集》、《宋朝諸臣奏議》、《宋史翼》等，進行宋代俠士和宋代社會所需相關資料的篩選和運用。

另外，筆者也將大量運用現存的宋代筆記、雜筆，如：《全宋文》、《宋代筆記小說》、《容齋隨筆》、《夢梁錄》、《東京夢華錄》、《邵氏聞見錄》、《夷堅志》、《清波雜志》、《青瑣高議》、《武林舊事》、《宋朝事實》、《鶴林玉露》、《揮塵錄》、《四朝聞見錄》、《雞肋編》、《桯史》、《夢溪筆談》、《都官集》、《隆平

集》、《宋人軼事彙編》、《鐵圍山叢談》、《春渚紀聞》等加以增補，掌握宋代俠士事蹟的相關史料。相信，經由廣泛、有計畫、有系統的收集、比較與篩選，宋代俠士的資料將更可信、可用。

此外，前述研究回顧中所言及的各篇論文與專著，在俠士、宋代社會兩個議題上皆有不少的精闢見解，雖然對於宋代俠士的研究並沒有直接的關注與探討，但對於本文的撰寫卻有一定的助益可善加運用、對照。

三、論文結構

本文共分為五章，除第一章緒論與第五章結論外，正文分成三部分，即第二章為俠士的概況與類型、第三章為俠士個案研究、第四章俠士與社會的關係，以下針對一、二、三、四、五章作一內容介紹：

第一章：〈緒論〉；敘述研究動機、目的、方法與步驟，回顧國內外學者對此議題的研究概況，最後是筆者的預期成果。

第二章〈俠士的概況與類型〉，分析俠士在宋代的意涵，整理俠士的活動時期、地域分布、出身、家世等圖表並分析相關基本概況，進行俠士類型的歸納。將零散的宋代俠士資料作一基礎的整理、討論。

第三章〈俠士個案研究〉，首先回顧唐、五代時期俠士的特色。並以北宋、北宋末南宋初、南宋三個時期為背景，釐清時局變化對俠士風氣的影響等問題。挑選具代表性之重要個案，與俠士基本概況，進行細部討論、比較、交叉分析、檢討。整理歸納家世、出身對俠士的影響，並從中梳理相關的問題，在俠士與社會關係中繼續深入研究。

第四章〈俠士與社會的關係〉，首先探討俠士與社會結構的關係，分析俠士是否屬於特定的階層，處理俠士與社會流動間的複雜糾葛及其衍生之相關問題為主。而在俠士與法治問題上，除釐清律令與俠士的關係外，分析朝廷對俠士的態度與手段、俠士的守法觀念、對社會的影響力等，則是這個層面研究的重點。俠士與社會經濟的關係，則以賦稅、差役、城市發展等問題進行探討，作一新議題的嘗試。俠士的活動型態與出路方面，則試圖在北、南宋外在環境與局勢變化中，同時針對俠士的活動方式與困境問題進行考察；使宋代俠風的轉變與特色有較合理與完整的分析。大體而言，本章論述的幾個重要概念皆涵蓋在這四大子題之中。

第五章：「結論」；肯定俠士存在的正面意義，針對各章成果與問題進行梳理，為此論題做總結。

　　最後，本文題目爲「宋代的俠士」，不論題目或內容上，皆著重於宋代俠士的事蹟描述，無意於俠士的探源與定義之競逐，亦不刻意進行「善」、「惡」之細部探討與主觀判定，在目前能掌握的史料基礎前提下，以上述論文結構爲研究步驟與方向，呈現宋代俠士的特色。

第四節　預期成果

一、可能產生的問題

　　本論文進行中可能遭遇的問題大概有幾方面，第一，部份俠士生卒年、出身及家世記載不詳亦難以考證，在歸納與統計圖表的工作上，筆者將以資料明確與筆者判斷兩種方式作爲區隔，其他研究者必然對於如何判斷俠士資料提出質疑與不同見解。第二，由於留存史料較少，部分俠士並無相關俠蹟、生平的記載，因此，筆者的解讀可能令其他研究者產生疑問或提出不同的看法。第三，本文中宋代俠士與社會的關係，只偏重在法律與經濟、朝廷態度、社會流動、活動狀態與出路等幾個特定議題上，可能會引起不同的議論與檢討。這些問題都是筆者在研究進行時，需多加留意與努力克服的地方。

二、預期成果

　　宋代的研究，質與量上皆有可觀，但宋代的俠士議題在歷史研究上卻是少有學者跨足的領域。故筆者的研究，不僅可能有新的課題，可提供文學及不同領域研究者新的思考方向。更能使宋史的研究學者，對宋代中下階層的流動、宋代俠士的生活有較具體的認識。故藉由史料蒐集爲依據，以宋代俠士的基本狀態、比較分析、社會互動、脈絡釐清，呈現俠士在宋代社會中較爲清晰的面貌，將是筆者可以預期的成果。

第二章 俠士的概況與類型

　　唐中葉至宋代，由於商品經濟的發展，促進經濟繁榮與城市發達，對整個國家與社會造成的影響相當大。加之宋代外患頻仍、戰事不斷，似乎營造出頗利俠士生存的活動空間，但這都只是表象，應該以更多的資料和分析來釐清相關研究者的困惑和臆測。因此，分析宋代官民對俠士的看法、俠士的地理分布、家世、出身、時間分期與俠士類別等問題探討，即成為筆者研究中的必要課題。

　　本章以研究宋代俠士的基本概況為主要課題，試以歷史學角度回顧俠意識觀念的轉變與迷思，宋代社會中時人對俠士的普遍見解，近年來學者對宋代俠士意涵的探討等。並針對俠士的家世與出身，所處時期與地理分布，俠士的類型等加以統計、歸納、分析。在相關史料的佐證下，完成基礎性的宋代俠士概況整理與論述，以期為俠士的研究開闢一條較為務實的道路，讓俠士議題的研究與撰寫；具有更深層的意義與說服力。

第一節　俠士的意涵與定義

一、俠的流傳與迷思

　　「俠」這個詞語在中國歷史上出現的很早，流傳時間久遠，至今仍廣為使用。然而何謂「俠」則是非常複雜的課題，可以討論的層面很多。本文無意於對俠士源流作重新的爭辯〔註1〕，僅針對取材所需之俠士意涵問題進行探

〔註 1〕歸納現代學者爭論俠之起源有三方面，起源於儒；起源於墨；起源於一種人的氣質與精神；加上自己的見解認為起源於原始民族遺風。見鄭春元，《俠客

討。

《韓非子・五蠹篇》：「儒以文亂法，俠以武犯禁。」〔註2〕《史記・游俠列傳》：「今游俠，其行雖不軌於正義，然其言必信，其行必果，已諾必誠，不愛其軀，赴士之阸困，既已存亡死生矣，而不矜其能，羞伐其德，蓋亦有足多者焉。」〔註3〕這兩部著作，是最早有系統談論俠的古代文獻，對近代俠士的研究有著重要的啓發與影響。〔註4〕

封建制度崩潰與法律公佈之後，新的社會秩序不能立刻建立起來，一些特權階級與巧詐之人專尋法律漏洞，胡作非爲、巧取豪奪。於是社會上產生了一種維護正義之士，不怕干犯法網，專門打擊作姦犯科的人物，這些以輔助與保護他人爲己任的人物，被稱爲俠、游俠或任俠，這是相當具有歷史觀的俠士見解。〔註5〕

孫鐵剛在《中國古代的士和俠》中提到，俠士是周代封建社會崩潰後的產物，因爲在封建社會中，各色人等都有一定的工作，自然不容有游閑的俠客〔註6〕。陶希聖在《辯士與游俠》裡提出，游俠的行徑來自：遊民活動、獨立的英勇行爲——刺客、集團的活動、藏亡納死的豪家行爲，清楚歸納這時期俠的類型〔註7〕。獨立刺客：聶政、荊軻可屬之。集團俠客：平原君和食客救趙可稱之。藏亡納命：孟嘗君可稱之〔註8〕。故俠士是憑仗個人的材武急人

史》（上海：上海文藝出版社，1999年），頁1～4。

〔註2〕 韓非著，傅武光、賴炎元注譯，《新譯韓非子》（台北：三民書局，2003年初版三刷，以下簡稱《韓非子》），卷十九〈五蠹〉，頁720～721。

〔註3〕 司馬遷撰，裴駰集解，司馬貞索隱，張守節正義，《史記三家注并附編二種》（台北：鼎文書局出版社，2002年十三版。以下簡稱《史記》，本文以下引用二十四史資料皆爲鼎文書局版本，不再隨註説明），卷一二四〈游俠列傳〉，頁3181。

〔註4〕 筆者以爲俠士研究中，無論是韓非所言，具有武力而擾亂社會秩序的「不良份子」，或是司馬遷所提，具有捨身取義精神，扶危濟傾的君子，俠經過了千年的更替，其發展與變化是值得關注的。與其爭論韓非或司馬遷的論述較爲正確；而憑空想像俠與國家、社會的關係，這種所謂的俠士路線之爭，實不如蒐集史料爲基礎進行研究，讓證據説話來的貼切。

〔註5〕 戰國時期俠士風貌的研究請參，孫鐵剛，《中國古代的士和俠》（臺灣大學歷史所博士論文，1974年），頁114～115。

〔註6〕 同註5，頁111～112。

〔註7〕 陶希聖，《辯士與游俠》（台北：臺灣商務印書館，1995年二版），頁75～85。

〔註8〕 《史記》，卷八十六〈刺客列傳〉；卷七十六〈平原君傳〉；卷七十五〈孟嘗君傳〉。

之難，雖殺身而不悔，也多爲各國貴族所用。他們兼具士的身份，但行徑較士爲英勇壯烈〔註9〕。兩位先進以歷史學角度所作之研究與探討，可謂十分貼近俠士的眞實面貌。

　　戰國時代任俠與游士、食客的不同，也就在於任俠留有自己的職業，過著自食其力的生活〔註10〕。但這樣的論述，還是沒能解決俠士的流傳問題，鄭春元的研究提供較合理的思考。他指出，俠意識經歷了萌生、定型、豐富發展三個時期：（一）在春秋戰國這個劇烈變動的時期，俠士須面對各種複雜的關係，因此如士爲知己者死、輕財重義、恩仇必報、視名節重於生命、爲世人排紛解難等俠意識觀念，在此萌生並奠基。（二）兩漢時期，除司馬遷將俠士事蹟寫入史書中有系統的表述俠意識觀念外，復仇逐漸成爲漢代俠士主要的活動之一，並強調復仇要講道義等，使俠義觀念得以定型與在社會中擴散。（三）宋代以後，俠意識觀念雖承繼漢代而來，但仍是不斷有所變化，如俠士爲國爲民鏟奸除惡，具有更多的正義性等〔註11〕。由於俠觀念的流傳，促使一代代俠士的誕生與轉變，這是相當符合俠士歷史演變的論述。

　　然而，要找出歷史上眞實存在過的俠，除了上述俠意涵、俠意識研究外，關於俠的定義問題，近代學者的論點一樣不能忽視。

（一）俠定義是正面、善的：崔奉源、王齊、鄭春元等人

　　鄭春元認爲俠的本質是「利他性」，並以較寬泛的界定說明，具有急人之難、捨己爲人、伸張正義、自我犧牲精神的人就是俠。且在大多數情況下，俠是替下層百姓解救困厄、剷除不平、伸張正義的社會力量〔註12〕。鄭春元強調俠須具備「利他」的精神，這是俠精神層面的探討，但他所提的「利他」精神，無法消彌研究者對俠士沒有「利己」精神的質疑。

　　王齊將歷史上各個時期有關遊俠的看法加以整理，認爲遊俠是指不循章法、輕生重義、抑強扶弱的人。且遊俠與惡霸、豪強、土匪、強盜是有所區別的。遊俠雖然常常蔑視社會法規，冒犯社會的道德準則，但他們卻信守著自己的道德觀念和行爲規範，有著自己較爲鮮明的精神特徵。如：（一）追求「公正」，講究「義氣」。（二）恩怨分明、報復心強。（三）勇於助人、樂善

〔註 9〕　孫鐵剛，前揭書，頁 190。
〔註10〕　孫鐵剛，前揭書，頁 204。
〔註11〕　鄭春元，前揭書，頁 73～85。
〔註12〕　鄭春元，前揭書，〈前言〉部分，頁 4～5。

好施。（四）看重名譽、輕視生死〔註13〕。王齊認為俠士有著屬於自己的道德觀，可以從俠蹟中去觀察探討，但俠士有著自己的行為規範，看似合理卻沒有相關文獻資料的佐證，論述相當抽象、模糊，和歷史中的俠士有些落差，只能算是一種推測。

崔奉源認為俠士是指符合：（一）路見不平、拔刀相助。（二）受恩勿忘，施不望報。（三）振人不贍，救人之急。（四）重然諾而輕生死。（五）不分是非善惡。（六）不矜德能。（七）不顧法令。（八）仗義輕財等條件者的稱呼〔註14〕。他認為只有具備這樣的特質才算是俠，這顯然與現實狀況有不合之處。因為並非所有俠士都不顧法令或不分是非善惡，故他的論述有部份是需要再修正的，若能將歷史中俠士活動的普遍現象仔細整理後，再進行俠士的定義歸納則可更具說服力。

（二）俠定義是負面的、惡的：龔鵬程、侯健

龔鵬程認為歷來學者對於俠的定義都是一種正義的迷思，他說：我們賦予俠很多優美的品質，卻淡忘了他們積存在歷史黑暗面的穢惡；不斷讚美他們對不公道秩序的反擊，卻無意追問這種反擊是否出自盲目的非理性衝動；更不會想想在反擊的過程中，由於俠之輕賤生命，枉殺了多少無辜良民，造成了多少不公道；至於社會秩序本身是否真的不公道、追求公道是否即必須打破如「王孫公子／農夫」這樣的社會階層劃分？其「替天行道」，是否只是代表了個人權利和社會整體利益之間的衝突、是任意擴張自己權利的藉口？這個檢討俠定義的論述，切中現代俠士研究的問題。〔註15〕

關於真實中的俠士，侯健也曾提出與龔鵬程類似的意見，他認為武俠小說的內容與現實的俠客有所不同，小說對於俠士的描寫其實是一種想像，而非實際的狀況〔註16〕。兩位先進的論述十分精闢，值得研究者省思。龔鵬程

〔註13〕 王齊，《中國古代遊俠》（台北：臺灣商務印書館，1998 年初版），頁 3〜7。

〔註14〕 崔奉源，《中國古典短篇俠義小說研究》（台北：聯經出版社，1986 年初版），頁 19〜20。

〔註15〕 龔鵬程，《大俠》（台北：錦冠出版社，1987 年第一版），頁 53〜54。

〔註16〕 侯健，〈武俠小說論〉云：「說到武俠小說，我們首先要分清楚，武俠是武俠，小說是小說。武俠的行事與思想，構成小說的內容和形式，但這些的本身卻是真正發生過的事，因此是人生和歷史。小說是文學的一類，可以模仿人生，創造歷史，但其本身是虛構的，所藉助的主要力量是想像力。武俠和小說，有本質上的差異，所以必須分別考慮」。收錄於侯健，《中國小說比較研究》（台北：東大圖書公司，1983 年），頁 171。

勇於破除歷來研究者對俠士的成見更屬難得。但只執著於俠士的黑暗面，因而忽略俠士所具有的俠義精神，其實也是一種侷限。我們不能因為俠士的急公好義而否認其負面形象，同樣地，也不能因為俠士曾經在歷史中留下污穢的事蹟；而抹滅其善良助人的作為，因為這些事蹟都曾經真實的存在過。

藉由上述的探討，可知學者對於俠士的定義、觀點不一，論點雖有一定的道理，但都不全面。善與惡的觀點也各有堅持，為什麼會產生這種歧異的現象呢？因為，俠在歷史上並沒有一定的意涵，這個論述值得重視。〔註17〕

無論是周慶華所論，俠士的「虛構」及長期以來被「神話」的問題〔註18〕，龔鵬程所提：俠是正義的神話與迷思〔註19〕，或張業敏以俠質、俠源、俠性、俠存在，作為俠議題討論支架產生的問題〔註20〕。這些論點雖仍有些許爭議，但他們期盼俠士探討能有更多的真實感，則是進行俠士研究時必須嚴肅面對的。因為，我們的研究要有所進展、突破，與相關反省方向的掌握有很大的關係。〔註21〕

儘管宋前俠士的相關探討不少，研究方法、方向也各有勝場，但以孫鐵剛、陶希聖的歷史角度探討較為合理，可供宋前俠士研究概念的建立〔註22〕。

〔註17〕 文獻上記載俠的面貌千奇百怪，使研究者面臨了無法論述的困難，不得不「求救」於歷史根據或思想淵源。當各人所找到的歷史根據或思想淵源互不相同時，歧異便產生。我們無法判斷誰的說法屬實，只能說他們所找到的俠，必須為他們的論述負責，而不必再轉向歷史負責。見周慶華，〈俠的神話性與社會功能──兼論俠的「出路」問題〉，收錄於，淡江大學中文系主編，《俠與中國文化》（台北：學生書局，1993 年初版），頁 7。

〔註18〕 同註 17，頁 1～14。

〔註19〕 龔鵬程，《俠的精神文化史論》（台北：風雲時代出版社，2004 年初版），頁 31～42。

〔註20〕 相關論述如俠質是男人性、俠不源於墨家、俠有客觀與文學存在的問題探討等。見張業敏，〈俠議〉，《學術論壇》，1996 年 5 月。

〔註21〕 筆者綜合幾位學者的論點後有所反省，即不管是文學或歷史記載的俠，其形象並不一致，就是因為俠士的形象是多樣化的。所以欲以某種條件、特質來規範俠，企圖要立下定義時，就會產生問題。即使立下某個定義，欲將所有的俠士都納入此定義時，自然就會產生矛盾，因為我們所能立下的定義，並不全面而只是局部。歷來學者大都沒有正視這個問題，守著自己立下的定義，便認定只要是俠士研究，都將在所立下的定義範圍裡。這就是一種侷限，更是一大需要反省的研究迷思。

〔註22〕 孫鐵剛與陶希聖兩位先進的戰國俠士分析十分貼切，國家更替多難之時，俠士便應運而生，適用於秦漢時期，更可對照於宋前各朝，故不再探討各朝歷史中的俠士研究，因本節的重點在宋代俠士研究，而兩先進之歷史角度研究，已提供可行之研究典範。

而龔鵬程所提的歷史研究法,關於俠士的歷史詮釋與研究推論,對本文的研究有很大的助益〔註23〕。故筆者將持續這種歷史角度的考察、分析,無意對宋代俠士立下沒有彈性與討論空間的定義,而掉入俠士定義迷思的泥淖與窘境中。〔註24〕

二、相關宋俠觀點與史料探討

(一)近代學者的觀點

前引學者孫鐵剛、陶希聖的論述,是貼近上古時期俠士狀態的研究參照,但仍難成為俠士意涵的固定標準,因為每個朝代對俠士的認定是有所更動與不同的。這點,龔鵬程在《俠的精神文化史論》中亦有所感,他認為每個時代都有不同的俠士面貌,俠士並不是固定的類型或人物,這些面貌與性質,雖與俠士起緣時的意義有關,卻往往隨著時代的心理需求而變異〔註25〕。故體認俠士的定義與意涵,會隨著外在環境改變,而非始終如一,這正是本文重要的觀察重點與研究概念。

在前述幾位學者的俠士定義研究中,對於「俠」與「義」的問題多所討論,其實早在唐末時,李德裕於〈豪俠論〉中便已觸及。摘錄如下:

> 夫俠者,蓋非常之人也,雖以然諾許人,必以節氣為本。義非俠不立,俠非義不成,難兼之矣。……士之任氣而不知義,皆可謂之盜矣。然士無氣義者,為臣必不能死難,求道必不能出世。〔註26〕

他將「俠」、「義」並舉,有意將俠士導向儒家思想,認為不知義,為私利者,只是盜賊,不得為俠,進而開啟後世「俠義」的觀念。宋代的洪邁,亦對義俠提出見解,認為是行過正道的人物之一。〔註27〕

《宋史》以後,正史裡多有忠義傳的記載,細究可知傳中許多人物正是

〔註23〕同註19,頁51~55。

〔註24〕除龔鵬程與周慶華所論的俠研究迷思反省外,陳平原也提供了另一個省思,即談「俠」觀念,不是在給一個確定的「定義」,而是在考察俠與外在環境融合的趨勢和過程。見陳平原,《千古文人俠客夢——武俠小說類型研究》(台北:麥田出版社,1995年4月初版一刷),頁20。

〔註25〕同註19,頁39~40。

〔註26〕見李德裕,〈豪俠論〉,收錄於,清聖祖敕編,《全唐文》(上海:上海古籍出版社,1993年,以下引用《全唐文》資料,皆同此版本),卷七〇九,頁3224~3225。

〔註27〕洪邁,《容齋隨筆》(上海:上海古籍出版社,1998年第一版二刷),頁105~106。

所謂的俠士〔註28〕，這代表著宋代的俠士見解；在當時已被導向與「忠」、「義」的結合，其用意在於將這群行爲逾法的俠士納入國家體制中。由這現象也可以發現，宋代局部的俠士意涵與「忠」、「義」兩字是密不可分的。

龔鵬程在唐俠研究結語時提到，俠的本質到了宋代，原始氣力盲昧的俠風，乃逐漸爲理性價值的公眾俠義所取代，俠義內容與精神，也從私人利害意氣感激，變成公眾集體之價值正義；除暴安良的俠客形象與唐前迥然不同〔註29〕。其描述雖然沒有太多的史料根據，卻提供了一個極佳的研究參照。

王齊則認爲，宋代俠士居住在市井中，以義氣爲行爲準則，行爲也多半是路見不平拔刀相助，或救人於危難之中，也有些是爲己爲友復仇，政治色彩相對減少，王齊的論述有一定的資料可供對照、查證，尙稱平實。〔註30〕

鄭春元指出，宋俠中出現了爲國爲民懲奸鋤惡這一新的俠義觀念。而懲惡除惡、路見不平拔刀相助，則成了宋俠奉行的俠義觀念，代表宋代俠士行俠方向略有調整，著重懲惡扶善的實踐，使俠士的行爲具有更多善的價值和正義性，這論述點出了部份宋代俠士的特色。〔註31〕

董國慶主編的《武俠文化》中提到，宋代因新儒學倫理對平民文化進行的薰陶結果，宋代俠士中出現了「憂國憂民」、「忠君報國」等概念，而這些觀念又與傳統的俠義精神相結合，於是武俠的反叛性增強，「爲民除害」、「替天行道」等觀念則成爲宋代俠士當仁不讓的義務和職責，也反映出現實中存在的宋俠意涵其實是多元而複雜的。〔註32〕

陳山在《中國武俠史》中指出，整理宋代相關史料後發現，許多武俠來自民間社會已成爲宋代俠士的一大特色，其原因正是宋代重文輕武的政策與社會風氣〔註33〕。這個論述有合理處，也有需要再探討的地方，如武俠多來自民間，其相關資料與數據爲何則未見其論證，值得進一步整理、分析。

龔鵬程、林保淳編的《二十四史俠客資料彙編》中，宋代俠士資料蒐集

〔註28〕除筆者鑽研《宋史‧忠義傳》所得許多俠士資料外，各朝忠義傳所載俠士資料整理亦可參龔鵬程、林保淳編，《二十四史俠客資料匯編》（台北：學生書局，1995 年初版）。

〔註29〕同註 15，頁 138～139。

〔註30〕王齊，前揭書，頁 48。

〔註31〕鄭春元，前揭書，頁 83～84。

〔註32〕董國慶主編，《武俠文化》（北京：中國經濟出版社，1995 年第一版），頁 3～4。

〔註33〕陳山，《中國武俠史》（上海：上海三聯書局，1992 年第一版），頁 163～165。

較多，但欠缺整理與篩選，沒有俠士的定義與意涵探討，只以「俠」字爲選取的關鍵，運用上有一定侷限，且留下不少問題與值得討論的空間〔註34〕。如宋俠的風格，與唐、五代俠士間的影響、承繼關係如何等，都是本文需要進一步處理的方向。

游秀雲指出，先秦時代的俠士自由尋找君主，唐代的俠士依附主人，宋代的俠士開始具有民間的色彩，又再次提到宋代俠士與民間文化的關係〔註35〕。但取材只是憑藉著宋代的俠義小說，雖能反映當時局部的俠士狀態，資料方面卻易遭質疑。因爲，這觀點能否被認同，史料的補強是重要關鍵。

上述幾位學者的宋代俠士整理與意涵探討，都有一定的建樹，但皆無法成爲定論，原因即在於涵蓋與探討層面仍嫌不足。

整體而言，五代之後，俠義觀念逐漸受到儒家思想的滲透，俠士的形象被導向正義化，俠士漸成爲世間法律的支持者，常爲維護正義而戰。此一形象的轉變，與宋代社會背景、學術思潮、文化有極大關連。而世間律法與人間正義，在傳統的專制政體中，是必需符合統治者的政治利益與君臣倫理的〔註36〕。因此，俠士意涵被導向忠義的結果，是爲宋廷效忠？或另有作用？這點在往後的章節中我們將會有更多的探討。

（二）史料中的宋俠意涵

以下另以史料上所載之觀點，探討宋代俠士的意涵、定義與相關問題。

從陸九齡禦寇告門人的一段話，我們可以看出宋代部份官員；對宋代俠士的一些認知與看法：

> 九齡曰：「文事武備，一也。古者有征討，公卿即爲將帥，比閭之長，則五兩之率也。士而恥此，則豪俠武斷者專之矣。」遂領其事，調度屯禦皆有法。寇雖不至，而郡縣倚以爲重。……歲惡，有剽劫者過其門，必相戒曰：「是家射多命中，無自取死。」〔註37〕

〔註34〕龔鵬程、林保淳編，前揭書，頁224～245。

〔註35〕游秀雲，《宋代傳奇小說研究》（台中：東海大學中文所碩士論文，1993年），頁85。

〔註36〕宋代開始，義俠成了俠士的最後造型，並闡述義俠的條件，也符合部分宋代俠士的意涵。請參林保淳，〈從遊俠、少俠、劍俠到義俠──中國古代俠義觀念的演變〉，收錄於，淡江大學中文系主編，前揭書，頁116～119。

〔註37〕脫脫等撰，《宋史》（台北：鼎文書局新校本，1998年九版，本文以下引用《宋史》資料，皆同此版本），卷四三四，列傳一九三〈儒林四〉，頁12878。

陸九齡的言談之中，部份官員似乎未將俠士當成流寇之徒，而將之視爲具有武力、能禦寇、能爲民除害的衝動武斷者之流，爲惡者懼怕的正是這種強大的武力。蘇軾與俠士陳慥遊西山〔註38〕，范仲淹、藤宗亮數次推薦任俠之士郭京〔註39〕，陸游作俠客詩〈劍客行〉、〈寶劍吟〉等，皆認爲游俠氣慨是可取的〔註40〕，這都反映出當時部份官員與文人對俠士的觀感與意涵了解是趨向正面的。

宋代俠士助人事蹟很多，《宋史・列女傳》中，就有一則平實的記載：

> 劉氏，海州朐山人，適同里陳公緒。紹興末，金人犯山東，郡縣震響，公緒倡義來歸，偶劉歸寧，倉卒不得與偕，……劉留北方，音問不通。……子庚浸長，輒思念涕泣，傾家貲，結任俠，奔走淮旬，險阻備嘗。如是者十餘年，遂得迎母以歸。〔註41〕

在這段記載中，俠士協助陳庚尋母，是屬於較爲正面的行動，但俠士是否因收取陳庚的錢財，或是受到陳庚的款待才願意出手相助，則需要更多的資料方能解讀與論斷。而另一個觀察的重點是，南宋初年俠士活動仍屬活耀。

張景與俠士交游的記載則反應出，宋代社會對俠士的另一種觀感。

> 張晦之景以古學尚氣義，走河朔，與冀州一俠少游。後俠者不軌，事敗，景亦連纍，捕之甚急，遂改姓名李田，遁竄四海。〔註42〕

且不論張景喜游的目的爲何〔註43〕，但由他與俠士交遊的事蹟，卻可以看出宋代俠士存在的普遍性。另外，「不軌」之實際情形如何，則值得探討：（一）不軌是「違法」（與當時的法令產生衝突）。（二）或是確有社會價值標準中的

〔註38〕《宋史》，卷二九八，列傳五十七〈陳希亮〉，頁 9922～9923。希亮子慥之俠蹟與蘇軾遊西山之經歷。

〔註39〕《宋史》，卷四五七，列傳二一六〈隱逸傳上・徐復〉，頁 13434。范仲淹、滕宗亮推薦俠士郭京之記載。

〔註40〕陸游事蹟除筆者整理外，另見《宋史》，卷三九五，列傳一五四〈陸游〉，頁 12057～12059。陸游認同遊俠氣慨，但將游俠改成品格高尚的愛國主義者，請參（美）劉若愚，周清霖、唐發鐃（譯），《中國之俠》（上海：三聯書店上海分店，1991 年一版），頁 67～71。對陸游崇揚俠士風氣的肯定亦可見，曹正文，《中國俠文化史》（上海：上海文藝出版社，1994 年第一版），頁 49。

〔註41〕《宋史》，卷四六○，列傳二一九〈列女〉，頁 13483。

〔註42〕文瑩，《湘山野錄》（北京：中華書局，1997 年初版，本文以下引用《湘山野錄》資料，皆同此版本），頁 52。

〔註43〕陸心源，《宋史翼》（北京：中華書局，1991 年第一版，本文以下引用《宋史翼》資料，皆同此版本），卷二十六，頁 272。亦有張景喜與豪英游之相關記載。

不軌。這兩點有時相合，有時就不見得相同。由冀州俠士的不軌事蹟推斷，則以其行徑違法遭官府嚴厲追捕的可能性較大。

《青瑣高議》中記載一則高言悔俠懼捕，流亡異域二十年的俠蹟〔註44〕。作者劉斧在全文後之議論，則有勸人不要爲俠的見解：

> 議曰：馬伏波云：「爲謹願事，如刻鵠不成類鶩者也；學豪俠士，如畫虎不成反類狗者也。」此伏波誨子弟，欲其爲謹肅端雅之士，不願其爲豪俠也。……士君子觀之以爲戒焉。〔註45〕

劉斧的言論，在一定程度上反映當時宋人對俠士行徑的困擾，深怕子弟學豪俠不成而有身累。何以如此？因爲，宋代律法並不允許個人私自以武力去解決爭端，故擔心其所學俠士行徑難爲法律所包容也！再則以社會的道德標準而言，俠士在宋代是一個有爭議的形象，應該也是主因之一。

我們再從林攄抓捕大俠的記載，探討官員對俠士的看法。

> 林攄字彥振，福州人，徙蘇。父邵，顯謨閣直學士。攄用蔭至敕令檢討官。……知揚州，政以察察聞，鉏大俠，繩污吏，下不敢欺。
> 〔註46〕

細究林攄傳，不難發現，這位官員十分奉公守法，也非第一次任官，沒有治績與升遷的壓力。捕大俠事件的原因，乃在於官方仍是受「俠以武犯禁」的傳統觀念影響，認爲俠士是擾亂社會秩序的亂源，故以守法官員身份打擊破壞法治的俠士，不僅合理亦代表官方的一貫立場不曾動搖。

在《宋史·列女傳》中，也有相關俠士看法的描述，所載如下：

> 朱氏，開封民婦也。家貧，賣巾屨籫珥以給其夫。夫日與俠少飲博，不以家爲事，犯法徙武昌。〔註47〕

由朱氏的事蹟記載中，不難發現，這些俠士似乎是終日飲博，還引發與其交遊者家庭的不安，最後因犯法而受刑，給人一種負面的感覺。這種負面觀感從何而來，其實就是從俠士的日常活動衍生出來的。

〔註44〕劉斧，《青瑣高議》，前集，卷之三，收錄於，上海古籍出版社主編，《宋元筆記小說大觀一》（上海：上海古籍出版社，2001年初版，本文以下引用《青瑣高議》資料，皆同此版本），頁1028～1030。

〔註45〕《青瑣高議》，前集，卷之三，頁1030。

〔註46〕《宋史》，卷三五一，列傳一一〇〈林攄〉，頁11110～11111。

〔註47〕《宋史》，卷四六〇，列傳二一九〈列女〉，頁13479。

三、宋代俠士的定義與意涵

　　在宋代俠士定義部分，除上述史料與相關學者的研究可供參用外，本小節將宋代俠士的重要定義整理如下：（一）路見不平；起而相助。（二）重然諾而輕生死，將誠信、名譽、氣節看得比性命重要。（三）義善，不問過程，有時甚至不顧法令，只問目標。（四）恩怨分明，報復心強，甚至可以代人復仇。（五）受恩、受知遇不忘，施不求報。（六）講求自己所定的「人間正義」。（七）是自發性的行為和政府組織無關，不代表公權力。（八）急人之難，勇於助人，樂善好施，是長期性的行為表現。（九）仗義輕財。（十）「力」與「氣」的行為展現，即個人力量、勇氣、義氣、氣度的發揮，但武力往往為其必要條件。符合這些定義者，即筆者所需蒐集、探討的宋代俠士。

　　除上述的宋俠定義討論可供參用外，筆者仍需清楚補充幾個宋代俠士的重要意涵，以利複雜的俠士資料蒐集與處理。（一）宋代俠士行徑可以強烈特殊與平淡一般加以談論，觀察重點在於他們的震撼力與影響力。行徑強烈的俠士造成的社會影響層面大，如劫富濟貧活動便易受到宋廷的壓制。反觀，俠行平淡、溫和者，不但對於社會秩序沒有任何的破壞，自然也不會受到宋廷的任何懲治。（二）宋代俠士們都有著自己的俠義精神與個人的想法特質。在其濃烈的行徑與配合社會制度的態度上，和一般的士人義行是有所區隔的〔註48〕。他們並不在意是否有組織或社會制度的奧援，俠士的俠義精神與義舉是一種隨性的行為展現。（三）時代的動盪，「忠」、「義」概念和宋俠的意涵密不可分亦是一大特色，有必要於往後章節進行探究。

　　本文中的宋代俠士收錄，即著眼於他們所展現的過人勇氣、非常手段與非常事蹟，在相關定義與意涵條件下進行統整。但我們也不難發現，韓非所論的「俠以武犯禁」，或司馬遷所提「重然諾，輕生死」等古代俠士概念，對宋代俠士意涵的影響仍是極為深遠，因為，許多宋俠的俠義行徑正是他們論點的延續、轉化、擴充，這點是不容忽視的。另外，包括俠行濃淡和俠士之間的關係，俠義精神的行為展現，個人道德觀與宋俠間的複雜問題，俠士與忠義概念的關係等，亦是筆者將在本文各章中以俠士實例持續觀察、追蹤的重要方向。

　　關於本文的宋代俠士定義與意涵來源，乃以宋人史書、筆記、文集的見

〔註48〕士人的義舉以透過組織和官民合作的模式最常見。請參朱倍儀，《宋代士人之義行》（台中：東海大學歷史所碩士論文，2003 年），頁 128～129。

解記載為主〔註 49〕，前人的研究論述為輔，與部份筆者的分析整理，先下特定的定義，再以較大層面的俠士意涵將相關論點包容於其中，故有正、反面的評價與論述實屬合理。原因就在於宋代相關史書、筆記、文集的著者或學者，本身也有俠士意涵界定不清與觀點不同的問題產生，非本文研究所造成之混淆，但我們必須加以重視與釐清。

究竟這種混淆是怎麼產生的？是朝廷的壓制，還是俠士的形象本來就是如此，值得探討。鄭春元認為史書中，確實有將俠士形象負面化的情形產生，是一種政治因素〔註 50〕。但筆者認為，「俠以武犯禁」，本質容易被誤解為負面才是主要原因。雖然俠士的行徑常和法令有所抵觸，但並不代表其為惡，故其正負面（善、惡）評價，還是得透過考察其目的、行為、手段、方法等要件加以綜合討論，才能有較適切的論斷。

此外，本論題「宋代的俠士」乃指「宋代的俠者」之意，即一般稱為俠、俠客、任俠者，不涉俠與士之間的問題探討。而為求呈現宋代社會中多樣的俠士面貌，以特定的定義與較大層面的意涵將相關俠士的觀點包容於其中，拓展宋代俠士研究與探討的層面，是本文努力的目標。爭辯俠士是善或惡的議題，並沒有太多實質的意義，故不列入本文的探討範圍中。

第二節　時間分期與地理分布

宋代俠士概況的分析、整理少有人涉足，因此，這些資料顯得相當零散，然而處理俠士的概況問題卻是研究宋代俠士的必要步驟。據龔鵬程、林保淳的宋代俠士資料摘錄〔註51〕，及筆者的分析整理，《宋史》中至少有四十筆俠士資料的記載；其他宋代相關史料中的記載也不在少數。故筆者以為概況可以從俠士的活動時期、地理分布、家世、出身、出路等幾個方向去思考。本節僅針對活動時期、地理分布進行初步分析、探討。

〔註49〕宋代俠士蒐集來源包括：《宋史》、《宋代筆記》、《宋人文集》、《方志》、《金石石刻史料》、《宋史翼》等資料，故將史料中宋俠的意涵見解加以整理則有：主持正義、急人之難、重然諾輕生死、為國盡忠、為官助人、助官抓賊、有恩必報、為不法亡命山林、為惡鄉里、與官府對抗、聚眾起義仍秉持俠義之心等特徵，亦有一定的代表性。

〔註50〕鄭春元，前揭書，頁 138。

〔註51〕龔鵬程、林保淳編，前揭書，頁 224～245。相關《宋史》中俠士資料整理部份。

一、俠士的活動時期

在表 2-1 中，筆者將宋代俠士所處之時段，分為三期進行討論：

表 2-1：宋代俠士活動時期表（共分三大期五小段）

		太祖年間	太　宗	眞宗年間	年月不詳	合計
北宋時期	五代末至北宋初年	李穀、李韜	楊業、楊美、郭進、元達、王延範、焦繼勳、曹光實、向拱、趙延嗣	楊允恭、柳開、查道、張齊賢、張詠	劉仁罕、燕峻、俠者遺劍、群盗、洪州書生	21筆以上
	北宋中期	仁宗、英宗、神宗年間		年月不詳		合計
		李壽朋、郭京、耿傅、鄭戩、董士廉、歃博俠少、劉易、桑懌、秦生、沒命社		陳慥、劉平、劉和仲、曹偕、王寂、孫立、張景、張元、青巾者、高言、冀州俠少、侯可		22筆以上
北宋末至南宋初年	北宋末至南宋初年	徽宗、高宗年間徽宗、高宗		孝　宗	年月不詳	合計
		賀鑄、政和劍俠、范信中詹良臣、張確、唐重、程迪、徐徽言、王倫、王克明、李彥仙、宗澤、王善、王淵、解洵妻、劉相如、俠婦人、魏勝、助劉氏之任俠、張家義僕、王小官人、翟興、翟進、單和、亡命社、劉生、梁興、忠義社、舒州民、、王玠、張憲、邱祈、林師益、晏溥、詹世勛、昔橫、潘中		陸游、朱游、劉元八郎、汪革	宋江、韓世旺、陳俞、唐琦、秀州刺客、艾氏、蒯挺、青面獸、霍將軍、武松、哮張二、包汝諧、董公健、程全	55筆以上
南宋時期	南宋中期	光宗、寧宗年間			年月不詳	合計
		陳亮、華岳、趙某之妻、嚴蕊、周南、喻南強、西門楫			劉　過	8筆
	南宋末期至元初年	理宗、度宗、恭宗年間		年月不詳		合計
		孫益、潘庭堅、王實之、毛惜惜、胡斌、劉純、劉源、李天勇		杜濟、鄒鳳、劉佑、李全、豪俠少年、張順、張貴、唐玉潛、尹玉、蕭明哲、林琦、張惠、牛富、范天順、王小觀、熊飛、劉伯文、鄭采翁、趙玉淵、林景曦、胡德廣、張履翁		28筆以上

　　註：資料來源為《宋史》、《宋代筆記小說》、《唐宋筆記叢刊》、《宋元方志叢書》、《宋史翼》等史料。〔註52〕
　　　　記載資料出處參見附錄一〈宋代俠士總表〉。未列入之俠士乃資料不詳難以判讀。

表 2-1「俠士活動時期表」，分為三大期五小段歸納，這樣進行的分析、考證大體是合理的，也較能突顯宋代幾個重要分期俠士的起伏狀態。由表 2-1 的

〔註52〕表 2-1 之整理除上述之史料外，尚包涵生卒年代及分期之考證，筆者以姜亮夫，《歷代名人年里碑傳總表》（台北：台灣商務印書館，1993 年台一版四刷）、梁廷燦，《歷代名人生卒年表》（台北：臺灣商務印書館，1979 年台二版），鄭騫，《宋人生卒年考示例》（台北：華世出版社，新校本，1977 年）。相關工具書中，宋代名人之資料為考證依據，完成本表。

整理，筆者發現北宋時期，俠士的活動記載不在少數，這是值得探討的現象。北宋初年俠士活動頗為頻繁，顯示北宋初俠士對於五代時的崇尚俠士之風仍有所承繼〔註53〕。北宋中期俠士數量亦多，除可解釋為外患頻仍，如對西夏用兵〔註54〕，社會中有不安的因素存在等，兩者間的因果關係值得重視。〔註55〕

北宋末南宋初年，俠士的記載人數最多，則可顯示大的動亂時期，營造出許多有利俠士活動的條件，使俠士獲得極大的活動舞台〔註56〕。但是，宋代畢竟已非昔日之春秋戰國時期，宋代的中央集權更為發達，因此，等到南宋政局穩定後，行徑激烈的俠士活動便再次遭到壓制，數量也隨之減少。

南宋時期俠士人數不多。南宋中期俠士記載最少，除這段時期政治的穩定與法治的嚴密等推論外，皇帝的態度亦值得關注，筆者將在第四章深入討論。南宋末期俠士人數並非最多，除顯示南宋末期史料保存較少外，忠義之人與俠士行徑之間的界定模糊，也是處理南宋末俠士問題時要留意的。〔註57〕

〔註53〕 提出唐、五代是游俠風盛行的時代見解，請參汪涌豪，《中國游俠史》（上海：復旦大學出版社，2001年第一版），頁111～130。唐、五代朝野皆有俠士的蹤跡，宋代在法治壓力下，則屬於行俠方式轉換的時期，請參蔡松林，〈論宋代法治下俠風的轉變〉（宜蘭：佛光人文社會學院三所論文發表會集，2003年）。

〔註54〕 對西夏用兵的問題檢討。請參曹松林，〈熙寧初年的對夏戰爭述評〉，收錄於鄧廣銘、漆俠主編，《中日宋史研討會中方論文選編》（保定：河北大學出版社，1991年一版），頁286～299。宋伐西夏不成功，卻因為軍糧供應問題，增加陝西、河東民眾的痛苦。見梁庚堯，〈北宋元豐伐下戰爭的軍糧問題〉，收錄於梁庚堯，《宋代社會經濟史論集》（台北：允晨文化實業公司，1997年初版），頁88～91。宋夏戰爭，造成陝西、河北、河東、京西等路，農田荒廢、農民困苦。請參《宋遼夏金史話》（台北：木鐸出版社，1988年初版），頁51～56。

〔註55〕 宋太宗以後盜賊及變亂之事此起彼落，宋代農民起義約有四百多起。見何竹淇，〈論宋代農民爭取土地的鬥爭〉，收錄於中州書畫社編，《宋史論集》（鄭州：中州書畫社，1983年初版）。而整理北宋至南宋盜賊及處置史料並製表說明詳盡，統計太宗朝至哲宗朝史料中約有40筆變亂記載者，可參，黃純怡，《宋代刑法修正之研究》（中興大學歷史所博士論文，2003年6月），頁166～181。對西夏用兵，造成社會中不安因素的存在，進而對俠士的活動產生影響，這個方向值得重視。

〔註56〕 孫鐵剛，前揭書，頁114～115，相關戰國俠士分析十分貼切，國家更替多難之時，俠士便應運而生，適用於秦漢時期，更可對照於中國歷史上各朝。統計高宗朝的變亂高達三百三十、四十起之論述，見王世宗，《南宋高宗朝變亂之研究》（台北：台大歷史所碩士論文，1987年），頁16～52。將孫鐵剛所論，對照於北宋末南宋初這個俠士眾多的變動時期，就是很好的例證。

〔註57〕 筆者以為，《宋史·忠義傳》中，亦有俠士的事蹟和影子，但在南宋存亡危難

整體而言，俠士在宋代社會中的活動情形確有高低峰之變化產生，北宋末南宋初這個宋代的動亂期，俠士活動最爲頻仍，北宋初期俠士活動情形亦不少，但南宋末期的俠士活動記載不如預期的多，除保存史料過少，俠士與支持、忠於南宋朝廷之士間界定模糊等推論外，仍有待進一步探討，方能作出較爲合理的解釋。〔註58〕

二、俠士的地理分布

研究宋代俠士的基礎概況，除了俠士的活動時期探討外，俠士的地理分布亦是值得涉足的領域。因爲，從中可以探討環境是否對俠風的產生有某種程度的影響。本節僅針對地理分布進行初步探討，複雜之人文地理關係則留待其他章節再行研究。

在表 2-2 中，筆者將宋代俠士分布的區域分爲三時期，進行概要的討論：

表 2-2：宋代俠士分布區域表

北宋時期		北宋末至南宋初年	南宋時期	
五代末至北宋初年	北宋中期	北宋末至南宋初年	南宋中期	南宋末期至元初年
（1）A（16 筆）	（1）A（12 筆）	（1）A（25 筆）	（1）A（7 筆）	（1）A（21 筆）
穎州（李毅）	徐州（李壽朋）	衛州（賀鑄）	婺州（陳亮）	揚州（孫益）
河朔（李韜）	河南（耿傅）	睦州（詹良臣）	貴池（今安徽）	富沙（潘庭堅）
大名（柳開）	蘇州（鄭戩）	邠州（張確）	（華岳）	莆人（王實之）
青州（楊美）	開封（劉平）	眉州（唐重）	平江人（周南）	吉水（鄒鳳）
深州（焦繼勳）	筠州（劉和仲）	開封（程迪）	義烏（喻南強）	濰州（李全）
雅州（曹光實）	汾州（王寂）	西安（徐徽言）	渤海（西門槐）	會稽（唐玉潛）
江陵（王延範）	京兆（陳慥）	湖州（王克明）	壽昌（鄭采翁）	寧都（尹玉）
漢州（楊允恭）	隨州市（孫立）	寧州（李彥仙）	福建（潘中）	太和人（蕭明哲）
深州（郭進）	開封（高言）	婺州（宗澤）		闽人（林琦）
洺州（元達）	華州（侯可）	鄆沙（王小官人）		燕俠士（張惠）
歙州（查道）	江陵（張景）	河南（翟興）		

之際，愛國、忠義之心似乎超越了對俠士的關注，故書中多列舉忠義之士的褒揚，而少提俠士之記述。是否南宋官民對俠士與愛國者的界定已現模糊或者合一？這問題亦值得思考與探討。

〔註58〕記載俠士在南宋的活動情景，可由《宋史》,《宋史翼》,陸游,《老學庵筆記》,收錄於,上海古籍出版社主編,《宋元筆記小說大觀四》(上海：上海古籍出版社,2001 年,本文以下引用《老學庵筆記》資料,皆同此版本) 等資料中進行整理探討。南宋法律對俠士的影響則留待第四章進一步深究。

洛陽（張齊賢）濮州（張詠）博州（劉仁罕）青州（燕峻）懷州（向拱）	郭京（陳州）	河南（翟進）越州（陸游）臨川（陳俞）開封（唐琦）吳興（霍將軍）長洲（王玠）貴溪（張憲）福建（邱祈）福建（林師益）婺源（詹世勛）開封（昔橫）溫州（包汝諧）新昌（董公健）休寧（程全）		霍丘（牛富）福建（劉純）淮西（劉源）臨川（李天勇）瑞安（王小觀）東莞（熊飛）吉水（劉伯文）東莞（趙玉淵）平陽（林景曦）東陽（胡德廣）永新（張履翁）
（1）B（1筆）保德（楊業）				
（2）A（1筆）	（2）A（8筆）	（2）A（18筆）	（2）A（3筆）	（2）A（2筆）
洪州書生	開封（飲博俠少）耀州（沒命社）關中（董士廉）陝西（劉易）信陽州（秦生）許州（曹偕）冀州俠少開封（青巾者）	京洛間（王倫）京東（宋江）河北路（忠義社） 臨安（韓世旺）淮陽（魏勝）揚州（林擄鉏大俠） 陝西（劉生）河北路（梁興）荊州（解洵妻）揚州（亡命社）河北（秀州刺客）杭州（武松）熙州（王淵）開封（單和）舒州民舒州（汪革）河北（晏溥）鄂州（哮張二）	台州（嚴慈）鄂州（趙某之妻） 盧陵（劉過）	吳興（豪俠少年）高郵（毛惜惜）

小計	18 筆	小計	20 筆	小計	43 筆	小計	10 筆	小計	23 筆
出現次數較多之行政區域		出現次數較多之行政區域		出現次數較多之行政區域		出現次數較多之行政區域		出現次數較多之行政區域	
京東路		陝西路		京畿路（開封）		浙西路		福建路	
河北路		京畿路（開封）		陝西路		浙東路		浙東路	
		京西路		河北路、兩浙路		福建路		浙西路	

註： 資料來源為《宋史》、《宋代筆記小說》、《唐宋筆記叢刊》、《宋史翼》等史料。〔註59〕
表中(1)為籍貫；(2)為活動區域；A 為史料記載；B 表資料不全，筆者判斷。
整體而言，(1)A 欄的俠士活動區域和籍貫的地理位置是相同的，不再做額外的標註。
資料不詳與筆者無法判斷的俠士，本表不作收錄與探討。
另參見附錄一〈宋代俠士總表〉。

在此次宋代俠士的地域分布研究中，資料的記載是非常零散的，故要有系統的談論實非易事。無論是籍貫或行俠活動區域的整理都是如此，但這不影響我們所進行的俠士與環境的關係探討。因為，史料中仍能透露宋代俠士在各地成長、活動的概況，對於整體的俠士研究有一定的助益。

以表 2-2 談宋代俠士的分布區域，可以有幾個見解：（一）開封府周邊，是北宋俠士活動的活躍區，另外，河北路、陝西路俠士的風氣也很盛。（二）南宋俠士以兩浙路、福建路等靠近臨安府之記載為多。（三）多數俠士的籍貫和活動區域相同，但也有例外的，如只有活動區域記載，卻未有相關籍貫資料留存等。（四）整體而言，宋代俠士的分布區域除上述河北、陝西、兩浙幾路及開封府等經濟發達區之外〔註60〕，零散者為多，沒有特別集中的現象產生。但俠士與經濟發達區的依存關係值得玩味。

而關於開封多俠跡的探討，除筆者的見解、整理外，陸游在《老學庵筆記》中，有一段描述可供參照：

> 京師溝渠極深廣，亡命多匿其中，自名為「無憂洞」。甚者盜匿婦人，又謂之「鬼樊樓」。國初至兵興，常有之，雖才尹不能絕也。〔註61〕

由陸游的記載，清楚說明北宋時期；開封周邊多俠士亡命之徒，官府對於這樣的現象，是無法有效制止的，這和前述都市繁華，提供俠士較多的活動條件有一定的關係。

〔註59〕俠士活動區域表，除上述之資料整理外，另參，童世亨，《歷代疆域形勢圖》（台北廣文書局，1982 年初版）；楊德鈞，《中國歷史地圖》（台北：中國文化大學出版社，1993 年一版二刷），頁 59～62 等，完成活動區域之製表。
〔註60〕程民生，《宋代地域經濟》（台北：雲龍出版社，2002 年初版），頁 377。
〔註61〕《老學庵筆記》，卷第六，頁 3503。

《宋史‧地理志》對於俠士的活動區域有所記載：

> 陝西路蓋禹貢雍、梁、冀、豫四州之域，而雍州全得焉。當東井、輿
> 鬼之分，西接羌戎，東界潼、陝，南抵蜀、漢，北際朔方。有銅、鹽、
> 金鐵之產，絲、枲、林木之饒，其民慕農桑，好稼穡。鄠、杜、南山，
> 土地膏沃，二渠灌溉，兼有其利。大抵夸尚氣勢，多游俠輕薄之風，
> 甚者好鬥輕死。蒲、解本隸河東，故其俗頗純厚。被邊之地，以鞍馬、
> 射獵為事，其人勁悍而質木。梁泉少桑麻之利，布泉、鹽酪資於他郡。
> 上洛多淫祀，申以科禁，故其俗稍變。秦、隴、儀、渭、涇、原、邠、
> 寧、鄜、延、環、慶等皆分兵屯守以備不虞云。〔註62〕

陝西路在宋代多俠士之風，由表2-2和這段記載交互印證可得此觀點。由此，
亦可以得知部份俠士的風格是輕薄、好鬥，這是史料中所透露宋人對俠士的
另一種觀感。而本文中所談之亡命社、沒命社裡的俠士行徑，似乎和陝西路
俠風相近，可否視為宋俠的特色，則值得進一步探討。

《邵氏聞見錄》亦有宋代長安尚有秦、漢游俠之風的描述，記載如下：

> 自堯、舜、周、秦、漢、唐，都城皆相近，高山大河，平川沃野，
> 形勢壓天下。洛陽民俗和平，土宜花竹。長安尚有秦、漢游俠之風，
> 地多長楊、老槐，耕桑最盛，古稱陸海。前代英雄必德此然後可以
> 有為，……。〔註63〕

這是一條重要的記載，可與筆者整理的「俠士分布區域表」進行對照。雖然
在相關史料中俠士的活動紀錄，未足以印證宋代長安秦、漢游俠之風旺盛，
但長安因為地理環境特殊，為幾代之古城，有俠士之風的論述，和2-2「俠士
分布區域表」所述陝西路的俠士活動不少可相呼應。

程民生認為，就武學發展的角度探討，南宋中央武學生徒數量較北宋少，
是南方與北方的差距。武學在北方較盛，尤其在西北民間興盛，有時間變化
的因素，更有地理環境的影響〔註64〕。這點也能說明宋代俠士的出現，和地
域環境有一定的關係。據本節表2-2統計，北宋時期，俠士活動區域以開封周
邊居多。南宋時，因為疆域縮小，俠士仍以臨安府居多，首都地域的變化和

〔註62〕《宋史》，卷八十七〈地理志三〉，頁2170。

〔註63〕邵伯溫，《邵氏聞見錄》（北京：中華書局，1997年一版二刷，本文以下引用
　　　　《邵氏聞見錄》資料，皆同此版本），卷十七，頁186。

〔註64〕程民生，《宋代地域文化》（開封：河南大學出版社，1997年第一版），頁203
　　　　～205。

吸引力亦值得注意。此外，部份的義軍中也有俠士的活動記載不能輕忽。故除地理環境營造的條件外，社會局勢變化的外在氣氛，也是左右俠士地域分布的重要原因。

第三節　家世與出身探討

　　由於《宋代筆記小說》中俠士之出身、家世記載較爲不詳，故本節之分析；乃以史書中俠士記載完整者爲主要探討來源，宋人筆記、稗史爲輔。俠士家世、出身資料整理、探討如下：

一、俠士的家世

表2-3：俠士家世簡表

家世類別		相關俠士判讀
官家後代 （19筆）	(1)	楊業、陳愷、劉平、耿傳、賀鑄、柳開、李壽朋、曹光實、查道、曹偕、劉和仲、杜澔、劉謙、陸游、程迪、詹良臣、林師益、晏溥、劉純
家富（2筆）	(1)	王延範、楊允恭
中產（7筆）	(1)	陳亮
	(2)	王玠、王克明、李鎧、劉佑、秀州刺客、王小觀
家貧（70筆）	(1)	郭進、元達、王倫、鄭戩、張詠、張齊賢、李穀、焦繼勳、楊美、王寂、孫立、劉仁罕、燕竣、郭京、李韜、華岳、武松、唐玉潛、楊忠、宗澤、張家義僕、王達、李全、韓世旺、陳俞、張景、汪革、舒州民、張惠、范信中、劉過、潘庭堅、張元、唐琦、朱游、艾氏、魏勝、哮張二、林景曦
	(2)	宋江、趙延嗣、群盜、嚴蕊、毛惜惜、劉生、尹玉、劉相如、張順、張貴、霍將軍、王善、周南、李彥仙孫益、向拱、施全、我來也、定遠弓箭手、高言、青面獸、邵雲、張確、唐重、梁興、劉源、熊飛、李天勇、包汝諧、胡德廣、程全
其他 （31筆以上）		鄒鳳、董士廉、胡斌、牛富、范天順、王實之、秦生、張憲、邱祈、忠義社、沒命社、王小官、俠者遺劍、冀州俠少、劉孝廉、詹世勛、昔橫、劉純、董公健、張履翁等三十一人以上

註：相關資料請參見附錄一〈宋代俠士總表〉。
　　在家貧分類中，以平民和家世爲農者居多。
　　在表中(1)代表資料明確；(2)代表資料不明確，筆者以相關資料作的判斷。

筆者以表 2-3:「俠士家世簡表」分析後發現,官家後代不在少數,如楊業、柳開等人其後轉化為官皆有很好的評價〔註 65〕,此類宋代俠士的階層頗高,具有不小的影響力,相關問題可留待第四章再進一步討論。

家貧而為俠者最多,如元達、王倫等人自幼家境艱困,為俠後進而入仕為官〔註 66〕,即可見家境貧困對俠士產生的助力,乃在於易使其後代子孫因生活壓力、長期對社會的不滿或常感環境的不公平對待等因素,走上行俠仗義之路,也因此蘊育出他們對功名利祿的渴望。故這樣的家世背景,對宋代俠士的影響可謂相當深遠。

家富而為俠士者佔少數,如王延範、楊允恭,是少數家世富裕而有俠義精神與行為者〔註67〕,則反應宋代富裕的家世背景中俠士產生的機率較低。

另有部份俠士,史料上無法判別其家世,則需再多方求證。這也突顯出整理俠士家世資料的困難;根源於當時之記載不詳。整體而言,宋代俠士的家世以家貧者與官家後代居多,社會地位差距極大。

二、俠士的出身

表 2-4:俠士出身一覽表

出身類別		相關俠士資料歸類
武人出身 (38 筆)	武　將(1)	郭進、元達、鄒鳳叔、李韜、張惠、范天順、胡斌、昔橫
	戰功、平亂(1)	劉仁罕、楊允恭、翟興、翟進、楊美、劉謙、李彥仙、孫益、林琦、王淵、尹玉、劉源、胡德廣、、程全、董公健
	武學生(1)	華岳
	衛士、弓手(1)	唐琦、魏勝
	(2)	燕竦、劉謙、焦繼勳、李全、施全、張順、張貴、牛富、張憲、詹世勛、王小觀、熊飛

〔註65〕 《宋史》,卷二七二,列傳三十一〈楊業〉,頁 9303～9306。《宋史》,卷四四○,列傳一九九〈柳開〉,頁 13023～13028。楊業與柳開之家世記載。

〔註66〕 《宋史》卷二七五,列傳三十四〈元達〉,頁 9373～9374。《宋史》,卷三七一,列傳一三○〈王倫〉,頁 11522～11525。元達與王倫之家世與事蹟記載。

〔註67〕 《宋史》,卷二八○〈王延範傳〉,頁 9510～9511。《宋史》,卷三○九〈楊允恭傳〉,頁 10159～10163。兩者之事蹟記載。

文人出身 （41 筆）	進　士(1)	張詠、鄭戩、劉平、陳亮、李穀、柳開、查道、張齊賢、宗澤、周南、潘庭堅、王實之、蕭明哲、唐重、張確、潘中、趙玉淵
	禮部試(1)	王克明
	士　人(1)	范信中、韓世旺、劉和仲、霍將軍、陳愷、王實之、劉相如、侯可、喻南強
	太學生(1)	唐玉潛、林景曦
	(2)	單和、秦生、向拱、董士廉、張元、張景、晏溥、李天勇、西門楣、鄭采翁、陳愷、包汝諧
恩蔭（12 筆）		楊業、耿傅、賀鑄、陳俞、曹光實、杜澔、陸游、程迪、詹良臣、曹偕、林師益、劉純
薦官（1 筆）		王延範
賜官（5 筆）		劉易、李壽朋、王倫、徐徽言、劉伯文
平民百姓 （23 筆）	(1)	孫立、嚴蕊、楊忠、劉過、毛惜惜、張家僕人、王達、武松、趙延嗣、張家僕人、舒州民、哮張二
	(2)	郭京、高言、艾氏、王善、王寂、宋江、汪革、邵雲、劉生、梁興、張履翁
其　他 （23 筆以上）		王小官人、俠者遺劍、助劉氏之任俠、劉孝廉、蒯挺、劉佑、秀州刺客、政和劍客、趙某之妻、青巾者、群盜、俠婦人、豪俠少年、冀州俠少、飲博俠少、亡命社、忠義社、沒命社、劉元八郎、青面獸、李鐙、王玠、邱祈等二十三人

註：資料來源有《宋史》、《宋代筆記小說》、《唐宋筆記叢刊》、《宋史翼》等。〔註68〕
　　平民百姓欄位中可分為：一般平民、屠戶、妓、僕、賣藝人、冶鐵之眾。
　　參見附錄一〈宋代俠士總表〉。
　　表格中(1)代表資料記載；(2)代表筆者依相關資料之判斷。

表 2-4：「俠士出身一覽表」，以武人、文人、恩蔭〔註69〕、平民等幾種出身進行歸納。其中武人出身亦佔多數，如華岳、李彥仙等人，皆具俠氣與忠義之心

〔註68〕俠士出身、家世資料，乃筆者整理《宋史》、周光培編，《宋代筆記小說》（河北：河北教育出版社，1985 年一版）、《唐宋筆記叢刊》、《宋元方志叢書》等相關史料所歸納。

〔註69〕郭東旭，《宋代法制研究》（河北：河北大學版社，2000 年二版），頁 92。認為恩蔭補官是宋代官員主要來源之一，也是造成宋代冗官的主因。其實清代學者趙翼，《二十二史箚記》（瀋陽：遼寧出版社，2000 年一版），卷二十五，頁 425～426，已有一條《宋恩蔭之濫》的札記。北京大學張希清，〈論宋代恩蔭之濫〉，收錄於《中日宋史研討會論文選編》（河北：河北大學出版社，1991 年一版），認為宋代恩蔭之濫已到達嚴重地步。筆者在處理宋代俠士出身問題，恩蔭是需要面對的課題，因為宋代社會中恩蔭可讓後代子孫、蔭補為官，是種浮爛的特殊現象，宋代俠士中也不乏其人。

〔註70〕，但在武人較不受重視的宋代社會，其仕途、地位與影響力，則相當明顯是有限度的〔註71〕。這個問題，筆者在第三章中將以個案方式進行探究。

文人出身者最多，如張詠、鄭戩皆舉進士爲官，他們入仕後，仍秉持俠義精神行事或爲官助人〔註72〕，則可看出宋代讀書人與社會公義間的密切關係，這是一種對社會的人文關懷延伸？或是社會風氣所培養的關懷鄉里、家國的使命感，這類爲數眾多的文人俠士行徑，值得進一步推敲。

恩蔭在宋代逐漸浮濫，部份俠士的出身也來自於恩蔭，這是相當有趣的現象。恩蔭出身俠士雖不多，但也算是宋代俠士出身的一種特殊現象。

另外，有一部份俠士出身來源正是平民百姓，也呼應了前述學者所論，宋代俠士來自民間社會的看法，只是目前收集史料有限，無法依此解讀成宋代俠士多來自平民，但這個俠士平民化現象仍值得持續觀察。

也因爲有武人、文人、恩蔭、平民百姓等種類的出身，宋代俠士的社會地位與影響力有了不同的轉變。且宋代官員又以文人與恩蔭出身；仕途才能有較好的發展〔註73〕，更營造出宋代特有的俠士風格。另外，許多俠士在成爲官員後，史書上反而習慣性以其官銜稱之，如張詠、楊業、張齊賢等人的記載〔註74〕。由這些俠士事蹟可知，在多數宋人的心中對官銜的重視，是大於在社會中闖蕩之俠士名號的。

除了上述各表的歸納外，附錄一「宋代俠士總表」〔註75〕，亦可提供較爲完整的資料參考與對照。藉由「俠士的家世簡表」、「俠士的出身一覽表」

〔註70〕《宋史》，卷四五五，列傳二一四〈忠義十‧華岳〉，頁13375～13378。《宋史》，卷四四八，列傳二○七〈忠義三‧李彥仙〉，頁13209～13212。相關華岳與李彥仙之出身與俠蹟記載。

〔註71〕認爲宋代武人地位確實較文人低，除他們的出身複雜外，要轉換文資以求陞遷亦是原因之一，參劉子健，〈略論宋代武官群在統治階層中的地位〉，收錄於劉子健，《兩宋史研究彙編》（台北：聯經出版社，2002年初版），頁173～184。

〔註72〕《宋史》，卷二九三，列傳五十二〈張詠〉，頁9801～9804。《宋史》，卷二九二，列傳五十一〈鄭戩〉，頁9766～9768。張詠與鄭戩出身與俠蹟論述。

〔註73〕游彪，《宋代蔭補制度研究》（北京：中國社會科學出版社，2001年），頁393～411。

〔註74〕《宋史》，卷二九三〈張詠傳〉，頁9801～9804。《宋史》，卷二七二〈楊業傳〉，頁9303～9306。《宋史》，卷二六五，列傳二十四〈張齊賢〉，頁9150～9158，張詠、楊業、張齊賢之事蹟記載。

〔註75〕關於附錄一〈宋代俠士總表〉，乃筆者以史料來源、出身、家世、生卒年、終官等方面整理，每位俠士皆列表交代，缺漏部份爲史料中沒有記載或不全者，故留白以供參考查證。

兩個表的初步整理，筆者清楚發現一些宋代俠士特有的風格，也作了概略的分析。雖然有些俠士的資料記載不詳難作判讀，但整體而言，對於重建宋代社會中俠士的面貌，仍是具有一定意義與幫助的。

　　曹正文指出，俠士都具有叛逆者的氣質，也因爲叛逆，所以敢於反抗社會、打抱不平、標新立異、做常人不敢做的事〔註 76〕。這論述或許不具歷史觀，但在分析俠士的家世與出身後，倒是提供了一個心理層面的研究思考，這和王齊所論，俠士都有著屬於自己的道德觀，且依此道德觀仗義行俠，可以一併深入探討。

第四節　俠士的類型分析

　　隨著外在環境與政策的變化，宋代的俠士有著屬於這個時代的風格，但該如何討論宋代俠士的類型，就成了十分有趣的課題。歷史上最早將俠士分類的是司馬遷，他將西漢的俠士分爲：布衣之俠、匹夫之俠、閭巷之俠等類〔註 77〕，讓人有意涵界定不清的困惑。鄭春元在《俠客史》中，將近三千來出現的俠，依俠性、俠行、身份等分爲六類：俠節高尚之俠、刺客之俠、盜俠、女俠、准俠、僞俠等幾類，並妥善處理了爲惡之俠的問題〔註 78〕。以歷史中存在的俠士分類而言，鄭春元的分法雖然有些模糊地帶，仍是值得肯定。〔註 79〕

　　其他還有王齊、曹正文等學者將歷代的俠士作了類型的分類〔註 80〕。但是他們的分類仍有些問題，比如：義俠也可以是武俠，更可以是豪俠，以這樣模糊的定義如何清楚劃分？就易令人產生質疑與困惑。因此本文的研究，將修正幾位學者分類時所忽略的問題，採較務實可行的分法，如實反映社會中俠士的類型，建立宋代俠士較爲清楚的輪廓。

〔註 76〕曹正文，前揭書，頁 26。
〔註 77〕《史記》，卷一二四〈游俠列傳〉，頁 3183。
〔註 78〕鄭春元，前揭書，頁 102～143。
〔註 79〕就鄭春元，《俠客史》的研究而言，能處理僞俠的問題是值得肯定的，但是准俠中將丐俠、俠妓規於此類，就有些令人無法信服，他們的出身雖低，但若氣節高尚仍應以高尚氣節之俠稱之，另外行俠後爲惡的問題也未見處理，是美中不足之處。
〔註 80〕王齊在《中國古代遊俠》中提到，遊俠以社會地位可分爲：卿相之俠、布衣閭巷之俠，依行俠的方式、手段、目的可分爲：義俠、武俠、豪俠、輕俠、盜俠等類型，見王齊，前揭書，頁 58～99。曹正文提到，俠的成分爲：卿相之俠、義俠、盜俠、刺客、遊俠、豪俠等。見曹正文，前揭書，頁 20～22。

一、俠士的類型

由宋代俠士的行事風格與影響力，可以將俠士區分爲個人與集團兩大類，這兩大類型還可依其代表性；細分爲幾種典型進行探討：

（一）個人風格的俠士

在個人類型的俠士中，以出身可分爲兩類：

1. 文人、武人

或許他們的出身方式：文人、武人、恩蔭各有所不同，但是他們在行俠仗義上的表現，卻都是相當耀眼的。例如元達、柳開、張詠、王克明等俠士〔註81〕。出身方式的不同雖然影響日後仕進之路，但也構成宋代俠士的一大特色。

2. 平民百姓

在宋代的俠士裡，平民百姓類型的俠士，是最多元的。例如：屠夫俠士孫立爲友復仇〔註82〕，布衣卻抑鬱而終的劉過〔註83〕，力勸少主走上正途的忠僕楊忠〔註84〕，賣藝人武松〔註85〕，紹興初年，替使臣李忠解圍的陝西劉生等〔註86〕。由這些平民階層的俠士觀察，他們並非將「俠士」當成養家的職業，而是一種終生奉行的精神象徵。在宋代強大的中央集權壓力下，爲人間正義及俠義理想，付出個人的一份心力。

以其行徑探討，則可分爲兩類：

1. 刺 客

刺客型的俠士源於《史記·刺客列傳》的記載，到了宋代，雖然並非所有的刺客都是俠士，但這類型的俠士依舊存在。如秀州刺客的不殺張浚，亦不受張浚留用〔註87〕。在受人之命時，能秉持著正義的精神，有守有爲不濫殺好人，

〔註81〕《宋史》，卷二七五〈元達傳〉；《宋史》，卷四四○〈柳開傳〉；《宋史》，卷二九三〈張詠傳〉；《宋史》，卷四六二〈王克明傳〉等出身雖有不同的俠士，仍繼續行俠仗義之記載。

〔註82〕《青瑣高議》，前集，卷之四〈王實傳〉，頁1039～1041。

〔註83〕葉紹翁，《四朝聞見錄》（北京：中華書局，1997年，本文以下引用《四朝聞見錄》資料，皆同此版本），乙集〈函韓首〉，頁74～76。

〔註84〕《諧史》，〈老僕楊忠〉；《宋稗類鈔》，卷之三〈忠義〉，頁246～247。

〔註85〕陸文煥纂修，張顧恆增修，《臨安縣志》（北京：中國書店，1992年）。

〔註86〕洪邁，《夷堅志》，丁志，卷九〈陝西劉生〉，頁1656～1658。

〔註87〕張浚討苗、劉之變，見羅大經，《鶴林玉露》，收於上海古籍出版社主編，《宋元筆記小說大觀四》（上海：上海古籍出版社，2001年，本文以下引用《鶴林

也稱得上是出色的俠士。施全捨命除秦檜的事蹟一樣令人動容，當時局不安之時，他能挺身而出，為民除害，犧牲生命也在所不辭，是不折不扣的俠士作為〔註88〕。但若如《建炎以來繫年要錄》所記，施全刺秦檜乃為了個人升遷、俸祿的不公有關，則施全行徑即非俠士〔註89〕。由於施全之事考證已屬不易，故本文將兩種記載並陳，即可清楚區隔俠士與非俠士行徑的差異。

2. 盜　俠

宋代的俠士裡，也有一部份屬於盜俠，如善飛梯的單和，深入內宮盜取金銀珠寶，展現過人的氣、力〔註90〕。盜取寶物後，能物歸原主的王小官人〔註91〕，才智過人的盜俠我來也等〔註92〕。他們都有高超的盜術卻又能秉持俠義的精神行事，可說是此類型俠士的代表。

以性別作為區隔，則可分為一般的男性與女性俠士，男俠士常見且所佔比例高故不作細部探討，本節中僅將常被忽視的女俠士獨立討論。

女俠士非出自於宋代，在戰國、漢、唐時代都有女俠的蹤跡〔註93〕，但女俠士在宋代俠士裡仍佔有一席之地。例如身世神秘的俠婦人〔註94〕、決心復仇的趙某之妻〔註95〕、高氣節的俠妓毛惜惜〔註96〕、不畏金人欺侮的艾氏等〔註97〕，她們的事蹟皆具時代色彩，在以男性為主的俠士世界裡，仍有其

玉露》資料，皆同此版本）。秀州刺客之事蹟見，《宋史》，卷三六一〈張浚傳〉，頁 11299～11300。
〔註88〕《宋史》，卷四七三〈秦檜傳〉，頁 13761。《宋史》，卷三十〈高宗趙構七〉，頁 571。施全刺秦檜之事蹟。
〔註89〕李心傳，《建年以來繫年要錄》（北京：中華書局，1985 年新一版，以下引用《建年以來繫年要錄》，皆同此版本），卷一六一，紹興二十年正月丁亥條。
〔註90〕蔡絛，《鐵圍山叢談》（北京：中華書局，1997 年，本文以下引用《鐵圍山叢談》資料，皆同此版本），卷二〈單和〉，頁 40。
〔註91〕周密，《癸辛雜識‧前集》（北京：中華書局，1997 年，本文以下引用《癸辛雜識》資料，皆同此版本），〈王小官人〉，頁 25。
〔註92〕沈俶，《諧史‧我來也》（北京：中華書局，1991 年，本文以下引用《諧史》資料，皆同此版本）；田汝成，《西湖遊覽志餘》（台北：木鐸出版社，1982 年初版），卷二十五。
〔註93〕見王齊，前揭書，頁 88～94；鄭春元，前揭書，頁 119～127。
〔註94〕洪邁，《夷堅志》，收錄於《宛委別藏》，（台北：臺灣商務印書館，1981 年初版），乙志，第一卷〈俠婦人〉，頁 504～509。
〔註95〕洪邁，《夷堅志再補》（台北：新興書局，1988 年）。
〔註96〕潘永因編；劉卓英點校，《宋稗類鈔》（北京：書目文獻出版社，1985 年，本文以下引用《宋稗類鈔》資料，皆同此版本），（上冊），卷之三〈貞烈〉，頁 266。
〔註97〕洪邁，《夷堅志》，卷七〈支志庚〉。

代表意義與價值。〔註98〕

（二）集團性的俠士

1. 綠　林

宋前俠士與盜的關係密切，尤其是魏晉南北朝後，開始有俠士流入綠林的趨勢〔註99〕，到了宋代，這種情形日趨明顯。因爲在宋代強大的法制壓力下，許多俠士藏身綠林成爲俠盜集團，雖爲匪爲盜，仍繼續奉行俠義宗旨，但不可否認，綠林中爲非作歹的盜匪仍不在少數。這類集團性的俠士不少，如：怒殺吏尉、脅保入山爲俠盜的王寂〔註100〕。以宋江爲首的三十六人，橫行京東，官府不敢與之對抗〔註101〕。北宋初的群盜，因欣賞張齊賢之才氣膽識，不但沒有加害的意圖，更將珠寶贈與，彼此豪氣相交等〔註102〕。這類型俠士主要以官府與富貴人家爲打擊對象，殺富濟貧，打抱不平，保護平民百姓，雖然許多行爲都是觸犯宋代法律的，但仍能得到多數百姓的支持。相關俠士與法律之間的複雜問題，則留待第四章中繼續深究。

2. 祕密結社團體

首先，我們必須了解祕密結社和的幫會是不同的，它包羅的層面較爲寬廣〔註103〕。在宋代民間已經有著多樣的結社組織，《夢粱錄》裡有南宋臨安市民的豐富的結社情景描述〔註104〕，另外，《武林舊事》裡也有許多民間結社的記載，如：雄辯社、錦標社等〔註105〕，顯示宋代市民社會裡的結社是非常普及的現象，因此，宋代的俠士裡有結社的組織亦不足爲奇。這類集團風格的俠士有：

〔註98〕 無論是北宋末的俠婦人，向惡和尚復仇的趙某之妻，不屈服反賊的毛惜惜，時代色彩皆濃。另外，宋代女俠只佔俠士比例的 4.5% 弱，其餘俠士多爲男性，比例不高，但俠行卻不輸男性俠士，在禮教甚嚴的宋代社會別具意義。

〔註99〕 俠士與盜關係之探討，見汪涌豪，前揭書，頁 198～204。俠魏晉南北朝開始流入綠林，但並未完全成型，請參，陳山，前揭書，頁 171～172。

〔註100〕《青瑣高議》，前集，卷之四〈王寂傳〉，頁 1037～1039。

〔註101〕 佚名，《大宋宣和遺事》（台北：商務印書館，1973 年台四版），頁 10。

〔註102〕《青瑣高議》，前集，卷之四〈張齊賢〉，頁 1099。

〔註103〕 與幫會相較，祕密結社是一個涵義更爲廣泛的概念。見吳兆清、赫志清，《中國幫會史》（台北：文津出版社，1996 年初版），頁 5。

〔註104〕 描述臨安市民的結社有踏弩社、水弩社，靈寶會等見，吳自牧，《夢粱錄》（上海：上海書局，1991 年第一版，以下引用《夢粱錄》，皆同此版本），卷十九〈閒人〉。

〔註105〕 描述的結社亦有清音社、律華社，英略社等見，周密，《武林舊事》（北京：中華書局，1999 年第一版，以下引用《武林舊事》，皆同此版本），卷三〈社會〉。

群不逞爲俠於閭里的亡命社〔註106〕。助岳飛抗金的忠義社〔註107〕。喜與人死鬥輕生死之沒命社〔註108〕。他們在宋代的俠士裡是很特殊的一群。

3. 小集團

另外還有一群俠士，不屬於綠林或祕密結社集團，他們各成一個小集團自由行事，也頗具代表性。如：挾惡少數人，平定京人騷動的王倫〔註109〕。聚少年數百擾亂金人的邵雲〔註110〕。任俠，而欲與少年數十百人爲盜的元達〔註111〕。他們的集團特色就是沒有組織，但聽從帶頭俠士的指示而行動，時常遊走與正義與法律的邊緣。

二、俠士分類的問題

俠士的活動情況，在每個時代都會有所不同，因此，各時期的俠士皆具時代的特色〔註112〕。以歷史事蹟記載歸類，是一條可以解決正、負面評價紛擾的道路，但仍有其無法涵蓋之處，故筆者針對宋代俠士分類時的幾個問題，進行補充與說明。

（一）為惡之俠士的問題處理

俠以武干禁，憑血氣之勇、個人主觀價值而不守律令或社會規範，此爲原本俠士既有的內涵，要判斷其正、負面的過程也相當複雜。因爲，有些俠士初爲惡，後則轉化爲善，如王倫〔註113〕，其正負面評價就會有所波動。鄭春元在歷代俠士分類上，提出的僞俠看法，雖然稍能處理一些僞裝俠士產生

〔註106〕《宋史》，卷三四八〈石公弼傳〉，頁11032。

〔註107〕《宋史》，卷三六五〈岳飛傳〉，頁11385；《宋史》，卷一九二〈兵六〉，頁4791。陸心源輯撰，《宋史翼》（北京：中華書局，1991年第一版，以下引用《宋史翼》資料皆同此版本），卷三十一〈忠義二〉，頁332。則對邱祈和族人共結忠義社有所載。另外，關於俠士所組忠義社後來轉變爲忠義軍的問題，留待其他章節再行討論。

〔註108〕《宋史》，卷二九九〈薛顏傳〉，頁9943。

〔註109〕《宋史》，卷三七一〈王倫傳〉，頁11552；另有王倫自言，已得豪俠萬餘，願爲欽宗效死之記載，見王明清，《揮麈錄》（上海：上海書店出版社，以下引用《揮麈錄》資料，皆同此版本），後錄，卷之八，頁143。

〔註110〕《宋史》，卷四四八〈忠義三〉，頁13212～13213。

〔註111〕《宋史》，卷二七五〈元達傳〉，頁9373。

〔註112〕汪涌豪，前揭書，頁55～136；鄭春元，前揭書，第一章。兩書針對歷代俠士的活動情景，皆有所歸納與論述。

〔註113〕《宋史》，卷三七一〈王倫傳〉，頁11552。

的為惡問題，卻忽略對俠士意涵全面檢視的重要性。再者，僞俠是不應該獨立成一類討論的，因為他們不是眞正的俠士。但俠議題研究中，俠士為惡的問題是存在的，因為俠士所堅持的人間正義，就是遊走在法律邊緣的兩面刃，所以我們寧可以負面行爲來解釋這個現象。而這些負面行爲有：不當取財、肆意施暴、復仇濫殺、粗豪過度、傷害無辜等〔註114〕。且部份俠士會因為其俠義信念、行俠方式等，而與這些所謂的負面行爲有所接觸，故不能成為一種類型探討，只能算是分類時的補充思考。

（二）武功對宋俠的影響

陳山提出武俠是宋代開始的重要特色，武術在民間廣為流傳，且就此展開近代的武林文化〔註115〕。武術在宋代民間流傳是合理的論斷，如相撲是宋代許多軍隊中鍛鍊身體的制度〔註116〕，民間自衛武力的興盛等〔註117〕。但論武俠是宋代俠士的特色就值得商榷，因為，戰國時期便已有武俠的蹤跡，難以說明這是宋代的特點〔註118〕。另外，不會武功但仍有俠蹟留存的宋代俠士並不在少數，如行醫為俠的王克明，樂善好施且關心南宋政局的陳亮，講求自己所定的人間正義之俠妓嚴蕊等，都是很好的例證〔註119〕。武功是一種透過訓練獲得的特殊技能，練習武功可以被視為宋俠的重要活動討論，但並非宋代俠士的特色，這點是需要說明與釐清的。

〔註114〕鄭春元，前揭書，頁137～143、231～244。

〔註115〕陳山，前揭書，頁165～171。

〔註116〕見伊永文，《宋代市民生活》（北京：中國社會出版社，2004年三刷），頁73～86。

〔註117〕黃寬重，《南宋地方武力——地方軍與民間自衛武力的探討》（台北：東大圖書公司，2002年初版），頁143。

〔註118〕王齊，前揭書，頁69～73。

〔註119〕行醫為俠的王克明，《宋史》，卷四六二〈王克明〉，頁13530～13531。關心南宋政局的陳亮，見《宋史》，卷四三六〈陳亮〉，頁12929～12940。俠妓嚴蕊，見周密，《齊東野語》收錄於上海古籍出版社主編，《宋元筆記小說大觀四》（上海：上海古籍出版社，2001年，以下引用《齊東野語》資料，皆同此版本），卷二十〈台妓嚴蕊〉，頁5684～5685。

第三章　俠士的個案研究

　　從《後漢書》延續至《明史》的撰寫，皆未將〈游俠列傳〉獨立記載，據此孫鐵剛認爲東漢以後俠士已沒落〔註1〕。其實這只是歷代統治者壓制俠士的手段，俠士依然活躍於各朝中〔註2〕。另有部份學者認爲宋代爲俠士的衰落期〔註3〕。筆者則持不同看法，即宋代俠風確有別於唐、五代的轉變，但整體而言並非衰落。〔註4〕

　　俠士在各朝中起伏，他們的家世、出身也多所不同，但鮮少學者著眼於個案的相關分析探討，甚爲可惜。因爲沒有個案的探究，及針對俠士行蹟進行的廣角剖析，就不易釐清俠士與時代之間的依存關係，進而對於相關問題有所回應，而易使俠士研究流於一般的空談或泛論。

　　故本章以宋代俠士個案分析爲主要課題。試將宋俠的五個小分段，區隔爲北宋（北宋初期、北宋中期）、北宋末南宋初、南宋（南宋中期、南宋末期）

〔註1〕　整理二十五史相關資料，認爲東漢後沒有游俠列傳存在，代表著游俠的沒落
　　　　與史家的不重視，見孫鐵剛，〈秦漢時代士和俠的式微〉，《台灣大學歷史學系
　　　　學報》，1975年第二期，頁22。筆者則在二十五史的考察後另有不同的見
　　　　解。
〔註2〕　俠士在各朝的活躍記載亦可參，龔鵬程、林保淳編，《二十四史俠客資料匯編》
　　　　（台北：學生書局，1995年初版）；汪湧豪，《中國游俠史》（上海：復旦大學
　　　　出版社，2001年初版）；張志和、鄭春元，《中國文史中的俠客》（北京：中國
　　　　社會科學出版社，1994年第一版）等書中皆多所記載。
〔註3〕　持此看法的學者有：鄭春元，《俠客史》，（上海：上海文藝出版社，1999年第
　　　　一版）、汪涌豪，前揭書等，論點在於宋代俠士因專制統治而消沉。
〔註4〕　唐、五代朝野皆有俠士的蹤跡，宋代在法治壓力下，則屬於行俠方式轉換的
　　　　時期，請參蔡松林，〈論宋代法治下俠風的轉變〉（宜蘭：佛光人文社會學院
　　　　三所論文發表會集，2004年），頁206～207。

三個大時期，以避免本章節數的繁雜。並藉由各時期中俠士的代表個案，觀察社會環境、社會經歷、家世、出身、人格特質對俠士的影響。俠士所扮演的社會角色與前代的異同，俠士精神在其後代子孫身上是否得以延續或發揮，進一步解析宋代俠士的特色、時代性、影響力等相關問題。

其他如：青巾者助人，但吃人肉、點鐵成金的俠蹟〔註5〕。洪州書生懲戒惡少，但以藥水化人頭顱為水的俠行記載等〔註6〕。這些屬於神怪的俠士個案，則於前言中列出說明，但不列入本章正文中討論。

第一節　隋、唐與五代俠士的特色

兩漢俠風鼎盛〔註7〕。魏晉南北朝時期，兵荒馬亂，流民問題嚴重〔註8〕，俠士依然大量存在，且具時代的風格〔註9〕，但由於年代相隔甚遠，很難看出宋代俠風所受之影響。隋、唐、五代距離宋代較近，又是俠風發展互有影響與承繼的時期，因此在探討宋代俠士個案前，有必要針對這段關係宋代俠士淵源的年代，進行俠風特色的探討，以掌握前代俠士脈絡對宋代俠風的影響。

一、唐代俠風特色

隋朝任俠之風極盛，不僅加速隋朝的衰亡，此股任俠之風更延續到了唐

〔註5〕 劉斧，《青瑣高議》，收錄於，上海古籍出版社主編，《宋元筆記小說大觀一》（上海：上海古籍出版社，2001年初版，本文以下引用《青瑣高議》資料，皆同此版本），頁1028～1030。卷之四〈任願傳〉，頁1041。

〔註6〕 吳淑，《江淮異人錄》，收錄於，《宋元筆記小說大觀（一）》（上海：上海古籍出版社，2001年第一版，本文以下引用《江淮異人錄》，皆同此版本），卷下〈洪州書生〉，頁260～261。

〔註7〕 持此看法之學者計有：鄭春元，《俠客史》、汪涌豪，《中國游俠史》等專書，主要論點在於相關史書記載完整。

〔註8〕 魏晉南北朝流民眾多之論述請參陸德陽，《流民史》（上海：上海文藝出版社，1997年第一版），頁47～61。

〔註9〕 如永嘉元年（307）二月，東萊人王彌率流民起兵造反，據史書記載他就是俠士，他家世二千石出身，後敗落。王彌為人有才幹，經常在京師一帶行俠，見房玄齡等撰，《晉書》（台北：鼎文書局，新校本，1990年六版，以下引用二十四史資料，皆同鼎文書局版本，不再隨頁註明），卷一一六，列傳一〇〇〈王彌傳〉，頁2609～2612。新豐人王如率流民舉兵反於宛，亦是俠士之流。見《晉書》，卷一一六，列傳一〇〇〈王如傳〉，頁2618～2619。另外，張志和、鄭春元，前揭書，頁45～46；汪涌豪，前揭書，頁86～111，在相關魏晉南北朝之俠客史料記載整理中，對《後漢書》、《三國志》、《晉書》、《北史》、《北齊書》等史書所記俠士行蹟皆有所引，俠風之盛可以窺見。

代〔註 10〕。然而唐代的俠風是由社會上層向下吹起的，如：李神通爲李淵從
父弟，性喜任俠，與京師大俠史萬寶、河東裴勣、柳崇禮等舉兵以應義師，
高祖聞之大悅，授光祿大夫〔註 11〕。太子李建成所從皆博徒大俠〔註 12〕。太
宗李世民能有所成，與俠士的結交與效力，有很大的關連〔註 13〕。後爲西平
郡王的哥舒翰，四十餘歲還在長安縱酒任俠〔註 14〕。由上述例證即可看出唐
代社會上層俠風的盛行。

　　鄭春元針對唐代俠士狂潮提出若干看法：如唐初統治者對俠士的倚重任
用、北方民族勇武精神的浸染、社會發展形勢所致、任俠數量多，遵奉的俠
義觀念不同、行俠的目的不同等，觀察極爲深入。其中唐初統治者對俠士的
倚重任用，產生導向作用，則更加印證唐代統治階層和俠士間的依存關係，
這是值得注意的一大特色。〔註 15〕

　　唐太宗一系列的「安唐策」措施〔註 16〕，締造「貞觀之治」；及後來的「開
元盛世」，這時期的俠士風氣轉向曠達。據龔鵬程研究，唐代的俠士保留著漢
魏晉南北朝遊俠的傳統，其俠風也就是唐代的士風。游俠少年是重要中堅，
街肆惡少的勢力也因此日趨膨脹〔註 17〕。除此之外，在唐代亦有游俠爲豪強
官員所用，捲入朝廷政爭中之事蹟〔註 18〕。而涇元兵馬將劉海賓則以義俠聞
天下〔註 19〕。知識份子與俠的關係過於緊密，對俠士的傳承與發展也產生若

〔註 10〕 隋末各地起義四起，其中具俠義行蹟者眾，竇建德就是其中一個具有叛逆氣
　　　　質的豪俠，擁有強大的力量，足與隋煬帝抗衡。見歐陽修、宋祁著，《新唐書》
　　　　（台北：鼎文書局，新校本，1998 年第九版，以下引用《新唐書》資料皆同
　　　　此版本），卷八十五〈竇建德傳〉，頁 3696～3703。隋末俠風延續至唐代之探
　　　　討請參，汪涌豪，前揭書，頁 115～116。
〔註 11〕 《舊唐書》，卷六十，列傳十〈淮安王神通傳〉，頁 2339～2341。
〔註 12〕 《新唐書》，卷七十九，列傳四〈隱太子建成〉，頁 3539～3544。
〔註 13〕 《舊唐書》，卷二，本紀二〈太宗本紀〉，頁 21～23。
〔註 14〕 《新唐書》，卷一三五，列傳六十〈哥舒翰〉，頁 4569～4576。
〔註 15〕 鄭春元，前揭書，頁 31～33。
〔註 16〕 「安唐策」即論述唐太宗爲安定唐天下之策略與措施，見李樹桐，《隋唐史別
　　　　裁》（台北：商務印書館，1994 年初版），頁 96～106。
〔註 17〕 唐代俠士的研究與見解請參，龔鵬程，《大俠》（台北：錦冠出版社，1967 年
　　　　第一版），頁 117～139。
〔註 18〕 俠士捲入政爭致元稹罷相案見，《舊唐書》，卷一一六〈元稹傳〉；卷一〇六〈于
　　　　頔傳〉與《新唐書》，卷一七四〈元稹傳〉，頁 5221～5223；卷一七四〈李逢
　　　　吉傳〉，頁 5223～5229。
〔註 19〕 唐德宗建中年間，劉海賓以義俠聞名天下之記載見，《新唐書》，卷一五三，
　　　　列傳七十八〈劉海賓〉，頁 4853。

干影響〔註20〕，更突顯唐代俠士與朝廷的複雜關係。曹正文提出，「安史之亂」後，民不聊生，俠士只有兩條出路，一是從軍，二是起義，許多俠士也因此成了愛國英雄〔註21〕。曹正文的觀點雖沒有太多的論證，但在這樣混亂的時局裡，對於這一波俠士的熱潮，卻提供了值得注意的焦點。

二、五代俠風特點

五代時期（907～959 年），各朝享國時間皆短，但社會風氣任力尚武不拘禮法；游俠勢力較之唐代，可謂有過之而無不及〔註22〕，其皇帝多為武人出身，不少即具俠士性格。如梁太祖朱溫年幼喪父，母親攜其兄弟三人傭食于劉崇家，及壯，好無賴，雄勇自負，里中皆以為患〔註23〕；周太祖郭威，「壯年，喜博飲，好任俠，不拘細行」〔註24〕，都是上層俠風仍盛的最佳例證。

五代時期中，皇帝任用的大臣亦多俠士之流，但由於五代各朝享國時間皆短，故本文不刻意強調他們是屬於那個朝代之俠士。如：成汭少年任俠，乘醉殺人，為仇家追捕，冒姓郭氏，後入仕為官〔註25〕。符存審少豪俠，歸武皇所用〔註26〕。俠士李周，為內邱捕賊將〔註27〕。史宏肇少游俠無行，為將屢建奇功〔註28〕。和凝入仕後，展現俠士受知遇而圖報的俠士風範等〔註29〕。

〔註20〕 唐代知識份子有企圖使俠客趨向理性化行為的傾向，見龔鵬程，《俠的精神文化史論》（台北：風雲時代，2004 年初版），頁 105。

〔註21〕 曹正文，《俠客行──縱談中國武俠》（台北：雲龍出版社，1998 年初版），頁37。

〔註22〕 相關五代俠士風格論述請參，汪涌豪，《中國游俠史》，前揭書，頁 124；龔鵬程、林保淳編，《二十四史俠客資料匯編》，前揭書，則收錄六筆五代俠士資料。

〔註23〕 薛居正等撰；楊家駱主編，《舊五代史》（台北：鼎文書局，1998 年三版，本文以下引用《舊五代史》資料，皆同此版本），卷一〈梁書‧太祖朱溫本紀一〉，頁 2。相關梁太祖年少具俠士風之記載。

〔註24〕 《舊五代史》，卷一二一〈周書‧后妃列傳一〉，頁 1599；《新五代史》（台北：鼎文書局，1979 年二版，本文以下引用《新五代史》資料，皆同此版本），卷十九〈周書‧周太祖家人傳第七〉，頁 197。

〔註25〕 《舊五代史》，卷十七〈梁書‧成汭傳〉，頁 229。有關成汭為俠殺人，之後入仕之記載。

〔註26〕 《舊五代史》，卷五十六〈唐書‧符存審傳〉，頁 755。符存審豪俠多智算後入仕之記載。

〔註27〕 《舊五代史》，卷五十六〈晉書‧李周傳〉，頁 1203。李周之俠蹟記載。

〔註28〕 《舊五代史》，卷一○七〈漢書‧史宏肇傳〉，頁 1403。史宏肇游俠無行，立功名之記載。

〔註29〕 《舊五代史》，卷一二七〈周書‧和凝傳〉，頁 1671～1673。和凝之俠蹟記載。

由這些個案可窺見俠士在朝廷中十分活躍，五代俠風之盛絕非虛名。

　　汪涌豪認爲，在這種任力尚武不拘禮法的社會環境中，遊俠得到了立足的土壤，其上者行俠仗義，解窮濟困，其下者不免充作殺手，謀財害命。此外，隋唐五代，商業經濟較先前有較大的發展，較具規模的城鎮開始形成，也爲俠士的活動提供了很有利的條件，這段時期俠士的風行，是社會生活中一個不可忽視的事實〔註30〕。這個針對唐、五代俠士活動所歸結的精闢見解，值得我們重視。

　　唐、五代時期崇尚武力，許多俠士與藩鎮的關係密切，甚至爲其所用〔註31〕，且相關之研究皆證明這時期的武人俠風十分鮮明、強烈〔註32〕。因此，在政權更替中，這時期裡部分俠士的特點延續到了宋代並不令人意外〔註33〕。但鑑於藩鎮挾勢自重犯上作亂的教訓，宋代有著不同於唐、五代的政治措施及社會風氣調整。自然，造成俠士風格在宋代的轉變，他們有著什麼樣的特色，則需進一步深究與分析。

第二節　北宋時期

　　北宋初年到中期這個時段裡，由於國家初立，加之國內叛亂始終不止，因此俠士記載之數量亦多。是否可解讀爲，唐、五代俠風對於俠士產生極大影響，或北宋的政策、社會狀態影響了俠士的風格，值得觀察。本節將北宋時期俠士分爲北宋初期、北宋中期兩段討論，並以楊業、郭進、張詠、張齊賢、柳開、王寂、賀鑄、孫立等，各具代表性之個案深究之。

一、北宋初期

（一）楊業、郭進

1. 楊　業

楊家將的故事在民間流傳久遠，深入人心，而楊業（楊繼業）〔註34〕正

〔註30〕汪涌豪，前揭書，頁130。

〔註31〕如爲藩鎮行刺對手、互爲強援等。見汪涌豪，前揭書，頁189～198。認爲，藩鎮利用俠士行刺人物，並不保證因此而旺盛，見註20書，頁120～122。

〔註32〕汪涌豪，前揭書，頁127～129；鄭春元，前揭書，頁31～38。

〔註33〕北宋初，俠士之風仍盛，見筆者於本文第二章，表2-1〈宋代俠士時間分期表〉之整理。另參，汪涌豪，前揭書，頁133～134。

〔註34〕楊繼業乃楊業的問題，請參，姚從吾先生遺著整理委員會編，《姚從吾先生全

是楊家將故事中最主要的真實人物，他是北宋時期著名的俠士與將領，但其
俠蹟與經歷值得深究。本文探討楊業的個案，即著眼於其降宋後職位的轉換、
俠義精神的延續，及其行徑對後代子孫的影響等議題的觀察。

> 楊業，并州太原人。父信，爲漢麟州刺史。業幼倜儻任俠，善騎射，
> 好畋獵，所獲倍於人。嘗謂其徒曰：「我他日爲將用兵，亦猶用鷹
> 犬逐雉兔爾。」弱冠事劉崇，爲保衛指揮使，以驍勇聞。累遷至建
> 雄軍節度使，屢立戰功，所向克捷，國人號爲「無敵」。〔註35〕

上述《宋史》的記載；大體與《東都事略》、《宋朝事實類苑》所記相當，然
詳略各有不同〔註36〕，可以相互印證。史書所載，楊業的家世是官家後代，
他的父親楊信在降北漢後，擔任麟州刺使，而他們的祖先原是唐末西北豪
族。楊業是哪裡人，可歸納爲三個地方：麟州新秦（今陝西神木縣北楊家
城）〔註37〕、一作并州太原（今山西太原）〔註38〕、保德火山（今山西河曲
南）〔註39〕，又以保德人最爲合理。楊業自幼便喜任俠，對於武術的練習有
一定的水平，又以驍勇善戰聞名，因戰功被提陞爲建雄軍節度使。

關於太宗對楊業的知遇之恩，也頗令人稱道。史書記載如下：

> 太宗征太原，素聞其名，嘗購求之。既而孤壘甚危，業勸其主繼元
> 降，以保生聚。繼元既降，帝遣中使召見業，大喜，以爲右領軍大
> 將軍。師還，授鄭州刺史。帝以業老於邊事，復遷代州兼三交駐泊

集（五）》（台北：正中書局，1981年），頁153。筆者仍採《宋史》傳中太宗
所賜之名楊業稱之。

〔註35〕脫脫等撰，《宋史》（台北：鼎文書局，1998年九版，本文以下引用《宋史》
資料，皆同此版本），卷二七二，列傳三十一〈楊業〉，頁9303。

〔註36〕王稱，《東都事略》（台北：國立中央圖書館，1991年，本文以下引用《東都
事略》資料，皆同此版），卷三十四〈楊業〉，頁548～549；江少虞撰，《宋朝
事實類苑》（上海：上海古籍出版社，1981年一版，以下引用《宋朝事實類苑》，
皆同此版），卷五十五，頁721。

〔註37〕《宋朝事實類苑》，卷五十五，頁721。楊業的籍貫乃麟州新秦，見李裕民〈楊
家將史事新考〉，收錄於李裕民，《宋史新探》（西安：陝西師範大學出版社，
1999年第一版），頁200～201。

〔註38〕除《宋史》記載之外，楊業的籍貫和生卒年，請參李裕民〈楊業考〉，載於鄧
廣銘、徐規（主編），《宋史研究論文集》（河北教育，1996年），頁528～
536。

〔註39〕楊業乃保德火山人說之論證，請參王宏志，〈楊業〉，《名將評傳（宋金）》（台
北：萬象出版社，1993年），頁2～5。李裕民，〈楊家將史事新考〉，前揭書，
認爲此說不正確。

兵馬都部，帝密封橐裝，賜予甚濃。會契丹入鴈門，業領麾下數千
騎自西陘而出，由小陘至鴈門北口，南向背擊之，契丹大敗。以功
遷雲州觀察使，仍判鄭州、代州。自是契丹望見業旌旗，即引去。
主將戍邊者多忌之，有潛上謗書斥言其短，帝覽之皆不問，封其奏
以付業。〔註40〕

楊業亦不負太宗厚待，在太平興國五年三月，以數百騎在雁門關大破遼軍，
功至雲州觀察使，知代州事。此後遼軍見楊業之旗即去。楊業立功又受重用，
卻招來主將潘美等人的忌妒，上書毀告楊業的不是。太宗則是將謗書交給楊
業，表達對他的信任。〔註41〕

　　然潘美等人對楊業的妒忌卻沒有停止，主要因素在於，楊業屬於與他們
敵對數十年的北漢河東軍系。因此太祖舊屬或太宗新貴，在某種程度上，對
他都有排擠、猜忌的傾向，使得楊業在征戰中的處境十分艱難。〔註42〕

未幾，詔遷四州之民於內地，令美等以所部之兵護之。時，契丹國
母蕭氏，與其大臣耶律漢寧、南北皮室及五押惕隱領十餘萬，復陷
寰州。業謂美等曰：「今遼兵益盛，不可與戰。朝廷止令取數州之民，
但領兵出大石路，先遣人密告雲、朔州守將，俟大軍離代州日，令
雲州之先出。我師次應州，契丹必來拒，即令朔州民出城，直入石
碣谷。遣強弩千人列於谷口，以騎士援於中路，則三州之眾，保萬
全矣。」侁沮其議曰：「領數萬精兵而畏懦如此。但趨鴈門北川中，
鼓行而往。」文裕亦贊成之。業曰：「不可，此必敗之勢也。」侁曰：
「君侯素號無敵，今見敵逗撓不戰，得非有他志乎？」業曰：「業非
避死，蓋時有未利，徒令殺傷士卒而功不立。今君責業以不死，當
為諸公先。」〔註43〕

〔註40〕《宋史》，卷二七二，列傳三十一〈楊業〉，頁9303～9304。亦可參，《東都事
　　　略》，卷三十四，頁549。

〔註41〕太宗對楊業之知遇，除《宋史》中有所記載外，亦可參李燾，《續資治通鑑長
　　　編》（北京：中華書局，2004年第二版）（本文以下引用《續資治通鑑長編》
　　　資料，簡稱《長編》），卷二十一，頁473，太平興國五年癸巳條；頁482，太
　　　平興國五年丁丑條。

〔註42〕楊業遭排擠之論述請參，何冠環，《北宋武將研究》（香港：中華書局，2003
　　　年初版），頁112。

〔註43〕《宋史》，卷二七二，列傳三十一〈楊業〉，頁9304。亦可參《東都事略》，卷
　　　三十四，頁549～550；《長編》，卷二十七，頁621～622，雍熙三年八月條。
　　　另見《宋朝事實類苑》，卷五十五，頁721。

在太宗下詔將四州居民遷往內地時，楊業的軍事判斷遭到了潘美、劉文裕、王侁等人的諷刺與反對，楊業被迫需進行一場沒有勝算的伇役，也開啓了他悲壯事蹟的序幕。

　　楊業在出發前的談話，充滿了俠士欲抱知遇之恩和視死如歸的氣節，除展現其軍事的專業素養外，對於自己的身份更是看得透徹。記載如下：

> 將行，泣謂美曰：「此行必不利。業，太原降將，分當死。上不殺，寵以連帥，授之兵柄。非縱敵不擊，蓋伺其便，將立尺寸功以報國恩。今諸君責業以避敵，業當先死於敵。」因指陳家谷口曰：「諸君於此張步兵強弩，爲左右翼以援，俟業轉戰至此，即以步兵夾擊救之，不然，無遺類矣。」〔註44〕

楊業最終壯烈的爲國捐軀，史書所載其忠義之精神，令人動容。

> 美即與侁領麾下兵陣於谷口。自寅至巳，侁使人登托邏臺望之，以爲契丹敗走，欲爭其功，即領兵離谷口。美不能制，乃緣灰河西南行二十里。俄聞業敗，即麾兵卻走。業力戰，自日中至暮，果至谷口。望見無人，即拊膺大慟，再率帳下士力戰，身被數十創，士卒殆盡，業猶手刃數十百人，馬重傷不能進，遂爲契丹所擒，其子延玉與岳州刺史俱死焉。……因太息曰：「上遇我厚，期期捍邊破賊以報，而反爲姦臣所嫉，逼令赴死，致王師敗績，何面目求活於異地！」乃不食三日而死。〔註45〕

楊業在沒有援助的情況下，從中午奮力戰鬥至傍晚，也如其先前所料退到陳家谷口，卻因爲他的戰友們早已撤退而得不到任何的援助，終於捶胸痛哭。但他不愧是具有俠義氣概的俠士，雖已因社會歷練轉化爲高級將領，在身上傷口十多處，士兵幾乎全部戰死時，仍努力斬殺敵兵至戰馬受重傷無法前進，最後被俘絕食三天而亡，回報太宗厚待之恩，氣節可謂高操。他的兒子楊延玉也在這場戰役中犧牲。對於一個由俠士轉化的將領而言，這是磊落與無愧的生命終局。

〔註44〕《宋史》，卷二七二，列傳三十一〈楊業〉，頁9304～9305。亦可參《長編》，卷二十七，頁622，雍熙三年八月條。《宋朝事實類苑》，卷五十五，頁721～722。

〔註45〕《宋史》，卷二七二，列傳三十一〈楊業〉，頁9305。亦可對參《東都事略》，卷三十四，頁550；《長編》，卷二十七，頁622，雍熙三年八月條。另見《宋朝事實類苑》，卷五十五，頁722。

《遼史》中，對於楊業的戰死，則有不同角度的看法與記載可供互證：

> （遼聖宗統和四年，986 年）秋七月丙子，樞密使斜軫遣侍御涅里
> 底、幹勤哥奏復朔州，擒宋將楊繼業，及上所獲將校印綬、誥敕，
> 賜涅里底等酒及銀器。辛巳，以捷告天地。以宋歸命者二百四十人
> 分賜從臣。又以殺敵多，詔上京開龍寺建佛事一月，飯僧萬人。辛
> 卯，斜軫奏：大軍至蔚州，營于州左。得諜報，敵兵且至，乃設伏
> 以待。敵至，縱兵逆擊，追奔逐北，至飛狐口。遂乘勝鼓行而西，
> 入寰州，殺守城吏卒千餘人。宋將楊繼業初以驍勇自負，號楊無敵，
> 北據雲、朔數州。至是，引兵南出朔州三十里，至狼牙村，惡其名，
> 不進；左右固請，乃行。遇斜軫，伏四起，中流矢，墮馬被擒。瘡
> 發不食，三日死。遂函其首以獻。詔詳穩轄麥室傳其首于越休哥，
> 以示諸軍，仍以朔州之捷宣諭南京、平州將吏。〔註46〕

所載大致與《宋史》相符，只是《遼史》中契丹人對楊業的死顯得相當得意。

《遼史》耶律斜軫傳，對楊業的戰死亦有深入的記載：

> 會宋將曹彬、米信出雄、易，楊繼業出代州。太后親帥師救燕，以
> 斜軫為山西路兵馬都統。繼業陷山西諸郡，各以兵守，自屯代州。
> 斜軫至定安，遇賀令圖軍，擊破之，追至五臺，斬首數萬級。……
> 賀令圖、潘美復以兵來，斜軫逆于飛狐，擊敗之。宋軍在渾源、應
> 州者，皆棄城走。斜軫聞繼業出兵，令蕭撻凜伏兵于路。明旦，繼
> 業兵至，斜軫擁為戰勢。繼業麾幟而前，斜軫佯退。伏兵發，斜軫
> 進攻，繼業敗走，至狼牙村，軍皆潰。繼業為流矢所中，被擒。斜
> 軫責曰：「汝與我國角勝三十餘年，今日何面目相見！」繼業但稱死
> 罪而已。初，繼業在宋以驍勇聞，人號楊無敵，首建梗邊之策。至
> 狼牙村，心惡之，欲避不可得。既擒，三日死。〔註47〕

由敵對之將耶律斜軫怒責楊業的記載，可知楊業衛邊戰功之多，對契丹造成
極大的威脅。而相關楊業戰敗後仍秉忠烈之心，也是所言不虛的。

針對楊業的治軍態度，與部下之間的互動，史書中亦有所載：

> 業不知書，忠烈武勇，有智謀。練習攻戰。與士卒同甘苦。代北苦

〔註46〕脫脫等撰，《遼史》（台北：鼎文書局，1999 年，本文以下引用《遼史》資料，
　　　　皆同此版本），卷十一，本紀十一〈聖宗二〉，頁 123～124。
〔註47〕《遼史》，卷八十三，列傳十三〈耶律斜軫〉，頁 1302～1303。

寒，人多服氈罽，業但挾纊，露坐治軍事，傍不設火，侍者殆僵仆，
而業怡然無寒色。爲政簡易，御下有恩，故士卒樂爲之用。朔州之
敗，麾下尚百餘人，業謂曰：「汝等各有父母妻子，與我俱死無益也，
可走還報天子。」皆感泣不肯去。淄州刺史王貴殺數十人，矢盡遂
死。餘亦死，無一生還者。聞者皆流涕。〔註48〕

楊業沒讀過什麼書，但有勇有謀，能與士兵同甘共苦，故能和士兵建立良好
的上下屬關係。戰敗臨死時，他仍以士兵的身家性命爲考量，確實是位心胸
寬大的將領。後來，包括王貴等人都陪同楊業在這場戰爭中犧牲，寫下悲壯
的一頁。

楊業的死，對太宗造成的衝擊相當大，因此，太宗對他多所疼惜之情。
記載如下：

帝聞之痛惜甚，俄下詔曰：「執干戈而衛社稷，聞鼓鼙而思將帥。盡
力死敵，立節邁倫，不有追崇，曷彰義烈！故雲州觀察使楊業誠堅
金石，氣激風雲。挺隴上之雄才，本山西之茂族。自委戎乘，式資
戰功。方提貔虎之師，以效邊陲之用；而群帥敗約，援兵不前。獨
以孤軍，陷於沙漠；勁果姦屬，有死不回。求之古人，何以加此！
是用特舉徽典，以旌遺忠；魂而有靈，知我深意。可贈太尉、大同
軍節度，賜其家布帛千匹，粟千石。大將軍潘美降三官；監軍王侁
除名，隸金州；劉文裕除名，隸登州。」〔註49〕

太宗得悉楊業戰死的緣由後，除厚恤楊業之外，也責貶潘美三人。潘美地位
高，而楊業戰死，其責任卻非最大，故太宗只將他削降三任，降爲檢校太保
〔註50〕。太宗在制書中責他「不能申明斥候，謹設隄防，陷此生民，失吾驍
將」〔註51〕。王侁、劉文裕因出言迫楊業出戰，又不願留守陳家谷支援，分別
被除名配金州和登州。太宗更在制書中痛斥兩人「早膺任使，久侍軒墀，昨
出師徒，俾其監護，固明宣紀律，動協機宜，而乃墮撓軍謀，窘辱將領，無

〔註48〕《宋史》，卷二七二，列傳三十一〈楊業〉，頁9305～9306。《宋朝事實類苑》，
　　　　卷五十五，頁722。
〔註49〕《宋史》，卷二七二，列傳三十一〈楊業〉，頁9305。亦可對參《東都事略》，
　　　　卷三十四，頁551。
〔註50〕《宋史》，卷二五八，列傳十七〈潘美〉，頁8993。
〔註51〕佚名（編），司義祖（點校），《宋大詔令集》（北京：中華書局，1997年一版
　　　　二刷，以下引用《宋大詔令集》皆同此版本），卷九十四〈責潘美制・雍熙三
　　　　年八月辛亥〉，頁346。

公忠之節，有狠戾之衍；違眾任情，彼前我卻，失吾驍將，陷此生民」〔註52〕

　　由上述所論觀之，太宗確實是十分疼惜楊業這位將領的。另有學者言，太宗賞識楊業，卻不讓他獨領一軍，而使其受制於王侁、劉文裕等人之手，敗壞大事，是太宗用人不當，造成楊業冤死〔註53〕。所論雖過於苛責太宗，然細究事件經過，這個觀點卻不無道理。

2. 郭　進

　　宋初俠士郭進，武人出身，後轉化爲破遼有功之名將，亦於太宗年間冤死，可與楊業之俠士風範、壯烈捐軀事蹟對照探討。

> 郭進，深州博野人。少貧賤，爲鉅鹿富家傭保。有膂力，倜儻任氣，結豪俠，嗜酒蒲博。其家少年患之，欲圖殺進，婦竺氏陰知其謀，以告進，遂走晉陽依漢祖。漢祖壯其材，留帳下。晉開運末，契丹擾邊。漢祖建號太原。契丹主道殂，漢祖將入汴，進請以奇兵間道先趨洺州，因定河北諸郡。累遷乾、坊二州刺史。少帝即位，改磁州。〔註54〕

郭進家世貧賤，好飲博，以武力在富家當傭保，喜與豪俠交遊，險遭少東家殺害，幸賴主人妻告知而免。楊業與之相比，家世是好的多了，但喜仗義行俠、有武勇的出身則相當。另外，兩人也都得主上的賞識而屢立戰功，累遷爲宋初的高級將領。

　　以兩人的治蹟比之，則亦有許多共同之特質存在。

> 周廣順初，移淄州。二年，吏民詣觀察使舉留。是秋，遷登州刺史。會群盜攻劫居民，進率鎮兵平之，部內清肅，民吏千餘人詣闕請立屏盜碑，許之。顯德初，移衛州。衛、趙、邢、洺間多亡命者，以汲郡依山帶河，易爲出沒，伺間椎剽，吏捕之輒遁去，故累歲不能絕其黨類。進備知其情狀，因設計發摘之，數月間剪滅無餘，郡民又請立碑記其事。改洺州團練使，有善政，郡民復詣闕請立碑頌德，

〔註52〕《宋大詔令集》，卷九十四〈王侁、劉文裕除名配金州、登州・雍熙三年八月辛亥〉，頁346。

〔註53〕論楊業之死，乃太宗用人不當之故，見《長編》，卷二三七，頁5775～5776，熙寧五年庚子條。何冠環，前揭書，頁116。另可參，惜秋，《宋初風雲人物》（台北：三民書局，1985年初版），頁235～239。雖學術性略嫌不足，但對於楊業與太宗關係的論述，仍值得參考。

〔註54〕《宋史》，卷二七三，列傳三十二〈郭進〉，頁9334～9335、《東都事略》，卷二十九，頁483。

> 詔左拾遺鄭起撰文賜之。進嘗於城四面植柳，壕中種荷芰蒲葦，後
> 益繁茂。郡民見之有垂涕者，曰：「此郭公所種也。」〔註55〕

郭進任地方長吏時，不但平盜亂，有德政，還受登州、洺州百姓立碑稱訟懷念，甚受愛戴。楊業則以能與士兵同甘共苦，受士兵的推崇。楊業與郭進的俠士風範在任官時，皆表現出盡職、積極進取的高氣節操守。

郭進在發達後，曾尋訪救過他的主婦，但主婦已死，留下一女，十分貧困，郭進將她收爲養女，等到出嫁日又贈以豐厚的嫁妝作爲報答〔註56〕。更加彰顯此類型俠士，不因富貴而改變其一貫秉持的俠義精神。

而郭進的治事態度，與部下之間的互動與豪氣，史書亦有所載：

> 進有材幹，輕財好施，然性喜殺，士卒小違令，必置於死，居家御
> 婢僕亦然。進在西山，太祖遣戍卒，必諭之曰：「汝輩謹奉法。我猶
> 貸汝，郭進殺汝矣。」其御下嚴殺若此。然能以權道任人，嘗有軍
> 校自西山詣闕誣進者，太祖詰知其情狀，謂左右曰：「彼有過畏罰，
> 故誣進求免爾。」遣使送與進，令殺之。會并人入寇，進謂誣者曰：
> 「汝敢論我，信有膽氣。今捨汝罪，能掩殺并寇，即薦汝於朝；如
> 敗，可自投河東。」其人踴躍聽命，果致克捷。進即以聞，乞遷其
> 職，太祖從之。〔註57〕

郭進輕財樂施，敢賞敢罰，有小過則殺之，足令下屬敬畏，可謂治軍非常嚴謹。但他重然諾的態度，依舊保有強烈的俠士特質。楊業統領部下有恩德，士兵也樂意爲他效命，兵敗後百餘人同他戰死沙場就是最好的例證，俠士的寬大胸襟從他身上展露無疑。楊業、郭進同爲宋初著名的俠士和將領，對待下屬雖採恩、威不同的方式，但兩人戰功彪炳、有威望卻都是可以肯定的。以俠士轉化爲官而言，他們倆都有出色的表現，未失俠士風範。

但郭進、楊業同爲俠士轉化的高級將領，皆冤死在太宗朝，其原因亦值得深究，因爲這方面的論述將可突出俠士將領與一般將領的不同。

（太平興國）四年，車駕將征太原，先命進分兵控石嶺關，爲都部

〔註55〕《宋史》，卷二七三，列傳三十二〈郭進〉，頁9335。另參《東都事略》，卷二
十九，頁483。
〔註56〕郭進報主婦救命之恩記載見，《東都事略》，卷二十九，頁485。
〔註57〕《宋史》，卷二七三，列傳三十二〈郭進〉，頁9336；另參《東都事略》，卷二
十九，頁484；《長編》，卷四，頁106，乾德元年九月是月條。《宋朝事實類
苑》，卷六，頁59。

署，以防北邊。契丹果犯關，進大破之，又攻破西龍門砦，俘馘來
獻，自是并人喪氣。時田欽祚護石嶺軍，恣爲姦利諸不法事，進雖
力不能禁，亦屢形於言。進武人，性剛烈，戰功高，欽祚以他事侵
之，心不能甘，自經死，年五十八，欽祚以暴卒聞。太宗悼惜久之，
贈安國軍節度，中使護葬。後頗聞其事，因罷欽祚內職，出爲房州
團練使。〔註58〕

楊業爲太宗所派監軍所害，戰死沙場，太宗對其忠義行徑表達推崇，而貶責
監軍王侁、劉文裕與主將潘美等人。反觀郭進雖獲太宗之追贈，但卻非死於
戰場，《宋史‧郭進傳》和《宋史‧田欽祚傳》所記大致相同。田欽祚傳載「進
戰功高，屢爲欽祚所陵，心不能甘，遂自縊死。」〔註59〕《續資治通鑑長編》
載，田欽祚報告郭進乃中風暴卒〔註60〕。然《太宗皇帝實錄》所記郭進之死
爲「死事甚曖昧，時皆以爲欽祚殺之，左右無敢言者。」〔註61〕郭進的死確
實令人不解與懷疑。

　　郭進任西山巡檢，防禦北漢與遼，終太祖十七年不遷，太祖對他十分器
重，也從沒派人牽制他〔註62〕。太宗繼位後依然倚重郭進，但太平興國四年，
太宗親征北漢，卻派汾州防禦史田欽祚爲監軍，牽制郭進，種下了主帥與監
軍激鬥的惡果〔註63〕。田欽祚是陰險狡詐之人，喜好欺侮同僚，又貪財好貨，
人緣極差〔註64〕。太宗之用人哲學令人費解。

　　何冠環指出，太宗皇帝任用田欽祚的最大原因，在樂於利用郭、田二人
的矛盾，玩弄兩面手法，控制不屬於他嫡系又得任用的大將郭進，其目的在
求取宋朝的長治久安。這個看法有一定的可信度，因爲郭進與楊業可說先後

〔註58〕　《宋史》，卷二七三，列傳三十二〈郭進〉，頁 9335～9336。亦可參《東都事
　　　　略》，卷二十九，頁 485；《長編》，卷二十，頁 446，太平興國四年引進使、
　　　　汾州防禦使田欽祚條。
〔註59〕　《宋史》，卷二七四，列傳三十三〈田欽祚〉，頁 9360。
〔註60〕　《長編》，卷二十，頁 450，太平興國四年田欽祚在石嶺關條。
〔註61〕　《宋太宗皇帝實錄》（新校本宋史並附）（台北：鼎文書局，1998 年九版），卷
　　　　四十一，頁 254。
〔註62〕　《宋史》，卷二七三，列傳三十二〈郭進〉，頁 9335；《長編》，卷十七，頁 384
　　　　～385，開寶九年庚午條。
〔註63〕　《長編》，卷二十，頁 443，太平興國四年辛卯條；頁 446，太平興國四年引
　　　　進使、汾州防禦使田欽祚條。
〔註64〕　《宋史》，卷二七四，列傳三十三〈田欽祚〉，頁 9360；《長編》，卷二十，頁
　　　　450，太平興國四年田欽祚在石嶺關條。

死於太宗所派監軍之手，但太宗卻沒有放棄派遣監軍（其耳目）控制各大將，是私心或處理無方，太宗所爲實在令人疑惑。〔註65〕

綜合楊業與郭進之事蹟比較分析，發現宋代俠士轉化爲高級將領後，仍保有一定的俠士風采，如渴望知遇、發揮自身的才能、報知遇之恩、忠於職守、高標的氣節與誠信的人品等，在兩人生平事蹟中清晰可見。在政治層面上，其武人出身的身份，似乎亦難在宋代的政局裡生存而有自在的揮灑空間，這與前人之宋代武人研究結果，大致是相同的。〔註66〕

（二）楊業的後代

楊業死於戰場後，他的俠士風範是否對其子孫產生影響，值得探究。

> 業既沒，朝廷錄其子供奉官延朗爲崇儀副使，次子殿直延浦、延訓並爲供奉官，延環、延貴、延彬並爲殿直。〔註67〕

太宗除厚贈楊業外，楊業諸子皆得其蔭而爲官（除楊延玉戰死沙場外），繼續延續楊家的聲望，而這蔭補記載，和本文第二章所討論的恩蔭問題相互印證，可以看出宋代恩蔭現象的普遍。〔註68〕

其子延昭事蹟在史書上記載較爲詳盡，可進一步的分析。

> 延昭本名延朗，後改焉。幼沉默寡言，爲兒時，多戲爲軍陣，業嘗曰：「此兒類我。」每征行，必以從。太平興國中，補供奉官。業攻應、朔，延昭爲其軍先鋒，戰朔州城下，流矢貫臂，鬥益急。以崇儀副使出知景州。時江、淮凶歉，命爲江、淮南都巡檢使。改崇儀使，知定遠軍，徙保州緣邊都巡檢使，就加如京使。〔註69〕

〔註65〕何冠環，前揭書，頁100，頁132～133。

〔註66〕宋代武人地位較文人低之研究，請參，劉子健，〈略論宋代武官群在統治階層中的地位〉，《兩宋史研究彙編》（台北：聯經出版社，2002年初版），頁173～184。武人紛紛謀求轉任文官之論請參，黃寬重，〈中國歷史上武人地位的轉變：以宋代爲例〉，《南宋軍政與文獻探索》（台北：新文豐出版公司，1990年台一版），頁392～399。

〔註67〕《宋史》，卷二七二，列傳三十一〈楊業〉，頁9306。

〔註68〕楊業之子受蔭爲官，是合於宋代恩蔭制度的。因爲宋代的恩蔭有五種：皇帝的誕辰、致仕制度、殉職後的遺表之恩、即位時的臨時恩典、祭祀之恩代等，見梅原郁，《宋代官僚制度研究》（京都：同朋舍，1995年初版），頁426～427。太祖時期的官員蔭補沿襲唐、五代舊制，並有嚴格規定。太宗時期，各種蔭補形式大多確定，並有一定規範，官員蔭補親屬被視爲自然的法律條文，並非毫無章法。見游彪，《宋代蔭補制度研究》（北京：中國社會科學出版社，2001年），頁3～12。

〔註69〕《宋史》，卷二七二，列傳三十一〈楊延昭〉，頁9306。

據《宋史》所載，延昭應是楊業的長子，他幼年時期就喜歡擺列陣勢、打仗的遊戲，當是受父親楊業的影響。且楊業每次出征都會帶著延昭隨行，讓他在平常的觀察和參與中，培養了帶兵打仗的膽量和本領，後延昭受父蔭為官，朔州城一戰成名，遼軍十分畏懼其英勇，延昭也就成了北宋抗遼的重要將領。其後的遂城大捷，更使延昭威震邊疆，記載如下：

> 咸平二年冬，契丹擾邊，延昭時在遂城。城小無備，契丹攻之甚急，長圍數日。契丹每督戰，眾心危懼，延昭悉集城中丁壯登陴，賦器甲護守。會大寒，汲水灌城上，旦悉爲冰，堅滑不可上。契丹遂潰去，獲其鎧仗甚。以功拜莫州刺史。時眞宗駐大名，傅潛握重兵頓中山。延昭與楊嗣、石普屢請益兵以戰，潛不許。及潛抵罪，召延昭赴行在，屢得對，訪以邊要。帝甚悦，指示諸王曰：「延昭父業爲前朝名將，延昭治兵護塞，有父風，深可嘉也。」厚賜遣還。〔註70〕

延昭於遂城大破遼軍，除俱武勇外，智略的運用也是其取勝之因。然他和父親楊業一樣受制肘，遇上握重兵的將領傅潛不願派兵增援，可知宋代爲將之難。其後，眞宗肯定楊業、延昭虎父虎子守邊之功，楊業以來的俠士風範，即漸漸轉化爲衛國保家、盡忠守邊、武勇善戰的楊家門風。皇帝的知遇與賞識，可說是他們盡忠職守的最大動力。

宋眞宗未能採寇準和延昭建議，和遼軍簽下「澶淵之盟」〔註71〕後，延昭也有他的豪邁行動。記載如下：

> 景德元年，詔益延昭兵滿萬人，如契丹騎入寇，則屯靜安軍之東。……延昭上言：「契丹頓澶淵，去北境千里，人馬俱乏，雖易敗，凡有剽掠，率在馬上。願飭諸軍，扼其要路，可殲焉，即幽、易數州可襲而取。」奏入不報，乃率兵抵邊境，破古城，俘馘甚。〔註72〕

「澶淵之盟」後遼軍退去，沿途掠奪數十萬居民而北還。延昭對遼軍的殘暴，甚是氣憤，獨率（非公權力）所屬一萬士兵追趕敵軍到契丹邊界，而大破遼軍。延昭的這項舉動，即具有俠士的義善，不問過程，只問目標，與講求自

〔註70〕《宋史》，卷二七二，列傳三十一〈楊延昭〉，頁 9306～9307；又見《東都事略》，卷三十四，頁 551。

〔註71〕「澶淵之盟」之締訂與影響，請參陶晉生，《宋遼關係史研究》（台北：聯經出版社，2002 年初版五刷），頁 15～42。蔣復璁，〈宋遼澶淵之盟的研究〉，收錄於蔣復璁編，《宋史新探》（台北：正中書局，1966 年），頁 100～150。

〔註72〕《宋史》，卷二七二，列傳三十一〈楊延昭〉，頁 9307。

己所定的人間正義特質。但卻嚇壞了以議和爲目的的眞宗，立即派人監視他的行動。

延昭，死於大中祥符七年，活了五十七歲。《宋史》中對其治軍之事蹟亦有所載：

> 延昭智勇善戰，所得奉賜悉犒軍，未嘗問家事。出入騎從如小校，號令嚴明，與士卒同甘苦，遇敵必身先，行陣克捷，推功於下，故人樂爲用。在邊防二十餘年，契丹憚之，目爲楊六郎。及卒，帝嗟悼之，遣中使護櫬以歸，河朔之人多望柩而泣。錄其三子官，其常從、門客亦試藝甄敍之。子文廣。〔註73〕

與《續資治通鑑長編》中所記，楊延昭的治軍嚴明，厚待下屬，守邊二十餘年令契丹人懼，大致是相符的〔註74〕。延昭雖然從小伴隨父親在爭戰中成長，但發揮自身的才能、盡忠職守、高標的氣節與誠信的人品等，與父親楊業的俠士風範，相去不遠，亦可說是楊業的翻版。父子兩人都爲北宋守邊疆，也常與部份官員、其他將領之理念不合而受制肘，處境相當。只是延昭比起父親楊業的結局似乎好的多。在北宋複雜的政治圈裡，將領的無奈亦可從楊延昭事蹟中看出來。

延昭有三個兒子，皆受蔭錄爲官，但以文廣最爲出色，本文一併論之。

> 文廣字仲容。以班行討賊張海有功，授殿直。范仲淹宣撫陝西，與語奇之，置麾下。從狄青南征，知德順軍，爲廣西鈐轄，知宜、邕二州，累遷左藏庫使、帶御器械。治平中，議宿將，英宗曰：「文廣，名將後，且有功。」乃擢成州團練使、龍神四廂都指揮使，遷興州防禦使。秦鳳副都總管韓琦使築篳篥城，文廣聲言城噴珠，率急趨篳篥，比暮至其所，部分已定。遲明，敵騎大至，知不可犯而去，遺書曰：「當白國主，以數萬精騎逐汝。」文廣遣將襲之，斬獲甚。或問其故，文廣曰：「先人有奪人之氣。此必爭之地。彼若知而據之，則未可圖也。」詔書褒諭，賜襲衣、帶、馬。知涇州、鎮戎軍，爲定州路副都總管，遷步軍都虞候。遼人爭代州地界，文廣獻陣圖并取幽燕策，未報而卒，贈同州觀察使。〔註75〕

在《楊家府演義》中，楊家的第三代是楊宗保和穆桂英夫婦，他們的兒女楊

〔註73〕《宋史》，卷二七二，列傳三十一〈楊延昭〉，頁9308。
〔註74〕《長編》，卷八十二，頁1861～1862，大中祥符七年春正月甲午條。
〔註75〕《宋史》，卷二七二，列傳三十一〈楊文廣〉，頁9308。

文廣、楊金花是第四代。文廣的兒子楊懷鈺兄弟是第五代〔註 76〕。這和正史中的記載出入極大，本文討論以史書記載爲主，故不予探信。文廣是延昭的第三個兒子，《宋史》中記載十分簡短，他的戰功遠遜於他的父祖。

文廣以平亂立功出頭。先後跟隨范仲淹（989～1052）、韓琦（1008～1075）、狄青（1008～1057）建立功業，中興楊家，得以維持楊家將門之名聲。楊文廣的生平事蹟在宋代的官方記載不多。余嘉錫（1883～1955）早在〈楊家將故事考信錄〉中，已針對《宋史‧楊文廣傳》作出詳盡的索隱考證功夫〔註 77〕，值得重視。據曾鞏（1019～1083）《隆平集‧楊文廣傳》記載，楊文廣有兩位兄長名傳永和德政〔註 78〕。其二兄楊德政在天聖九年（1031）以西頭供俸官見任澤州兵馬監押兼在城巡檢。〔註 79〕

楊文廣三兄弟，均以父蔭得官，但三人獲授什麼官職，卻沒有明確的記載，有何表現也不得而知〔註 80〕。文廣在討平張海之亂的具體戰功不詳，張海及其黨羽其實並不多，大約千餘人，只是他們專向無兵無備之京西州縣攻掠。他們掠完便走，等到官兵趕到，他們早已遁去。比較之下，邵興一路招誘失律兵卒，眾至三千餘人，才是真正讓宋廷憂慮〔註 81〕。不過，文廣總算立功，陞遷爲殿直。

楊文廣任范仲淹幕僚到從狄青征儂智高，史書記載不多，也不詳盡，是否眞有此事爭議仍多，筆者持保留態度〔註 82〕。但楊文廣中年後仕途大進卻是事實，晚年他還獻伐遼之「奇策」，可惜宋廷沒有採納，是否可行也就不得而知了〔註 83〕。不久，楊文廣卒，獲英宗贈同州觀察使，史書中卻沒有任何

〔註76〕紀振倫著，竺少華標點，《楊家府演義》（上海：上海古籍出版社，1980 年），頁 216～303。

〔註77〕余嘉錫，〈楊家將故事考信錄〉，收錄于《余嘉錫論學雜著》（台北：河洛圖書出版社，1976 年），頁 470～490。

〔註78〕曾鞏，《隆平集》（成都市：巴蜀書社，1993 年第一版），卷十七。

〔註79〕曾棗莊、劉琳主編，《全宋文》（成都：巴蜀書社，1989 年），第五冊，卷一九七〈夏侯觀‧澤州龍堂記〉，頁 403～404。

〔註80〕查證，《隆平集》、《宋史》、《長編》，仍無法得知，文廣三兄弟受蔭所得之官階。

〔註81〕《長編》，卷一四五，頁 3496～3497，慶曆三年十一月初光化軍賊邵興條；頁 3519，慶曆三年十二月韓琦至陝西條。

〔註82〕《宋史》之楊文廣從范仲淹、與狄青南征之事記載，皆有謬誤論述，請參余嘉錫，〈楊家將故事考信錄〉，收錄於前揭書，頁 485～487。何冠環，《北宋武將研究》，前揭書，頁 400～408，認文廣征儂智高可能性高。

〔註83〕文廣獻策乃愛國心使然，請參余嘉錫，〈楊家將故事考信錄〉，前揭書，頁 489

蔭錄他的子姪爲官的記載〔註 84〕。楊業以來的俠士風範是否就此中斷，楊文廣之後已沒有任何子姪輩，還有待更進一步的考證。

　　部份學者將旁支近於儒將的楊畋，列爲楊家的第四代，楊畋的獨子文人出身的楊祖仁列爲楊家第五代〔註 85〕，或將南宋初期知兵善戰的楊再興，視爲楊家之後〔註 86〕，筆者持保留態度，因爲相關資料十分缺漏。但本文仍將兩者列出，製爲表 3-1 以供研究、查證。

表 3-1：楊業等北宋名將家系比較表

代級　將領	楊　業	郭　進	曹　彬	狄　青
第一代	楊業*	郭進*	曹彬	狄青
第二代	楊延昭		曹璨、曹瑋、曹琮、曹玘、曹玹、曹玘、曹珣	狄諮、狄詠
第三代	楊文廣、楊傳永、楊德政		曹佾、曹傅、曹儀、曹佺	
第四代	楊畋**		曹詩、曹評、曹誘、曹偕*	
第五代	楊祖仁**			
不　詳	楊再興**			

註：本表家系參考史料，以《宋史》記載爲主，學者之考證爲輔。
　　*號乃爲宋代之俠士；**號乃學者推測之後代，筆者一併錄之，以供參考、查證。

受《楊家府演義》影響，多數人認爲楊業以降的楊家將有五代之多，然就表3-1 整理，可考者不過楊業、楊延昭、楊文廣三代罷了。且由郭進身亡後雖獲追贈安國軍節度，沒有子姪蔭錄爲官的記載對照，楊家傳到第三代，氣運已算不錯，因爲宋代的將家，生存已難，家運延續三代以上者除曹彬外，更是

　　　～490。筆者則認爲因留存實料不多，文廣之奇策，在於主戰或意在擾亂遼方
　　　判斷，似乎難有合理之考證與推論。
〔註 84〕文廣卒後贈官，見《宋史》，卷二七二，列傳三十一〈楊文廣〉，頁 9308。又
　　　見《長編》，卷二五八，頁 6288，熙寧七年定州路副都總管條。
〔註 85〕楊畋乃楊重勛之曾孫，見《宋史》，卷三〇〇，列傳五十九〈楊畋〉，頁 9964
　　　～9966；而楊重勛乃楊業之弟，請參何冠環，《北宋武將研究》，前揭書，頁
　　　430。
〔註 86〕《宋史》，卷三六八，列傳一二七〈楊再興〉，頁 11463～11464。另參，惜秋，
　　　前揭書，頁 243～244。關於楊再興視爲楊業後代，是一種新思考，但缺乏考
　　　證，本文僅提出這派說法供研究者討論。

少數〔註87〕。因此，楊文廣後沒有子姪的記載，是子孫未成名，或是其他原因，似乎較難追蹤掌握。

武勇善戰、帶兵以恩德、盡忠職守、發揮自身才能、高標的氣節與誠信的人品等，是楊業入仕後的俠士風格轉化，楊延昭延續這樣的門風，其風範與父親相去不遠。楊文廣中年後仕途大進，雖然不若父祖的「無敵」、「善戰」，但盡忠職守、發揮自身才能的家風肯定是有的，英宗才會誇其「有功」，而多次加以擢升，楊家門風可見一斑。

俠士轉化而成的武將，和一般的武將有什麼不同？北宋初，正值國家多事之秋，以郭進和楊業兩位俠士為例，他們盡忠職守，品德高操，甚至力戰為國捐軀，都還能保有俠士磊落的胸襟，實是潘美、王侁、劉文裕、田欽祚等非具俠士精神之將領所難以比擬的。因為，非俠士轉化將領之特質，在於他們多數為了己身的陞遷而奮戰；並不會以「人間正義」、「誠信」、「氣節」、「受恩必報」等精神為處世宗旨，因此可知，兩者的差距是很大的。

另外，在北宋複雜的政治圈裡，俠士轉化的將領，往往因氣節高操，戰功彪炳，而遭受其他將領的妒忌和制肘，此一現象亦值得關注。

（三）張詠、張齊賢、柳開

1. 張　詠

張詠自號乖崖，宋太宗太平興國年間（976～984）進士，官至樞密直學士、吏部尚書。張詠年輕時好武喜任俠。有一次，朋友湯陰縣令送給他許多錢財，他急於帶回老家給父母過冬禦寒，因此，不顧路途匪盜橫行，隻身上路。途中誤入黑店投宿，店主見張詠只帶一名小童，又攜有許多財物，因此心生歹念，與兩個兒子密謀殺人劫財。張詠察覺後佯裝不知，躲在門後，待店主長子來推門時，與其相持，其後突然閃身，店主長子摔了進來，張詠當即揮劍斬了他。接著又斬殺店主次子，處死店主，放火燒了黑店才上路〔註88〕。

〔註87〕除郭進沒有子姪的記載外，筆者考察宋代名將狄青，氣運也只維持到第二代的狄諮、狄詠，功業與狄青差距甚遠，第三代已沒有相關的記載，可參《宋史》，卷二九〇，列傳四十九〈狄青〉，頁 9718～9721。另一名將曹彬，其子曹璨、曹瑋、曹琮等功業算是出色的，氣運則維持到了第四代後才漸衰落，算是宋代武將中的異數，請參《宋史》，卷二五八，列傳十七〈曹彬〉，頁 8977～8990。

〔註88〕此事可見，張師正《倦游雜錄》，收錄於《宋元筆記小說大觀一》（上海：上海古籍出版社，2001 年第一版，以下引用《倦游雜錄》，皆同此版本），〈張詠

除此俠義事蹟之外，宋代筆記中關於張詠之高超劍術亦有載：「徐探手袖間，飛一短劍，約平人肩，斷棄爲二。……」〔註89〕

在正史中，對張詠事蹟的描述，則可以看出他的出身與性格：

> 張詠字復之，濮州鄄城人。少任氣，不拘小節，雖貧賤客遊，未嘗下人。太平興國五年，郡舉進士，議以詠首薦。有夙儒張覃者未第，詠與寇準致書郡將，薦覃爲首，許其能讓。是歲，詠登進士乙科，大理評事、知鄂州崇陽縣。再遷著作佐郎……太宗聞其強幹，召還，超拜虞部郎中，賜金紫。〔註90〕

以《宋史》、《東都事略》等書所記相較，關於張詠的描述是接近的。他是個出身貧寒，但有風骨、俠氣，文武雙全的讀書人。

張詠爲官有治蹟，屢受皇帝重用〔註91〕。以張其凡所編〈張詠職任簡表〉觀之〔註92〕，則可發現張詠在中央任職時間不足四年，他的三十多年仕宦中，多在地方任職，以長於治郡而稱名臣。張其凡稱其治郡之術有四點：一、嚴刑重典，立威明法。二、御軍爲先，攻心爲上。三、注重民生，順應民情。四、善於斷案，民仰其明〔註93〕。張詠之治蹟中，又以治蜀功績最受各方稱訟。

《宋史》中針對其風格亦多所記載，行俠仗義的俠士風采亦有所留存：

> 詠剛方自任，爲治尚嚴猛，嘗有小吏忤詠，詠械其頸。吏恚曰：「非斬某，此枷終不脫。」詠怒其悖，即斬之。少學擊劍，慷慨好大言，樂爲奇節。有士人遊宦遠郡，爲僕夫所持，且欲得其女爲妻，士人者不能制。詠遇於傳舍，知其事，即陽假此僕爲馭，單騎出近郊，至林麓中，斬之而還。嘗謂其友人曰：「張詠幸生明時，讀典墳以自律，不爾，則爲何人邪？」故其言曰：「事君者廉不言貧，勤不言苦，

焚黑店〉，頁735～736；又見《宋朝事實類苑》，卷九，頁104；丁傳靖，《宋人軼事彙編》（台北：臺灣商務印書館，1982年台二版，以下引用《宋人軼事彙編》，皆同此版本），卷六，頁213。

〔註89〕 何薳，《春渚紀聞》（北京：中華書局，1997年第一版，以下引用《春渚紀聞》皆同此版本），卷三〈乖崖劍術〉，頁35。

〔註90〕《宋史》，卷二九三，列傳五十二〈張詠〉，頁9800～9801；又見《東都事略》，卷四十五，列傳二十八〈張詠〉，頁679。

〔註91〕《宋史》，卷二九三〈張詠〉，頁9801～9802；另見，《東都事略》，卷四十五，列傳二十八，頁679～681。

〔註92〕張其凡編，〈張詠職任簡表〉，收錄於張詠，《張乖崖集》（北京：中華書局出版，2000年第一版），頁6～7。

〔註93〕同註92，頁9～16。

忠不言己效，公不言己能，斯可以事君矣。」性躁果下急，病創甚，
飲食則痛楚增劇，御下益峻，尤不喜人拜跪，命典客預戒止。有違
者，詠即連拜不止，或倨坐罵之。……自號乖崖，以爲「乖」則違，
「崖」不利物。有集十卷。弟詵，爲虞部員外郎。〔註94〕

有僕人欲強娶主人的女兒，年輕的張詠知道後，便斬殺僕人爲士人解決難題，
這是另一則張詠俠義事蹟的記載。

　　由上述引文中，張詠同友人對話時的感嘆可知，讀書對俠士自律的影響。
而對照於陳平原在《千古文人俠客夢》中所提：於是游俠詩篇往往藉助於「仗
劍行游——馳騁邊關——立功受賞」這麼一個三部曲，使得俠士「少年時代」
的不法行爲不但可以原諒，彷彿還是日後保家衛國的「前奏」，以便讓這令人
仰慕又令人害怕的軼出常軌「流浪兒」，重新回到文明社會〔註95〕。以此觀點
看張詠的俠士作風與後來成爲治郡名臣事蹟，是很貼切的論述。

　　但張詠也有其受非議之處，如殘酷、爲政過猛、侵刻細民等〔註96〕。然
張詠剛毅的性格，不拘小節的態度，見義勇爲的處世原則，爲官後的顯赫政
績，爲自己寫下的傳奇一生，仍值得肯定，是北宋俠士個案的典型。至於張
詠的後代子孫，在張其凡編撰的〈張詠年譜〉中所記，多以忠厚世其家，可
謂不辱張詠的俠義精神遺風。〔註97〕

2. 張齊賢

　　另一北宋名臣張齊賢，也有豪爽俠義之舉。張齊賢早年家貧，雖衣食不
給，但豪爽大度。有一次，他外出遇上了十幾名盜匪在路旁空屋飲酒作樂，
附近居民都嚇得到處躲避。張齊賢卻不怕，跑過去詢問可否共飲醉，這群盜
賊見有讀書人這麼瞧得起他們，都非常開心。說道：「我們皆是草莽粗魯之人，
恐見笑於秀才。」張齊賢卻說：「盜者非碌碌輩之所能爲也，皆世之英雄耳。
僕亦慷慨士，諸君何間焉？」於是連飲三大杯，盜賊反而佩服張齊賢的不拘

〔註94〕《宋史》，卷二九三，列傳五十二〈張詠〉，頁9801～9802；《東都事略》，卷
　　　　四十五，列傳二十八，頁679～682。
〔註95〕陳平原，《千古文人俠客夢——武俠小說類型研究》（台北：麥田出版社，1995
　　　　年4月初版一刷），頁50～51。
〔註96〕張詠負面之非議，可參王銍撰，朱杰人點校，《默記》（北京：中華書局，1997
　　　　年第一版二刷，以下引用《默記《默記》資料，皆同此版本》），卷中，頁27
　　　　～28；又見《長編》，卷五十二，頁1146，咸平五年八月辛未條；卷八十五，
　　　　頁1944，大中祥符八年八月陳州條。
〔註97〕張詠著，張其凡整理，前揭書，頁214～216。

小節，氣度非凡。不久，張齊賢想回家時，盜賊們給了他一筆金銀財寶，張齊賢也不推辭，背著就回家了〔註98〕。這事件可看出，張齊賢是具有俠士膽量與氣度的，而這群盜賊也非十惡不赦之徒，義善，不顧法令，只求目標的行徑，可稱之為俠盜。

史書對於張齊賢事蹟多所記載，可用來分析他的俠士性格與影響。

> 張齊賢，曹州冤句人。生三歲，值晉亂，徙家洛陽。孤貧力學，有
> 遠志，慕唐李大亮之為人，故字師亮。〔註99〕

張齊賢出身布衣又孤貧，十分仰慕唐代時李大亮的為人。因此，李大亮的生平亦值得探究，以釐清對張齊賢之影響層面。李大亮有文武才略，性情忠謹，生活十分樸素。為官時，不僅能招撫流民、盜賊，追擊擾民之賊寇，又注重民生狀態，公忠體國，甚受唐太宗之敬重〔註100〕。其後張齊賢的表現，確實深受李大亮影響，為官亦能得宋朝帝王的讚揚。

張齊賢出身低微，但才能出眾，故能得太祖之肯定。太宗時期，張齊賢得到了重用，他掌理地方事務時，也能盡力挽救不少盜賊與罪犯的生命，政績甚受肯定，而獲贈司徒，諡號文定。〔註101〕

另外，張齊賢為官後有恩必報的行蹟，更是其俠士性格的延伸。

> 齊賢姿儀豐碩，議論慷慨，有大略，以致君自負。留心刑獄，多所全
> 活。喜提攜寒雋。少時家貧，父死無以為葬，河南縣吏為辦其事，齊
> 賢深德之，事以兄禮，雖貴不替也。仲兄昭度嘗授齊賢經，及卒，表
> 贈光祿寺丞。又嘗依太子少師李肅家，肅死，為營葬事，歲時祭之。
> 趙普嘗薦齊賢於太宗，未用，普即具前列事，以謂：「陛下若進齊賢，
> 則齊賢他日感恩，更過於此。」上大悅，遂大用。种放之起，齊賢所
> 薦也。齊賢四踐兩府，九居八座，以三公就第，康寧福壽，時罕其比。
> 居相日，數起大獄，又與寇準相傾，人或以此少之。〔註102〕

〔註98〕劉斧，《青瑣高議》，後集，卷之二〈張齊賢從群盜飲酒食肉〉，頁1099。

〔註99〕《宋史》，卷二六五，列傳二十四〈張齊賢〉，頁9150；《東都事略》，卷三十二，列傳十五，頁535～536。

〔註100〕《舊唐書》，卷六十二〈李大亮〉，頁2386～2390；《新唐書》，卷九十九，列傳二十四〈李大亮〉，頁3910～3913。

〔註101〕《宋史》，卷二六五，列傳二十四〈張齊賢〉，頁9150；《東都事略》，卷三十二，列傳十五，頁535～536。

〔註102〕《宋史》，卷二六五，列傳二十四〈張齊賢〉，頁9158；《東都事略》，卷三十二，列傳十五，頁533～536。

張齊賢，不因際遇的顯達而忘本，總能知恩圖報，提攜清寒後輩。爲官後，治蹟卓越、膽識、氣度過人，是一個值得重視的宋代俠士個案。

張齊賢的後代子孫多數爲官都有不錯的治蹟與評價，可說受其所立門風之影響很大。〔註103〕

3. 柳　開

柳開字仲塗，他的父親是乾德初年的監察御史。他從小穎異、有膽勇。有一回他和家人在庭院中，遇有盜賊闖入，大家都十分驚恐不敢動，只有柳開取劍逐賊，並揮劍砍斷了盜賊的腳指，其俠行與膽識非凡。〔註104〕

> 既就學，喜討論經義。五代文格淺弱，慕韓愈、柳宗元爲文，因名肩愈，字紹先。既而改名字，以爲能開聖道之塗也。著書自號東郊野夫，又號補亡先生，作二傳以見意。尚氣自任，不顧小節，所交皆一時豪俊。〔註105〕

在《宋史》、《東都事略》中的記載，關於柳開的俠義性格，與豪傑朋友相交的描述大致是相符的，他亦是宋代文人中充滿俠義氣質和精神者。

在《宋史》中，對於柳開的俠義事蹟亦有所載。

> 開善射，喜弈棋。有集十五卷。作家戒千餘言，刻石以訓諸子。性倜儻重義。在大名，嘗過酒肆飲，有士人在旁，辭貌稍異，開詢其名，則至自京師，以貧不克葬其親，聞王祐篤義，將丐之。問所費，曰：「二十萬足矣。」開即罄所有，得白金百餘兩，益錢數萬遣之。〔註106〕

柳開熱心助人，俠義之舉從幫助士人葬親記載可以得到印證。

另有一事，亦可表達柳開的俠義風範。柳開赴京趕考在驛站投宿。晚上，聽到了女子悲慟的哭聲。第二天早上他馬上去探尋原因，才知道那女子是一退休地方官員的女兒。那地方官在任職期間有貪污行爲，曾託僕人收賄，現在僕人以此威脅，要求那地方官將女兒嫁給他，這官員因害怕而被迫答應。

〔註103〕《宋史》，卷二六五，列傳二十四〈張齊賢〉，頁9158；《東都事略》，卷三十二，列傳十五，頁535～536。
〔註104〕《宋史》，卷四四○，列傳一九九〈文苑二‧柳開〉，頁 13023～13024；《東都事略》，卷三十八，列傳十五〈柳開〉，頁598～599。
〔註105〕《宋史》，卷四四○，列傳一九九〈文苑二‧柳開〉，頁13024；《東都事略》，卷三十八，列傳十五〈柳開〉，頁598～599。
〔註106〕《宋史》，卷四四○，列傳一九九〈文苑二‧柳開〉，頁13028。

柳開是個俠義性格強烈的文人，立即向那地方官求證，發現果爲事實，便找那僕人理論，隨後以匕首將僕人殺除。隔天，柳開找那官員吃飯，飯後，官員詢問僕人蹤跡，才知所食乃僕人之肉。〔註107〕

在相關宋代筆記中，有柳開吃人肉和溪洞蠻人肝之記載〔註108〕，已屬荒誕之舉，本文雖將事蹟列出，但不做相關事件之討論。然而柳開所講求的人間正義，形成的宋代俠士風格卻是不容置疑的。

至於柳開的子孫，受其蔭而爲官，因治蹟與風格記載不多，無法探究他們是否受柳開之風範影響。但柳開的哥哥柳肩吾官至御史，他的侄子們爲官也多有好表現，他們與柳開的互動關係值得關注。〔註109〕

二、北宋中期

（一）賀鑄、王寂、孫立

1. 賀　鑄

賀鑄是北宋有名的詞人，但鮮少有人知道他也是北宋的俠士之一〔註110〕。據鍾振振研究，他的原籍是會稽山陰，他的六代祖賀景思曾在禁軍中任軍校，後晉都開封，賀家的開封籍貫，大約從此開始。宋仁宗天聖（1023～1032）初，其祖父賀惟慶才將籍貫遷到了衛州共城。〔註111〕

賀鑄的五代姑祖母嫁趙匡胤，三十歲時病逝，太祖建宋後，於建隆三年（962）追冊她爲皇后。父親賀安世，內殿崇班，閤門祗侯。能文，親自教導賀鑄作五七言律詩，並天天督促。死後，贈右監門衛大將軍。〔註112〕

《宋史》中對於賀鑄的描述如下：

> 賀鑄字方回，衛州人，孝惠皇后之族孫。長七尺，面鐵色，眉目聳拔。喜談當世事，可否不少假借，雖貴要權傾一時，小不中意，極口詆之無遺辭，人以爲近俠。博學強記，工語言，深婉麗密，如次組繡。尤長於度曲，掇拾人所棄遺，少加隱括，皆爲新奇。〔註113〕

〔註107〕《宋人軼事彙編》，卷四，頁154。
〔註108〕《宋人軼事彙編》，卷四，頁154～155。
〔註109〕《宋史》，卷四四○，列傳一九九〈文苑二‧柳開〉，頁13028。
〔註110〕鄭延君，〈俠骨文心賀鑄詞〉，收錄於《中國韻文學刊》，1996年第二期，頁55。
〔註111〕鍾振振，《北宋詞人賀鑄研究》（台北：文津出版社，1994年初版），頁3～4。
〔註112〕同註111，頁15、18。
〔註113〕《宋史》，卷四四三，列傳二○二〈賀鑄〉，頁13103；《東都事略》，卷一一

賀鑄的容貌、性格，與在當時的風評，人多言之近俠，記載十分詳盡。

《宋史》中另有所載，可看出賀鑄具有俠士精神的事蹟：

> 初，娶宗女，隸籍右選，監太原工作，有貴人子同事，驕倨不相
> 下。鑄廉得盜工作物，屏侍史，閉之密室，以杖數日：「來，若某時
> 盜某物爲某用，某時盜某物入于家，然乎？」貴人子惶駭謝「有
> 之」。鑄曰：「能從吾治，免白發。」即起自袒其膚，杖之數下，貴
> 人子叩頭祈哀，即大笑釋去。自是諸挾氣力頡頑者，皆側目不敢仰
> 視。是時，江、淮間有米芾以魁岸奇譎知名，鑄以氣俠雄爽適相先
> 後，二人每相遇，瞋目抵掌，論辯鋒起，終日各不能屈，談者爭傳
> 爲口實。〔註114〕

賀鑄的事蹟記載，雖不似其它俠士那樣的動人，令人震撼，但他獨特，講求
自己的人間正義等俠士行徑，卻仍有其代表性。

關於賀鑄的風骨，也可從下列的記載看出。

> 家藏書萬餘卷，手自校讎，無一字誤，以是杜門將遂其老。家貧，貸
> 子錢自給，有負者，輒折券與之，秋毫不以丐人。鑄所爲詞章，往
> 往傳播在人口……鑄自號慶湖遺老，有慶湖遺老集二十卷。〔註115〕

賀鑄的個案是特別的，因爲他保有宋代文人的氣節，雖貧仍能甘之如飴。他
也具有才兼文武，剛正特立，不平則鳴，樂善好施，爲官又能關心民生疾苦，
對國事十分關心，與朋友交之以義等特質〔註116〕。因時代與階級關係，他老
時不若過去敢做、敢罵，後人也無須對其苛責〔註117〕。另外，賀鑄之後代子
孫雖不乏爲官者，但記載不多，難以論斷是否受其之俠義精神影響，故本文
不擬再深入探究。

2. 王　寂

北宋中後期以來，戰亂頻仍，不少平民亡命綠林，爲匪爲盜，綠林社會
得到空前的發展〔註118〕。其中不乏俠義之士，王寂就是其中著名的綠林集團

　　　　　六，頁1802。
〔註114〕《宋史》，卷四四三，列傳二○二〈賀鑄〉，頁13103～13104；《東都事略》，
　　　　　卷一一六，頁1802。
〔註115〕《宋史》，卷四四三，列傳二○二〈賀鑄〉，頁 13104；《東都事略》，卷一一
　　　　　七，頁1803。
〔註116〕鄭延君，前揭書，頁56。
〔註117〕鍾振振，前揭書，頁72～88。
〔註118〕王齊，《中國古代遊俠》，（台北：臺灣商務印書館，1998年初版），頁50。

代表，他殺吏尉、聚眾爲盜，後受宋廷招安之事，就是俠士走入綠林；率領
集團和朝廷對抗的重要個案。

> 大宋王寂，汾洲邑人也。不忘然諾，尤重信義。里人云：「得千金不
> 如寂之一諾。」其爲鄉閭信重如此。……一日，有邑尉證田訟，入
> 邑前道，吏趨門傳呼甚肅。……吏責其慢，遂侵辱寂。寂怒，……
> 乃就斬尉，並害其胥保十數人，死傷積道，血流染足。比屋民居，
> 闔戶莫敢出。寂置劍於地，呼其常與飲博儕類，聚而言曰：「尉不法
> 辱人，不殺之，無以立勇。今吾罪在不宥，吾將入溪谷以延朝夕之
> 命。從吾與吾盟，不樂亦各從爾志也。」無賴惡少年皆起應之，相
> 與割牲祭神，結爲友。〔註119〕

王寂早年明詩禮，重信義，不忘然諾，是個有正義感的俠士，被惡吏欺侮百
姓之惡行激怒而殺之，走上梁山成爲綠林盜俠之首，也反映出現實社會中官
吏跋扈的現象，值得深入探討〔註120〕。他們結義之舉，亦可呼應本文第二章
所論，宋代民間結社情況的普遍。

王寂等人入綠林後，所爲之事蹟也有所記載：

> 出入數百，椎牛、椎豕，掠墓、劫民、燒市，取富貴屋財，民拱手
> 垂頭，莫敢出氣。白晝殺人，官吏引避；視州縣若無有，觀詔條如
> 等閑。久之屬章聖上仙，一切無道得從自新，寂聞陰喜，……皆跳
> 躍叫呼曰：「吾今得爲良民，歸見故鄉親戚，死無恨焉。」寂率眾皆
> 出，有司繫之，請命於朝。朝宿聞其名，得赴闕；許自陳其藝，欲
> 以一官榮之。……太行驛舍暴卒。〔註121〕

王寂等人入綠林後，主要以官府和富貴人家爲打擊目標，但從史料來看，也
可能牽涉到一般百姓，令官府畏懼。王齊認爲王寂集團所爲乃劫富濟貧，保
護平民百姓，因此很受百姓敬佩，這論述值得再探討〔註122〕。但走入綠林
和朝廷對抗的王寂，渴望回歸正常生活，這現象十分有趣，和張詠的個案亦
有相似處可再討論。是王寂的不喜爲盜，或渴望重回文明社會，還是另有原

〔註119〕《青瑣高議》，前集，卷之四，頁1037～1038。

〔註120〕游秀雲，《宋代傳奇小說研究》（台中：東海大學中文所碩士論文，1993年），
　　　　頁84。

〔註121〕《青瑣高議》，前集，卷之四，頁1038～1039。

〔註122〕王齊，前揭書，頁51。就原文記載，似乎看不出是否保護百姓，王齊論述過
　　　　於武斷。

因？筆者以爲，和本文第二章所論，宋代忠義觀念的廣布與影響，兩者間有很大的關係。

以王寂的個案分析，可知他是屬於俠行強烈的俠士，其所領集團願受其支配，和他濃厚的俠義思想有關。北宋朝廷願意加以招安，亦可見宋廷對於綠林俠盜，並非只是一味的滅除。宋廷招安動作頻仍，其背後代表的意涵，即反映出宋代社會中仍有許多問題存在。故在下一章：俠與宋代社會的關係中，筆者將繼續探究這個重要課題。

3. 孫　立

宋代的俠士中，有許多是平民百姓〔註123〕，他們沒有顯赫的家世和出身和平常人無異，但他們所展現的俠義精神一樣令人敬佩。其中屠夫俠士孫立爲友王實復仇的事蹟〔註124〕，最值得我們深入研究。

王實是宋仁宗時期隨州市人，因年少不學無術，見輕於父母與鄉里之人，於是下定決心，進京都太學苦讀，而頗有好名。但某日他卻收到了父亡的遺書，並叮嚀他要雪恥。王實返鄉後，終日與狗屠孫立喝酒，待之甚厚，而受到鄰人的恥笑，但王實仍用心與孫立交往。其後記載如下：

> 一日實召立……，幕天席地對飲，酒半酣，實起白立曰：「實有至恨，塡結臆膈間久矣。今日欲對吾弟剖之，可乎？」立曰：「願聞之也。」實曰：「吾向不檢……吾欲自死，痛父之遺言不雪。念匪人非子莫敢敵也，吾欲以此浼君，何如也？」立曰：「知兄之懷久矣，余死亦分定焉。兄知吾能敵彼，願盡報之，幸勿泄也。」〔註125〕

王實一心要爲父報仇，但自己的能力有限，因此請託孫立幫忙，孫立也一口答應，並不在意個人的生死，這股俠士重恩義的特質已經浮現。

孫立爲王實報父仇的過程，記載如下：

> 他日，立登張本門，呼本出，語之曰：「子恃富而淫良人家婦，豈有爲人而蹈禽獸之事乎？吾今便以刀刺汝腹中以殺子，此懦弱者所爲，非壯士也。今吾與子角勝，力窮而不能心服者，乃殺之，不則便殺子矣。」……，立斷其頸，破胸取其心，以祭實父墓。乃投刃

〔註123〕除筆者於本文第二章第四節俠士歸類中，介紹的五位平民百姓俠士外，另有南宋紹興年間，舒民猛殺四虎的俠義之舉見，《夷堅志》，甲集，卷十四，頁326～327。
〔註124〕《青瑣高議》，前集，卷之四〈王實傳〉，頁1039～1041。
〔註125〕《青瑣高議》，前集，卷之四〈王實傳〉，頁1040。

就公府自陳。〔註126〕

孫立果爲重然諾之俠士，登門尋找王實的仇敵張本，並在講求公平正義的情況下，和張本展開生死鬥，經過一番苦鬥，最後一舉斬殺張本。其後，並親赴官府投案，毫無畏懼。

孫立的結局，亦有許多可討論之處，所記如下：

> 太守視其讞，惻然。立曰：「殺人立也，固甘死，願不旁其枝，即立死何恨焉。」本之子告公府曰：「殺父非立本心，受教於實。」太守曰：「罪已本死，何及他人也。」……后日旬余，至太守庭下，立曰：「立無子，適妻孕已八九月矣，女與男不可知也。願延月余之命，得見妻所誕子，使父子一見歸泉下，不忘厚意。」太守乃緩其獄。……立祝其妻曰：「吾不數日當死東市，令子送吾數步，以盡父子之意。」太守聞之，爲之泣下。立就誅，太守登樓望之，觀者多揮涕。〔註127〕

孫立的終局是慷慨赴義不牽連任何人，讓太守及所有圍觀的民眾都鼻酸，他所表現的俠義精神，壯烈的俠行，確實是令人震撼與感動的。

以俠士孫立的個案進行分析，有幾點值得探討：（一）他雖生活於市井之中，是個屠夫，卻能靠著自身的力量與勇氣爲友復仇，這是俠士平民化、世俗化的表現，宋代俠士中這樣的平民化個案不在少數。（二）孫立從頭至尾沒有反抗法律的制裁，是宋代俠士行俠但仍願受法律規範的代表之一。（三）太守和圍觀者皆流涕相送，可以看出，民眾與官員對於俠行強烈之士，其風格和精神風範的不捨與同情，這和本文第二章的俠士意涵論述，是可相互印證的。（四）俠士行徑雖違法但並非惡人，要觀察其義善的目標。當強凌弱時，俠士挺身而出主持人間正義，其行徑多數不容於法律。此外，從俠士孫立的個案探討，不難發現，輿論對其所爲俠蹟的支持，相當具有震撼力。上述都是研究宋代俠士問題時，相當值得思考的概念。

第三節　北宋末南宋初時期

北宋末南宋初這個時期，由於外在的國家局勢有著極大的改變，因此俠士記載數量較多，是否可解讀爲，社會環境對於俠士產生極大影響，進而改

〔註126〕《青瑣高議》，前集，卷之四〈王實傳〉，頁1039～1040。
〔註127〕《青瑣高議》，前集，卷之四〈王實傳〉，頁1040～1041。

變了俠士的風格，本節將以王倫、宋江、亡命社、李彥仙、王克明、秀州刺客等極富代表性的個案深究之。

一、王倫、宋江、亡命社

（一）王 倫

王倫在北宋末南宋初期，是位極爲特別的俠士，以他的俠義事蹟進行探討，可謂是這個時期最具代表性的俠士個案。

> 王倫字正道，莘縣人，文正公旦弟勗玄孫也。家貧無行，爲任俠，
> 往來京、洛間，數犯法，幸免。〔註128〕
> 王倫字正道，故宋宰相王旦弟王勉玄孫。俠邪無賴，年四十餘尚與
> 市井惡少群游汴中。〔註129〕

《宋史》、《金史》中所謂的王勗、王勉，其實就是同一人〔註130〕。王倫是王勗的玄孫，也就是王旦的族玄孫〔註131〕，大體是可信的。由於王勗記載極少，且王倫也常以宰相王旦之孫爲榮，可見王旦對其家族是有其一定影響力的，故從王旦的事蹟談族玄孫王倫，當是可追尋的一個方向。

李貴錄耗費多時，依相關史料整理出〈北宋三槐家族世系表〉〔註132〕，相當完整，藉由此世系表，使研究王倫家族代系在北宋的興衰，有了一定的參考依據。因此，本文不再進行相關世系之論述，將著重於王倫俠行、爲官風格與家族對其俠行影響之研究。

《宋史》中對於王倫的先祖，描述、記載如下：

> 王旦字子明，大名莘人。曾祖言，黎陽令。祖徹，左拾遺。父祐，
> 尚書兵部侍郎，以文章顯於漢、周之際，事太祖、太宗爲名臣。嘗
> 諭杜重威使無反漢，拒盧多遜害趙普之謀，以百口明符彥卿無罪，
> 世多稱其陰德。祐手植三槐于庭，曰：「吾之後世，必有爲三公者，

〔註128〕《宋史》，卷三七一，列傳一三〇〈王倫〉，頁11522。
〔註129〕脫脫等撰，《金史》（台北：鼎文書局，1983年四版，新校本，本文以下引用《金史》資料，皆同此版本），卷七十九，列傳十七，頁1793。
〔註130〕王勉乃宋人避神宗諱而改，王勉即是王勗，請參《金史》，卷七十九，列傳十七〈王倫〉，校勘記，頁1796。
〔註131〕除《宋史》、《金史》所記載外：又見丁傳靖，《宋人軼事彙編》，卷十六，頁777。
〔註132〕李貴錄，《北宋三槐王氏家族研究》（濟南：齊魯書社，2004年一版），頁51～52。

此其所以志也。」〔註133〕

據史料及相關研究所記,王倫家族的第一代王言、第二代王徹、第三代王祐〔註134〕皆爲官,王徹進士及第,王祐以文學知名。《宋史》說他「少篤志詞學,性倜儻有俊氣。晉天福中,以書見桑維翰,稱其藻麗,由是名聞京師。」太宗對他的文章亦多所讚賞〔註135〕。王祐對自己的後代深具信心,爲官亦能事事秉公正〔註136〕,爲其後代子孫立下良好的典範。另外,他親自在庭院中種下三棵槐樹,而後其子王旦果爲宰相,發達了家族,因此也爲家族贏得「三槐王氏」之名。不過宋人稱「三槐王氏」另有其因,就是要和其他的王氏家族區隔。〔註137〕

王倫所屬三槐家族體系中以第四代王旦的名氣最大,對家族的影響力也較深遠。同爲第四代的王懿、王旭爲官亦有不錯之政績〔註138〕,延續著幾代來的名臣門風。然王勗、王度等第四代就少有記載,可能是與王旦等相比,其生平事蹟不出色之故。

李貴錄指出,三槐王氏作爲一個大家族,興旺發達令人稱羨,其治家之道與優秀家族傳統,可歸結爲:重視教育、爲人正直、居官清廉,均有政績等〔註139〕。而居官清廉,頗有政績,成了三槐王氏重要的家風。

細觀曾爲相的王旦之生平政蹟與作爲,李貴錄的研究是可信的。

> 旦幼沈默,好學有文,祐器之曰:「此兒當至公相。」太平興國五年,
> 進士及第,爲大理評事、知平江縣。其廨舊傳有物怪憑庡,居多不

〔註133〕《宋史》,卷二八二,列傳四十一〈王旦〉,頁9542～9543。又見《東都事略》,卷四十,頁620;《宋朝事實類苑》,卷十二,頁135。

〔註134〕《宋史》,卷二六九,本傳作「王祜」,但末卷考訂認原作爲「王祐」。程應鏐,對此有專文論述,認爲當以「王祐」爲眞,請參程應鏐,〈讀宋史札記〉(上海:《上海師範學院學報》,1981年第二期)。故本文以程氏之考證,「王祐」稱之。

〔註135〕《宋史》,卷二六九,列傳二十八〈王祐〉,頁9242～43。亦可參《東都事略》,卷三十,頁503;《宋朝事實類苑》,卷五十五,頁721～722。

〔註136〕《宋史》所記王祐不謀害趙普,明符彥卿無罪,又見《東都事略》,卷三十,頁504。

〔註137〕「三槐王氏」乃是要與王曾的「青州王氏」,王景彝的「太子巷王氏」相區別,請參王明清,《揮麈錄》(上海:上海書店出版社,2001年一版),前集,卷之二〈本朝族望之盛〉,頁16。

〔註138〕《宋史》,卷二六九,列傳二十八〈王祐〉,頁9243。王旭治蹟亦可參,《宋朝事實類苑》,卷二十一,頁247。

〔註139〕李貴錄,前揭書,頁229～230。

寧，旦將至前夕，守吏聞群鬼嘯呼云：「相君至矣，當避去。」自是
遂絕。就改將作監丞。趙昌言爲轉運使，以威望自任，屬吏屏畏，
入旦境，稱其善政，以女妻之。代還，命監潭州銀場。何承矩典郡，
薦入爲著作佐郎……二年，拜右正言、知制誥。初，祐以宿名久掌
書命，旦不十年繼其任，時論美之。〔註140〕

王旦，受父親王祐的肯定，以進士出身，爲官有治蹟，因此一路仕途順暢，
不到十年光景，在官職上就超越了父親的成就，甚受官員與時人矚目。

眞宗即位後，王旦屢有升遷，咸平四年（1001）即拜參知政事〔註141〕。
在澶淵之盟前，王旦亦扮演了重要的角色。

契丹犯邊，從幸澶州。雍王元份留守東京，遇暴疾，命旦馳還，權
留守事。旦曰：「願宣寇準，臣有所陳。」準至，旦奏曰：「十日之
間未有捷報時，當如何？」帝默然良久，曰：「立皇太子。」旦既至
京，直入禁中，下令甚嚴，使人不得傳播。及駕還，旦子弟及家人
皆迎于郊，忽聞後有騶訶聲，驚視之，乃旦也。二年，加尚書左丞。
三年，拜工部尚書、同中書中門下平章事、集賢殿大學士、監修兩
朝國史。〔註142〕

王旦在穩定政局上，謹愼小心，不張揚，消除可能的不安定，深得眞宗之心。
因此景德三年二月戊戌，寇準罷相當天，王旦就拜爲工部尚書、同中書門下
平章事。眞宗在制詞中對王旦大加稱讚，摘錄如下：

作朕股肱，斯惟輔相，詢求讜議，精擢寶臣，允符審象之求，乃降
即眞之命。……太原郡開國公王旦，五行鍾秀，四氣均和，有華國
之文，負經邦之業，言皆中禮，動不違仁。頃由近密之司，陟預鈞
衡之列，盡規納誨，克慕前修，正色直躬，聿隆時望，居然國器，
簡在朕心。俾正位於中樞，且升榮於起部，同底于道。〔註143〕

從制詞中，可知眞宗對王旦的高度讚賞。其後，王旦爲相的表現，確實也未
讓眞宗失望，這段期間可謂北宋社會政治安定期。王旦爲相十二年之久，在

〔註140〕《宋史》，卷二八二，列傳四十一〈王旦〉，頁 9543；另可參《東都事略》，
　　　　卷四十，頁 620：《宋朝事實類苑》，卷十二，頁 135～136。

〔註141〕《宋史》，卷二八二，列傳四十一〈王旦〉，頁 9543～9544。又見《東都事略》，
　　　　卷四十，頁 620：《宋朝事實類苑》，卷十二，頁 136。

〔註142〕《宋史》，卷二八二，列傳四十一〈王旦〉，頁 9544；另可參《東都事略》，
　　　　卷四十，頁 620～621：《宋朝事實類苑》，卷十二〈王文正凡十三事〉，頁 136。

〔註143〕《宋大詔令集》，卷五十一〈王旦拜集賢相制〉，頁 263。

北宋時期實屬罕見。

王旦亦善於用人，賢能有才者，大力推薦，又不讓被舉薦人知道，使恩澤歸於皇帝和國家，而不歸於自己〔註144〕。對同僚，前宰相寇準就是如此。〔註145〕

王旦能爲相十數年，所憑藉的就是對皇帝盡忠，公正無私，知人善任，不計較他人毀謗，對同僚的包容。寇準一事，便是最佳的例子。〔註146〕

眞宗對王旦的知遇之情，和王旦的謹守臣禮，都令人稱道。而王旦的忠君盡職，也確實讓眞宗不捨，故王旦病危之際，眞宗展現人君對臣下的最大禮遇與關懷。王旦則始終謹守分際，告誡子弟，要維持家名，就要儉素不要浪費，更是三槐王氏能歷久不衰的主因與榜樣，且爲官所累恩澤亦因此廣惠家族、門生等，影響可謂廣大。〔註147〕

王旦在治家方面也非常嚴謹、簡樸、無奢華。記載如下：

> 旦事寡嫂有禮，與弟旭友愛甚篤。婚姻不求門閥。被服質素，家人
> 欲以繒錦飾氈席，不許。有貨玉帶者，弟以爲佳，呈旦，旦命繫之，
> 曰：「還見佳否？」弟曰：「繫之安得自見？」旦曰：「自負重而使觀
> 者稱好，無乃勞乎！」亟還之……旦不置田宅，曰：「子孫當各念自
> 立，何必田宅，徒使爭財爲不義爾。」眞宗以其所居陋，欲治之，
> 旦辭以先人舊廬，乃止。宅門壞，主者徹新之，暫于廡下啓側門出
> 入。旦至側門，據鞍俯過，門成復由之，皆不問焉。三子：雍，國
> 子博士；沖，左贊善大夫；素，別有傳。〔註148〕

王旦不僅爲官有其公正無私之原則。對待寡嫂、照顧弟弟都很得體，並以身作則爲後代子孫立下了很好的清白家風與爲官榜樣。難怪王倫會唸唸不忘以族玄祖王旦爲榮。

〔註144〕《宋史》，卷二八二，列傳四十一〈王旦〉，頁9548～9549。另可參《東都事略》，卷四十，頁621；《宋朝事實類苑》，卷十二〈王文正凡十三事〉，頁137～138。

〔註145〕此事見，《宋史》，卷二八二，列傳四十一〈王旦〉，頁9547、《東都事略》，卷四十，頁621～622。

〔註146〕其由尚有：尊敬皇帝，外交敏斷等，可參李貴錄，前揭書，頁74～75。

〔註147〕《宋史》，卷二八二，列傳四十一〈王旦〉，頁9551～9552；另參《東都事略》，卷四十，頁624。

〔註148〕《宋史》，卷二八二，列傳四十一〈王旦〉，頁9552～9553；又見《東都事略》，卷四十，頁624。

　　王倫的俠行是否受王旦所立之家族門風影響，是本文所關注的。他任俠，犯法卻得以免罪，亦是十分有趣的問題。因為，這明顯和宋代嚴密的法律相互牴觸。然史書對於此事記載不詳，故筆者另舉一俠士陳俞之俠蹟，相互對照，以不同角度進行判斷思考。

　　陳俞的俠士行徑，同樣和法律產生了衝突，幸賴皇帝大赦，否則難以轉化，建立其功名。《夷堅志》對此事記載如下：

　　　　陳俞，字信仲，臨川人，豪俠好義……又嘗適縣，遇凶人凌弱者，氣蓋一市，為之不平，運拳捶之死而遁，會建炎初元大赦獲免。後累舉恩得縉雲主簿以卒。〔註149〕

王倫是因為王旦的三槐王氏家族後代〔註150〕，或同另一俠士陳俞般，因時局動盪之故受皇帝大赦而免罪，筆者以為還需要更多資料才能有合理的解答。

　　至於王倫的發跡經過，更是令人玩味。記載如下：

　　　　汴京失守，欽宗御宣德門，都人喧呼不已，倫乘勢徑造御前曰：「臣能彈壓之。」欽宗解所佩夏國寶劍以賜，倫曰：「臣未有官，豈能彈壓？」遂自薦其才。欽宗取片紙書曰：「王倫可除兵部侍郎。」倫下樓，挾惡少數人，傳旨撫定，都人乃息。宰相何㮚以倫小人無功，除命太峻，奏補修職郎，斥不用。〔註151〕

金人南侵，欽宗逃至御宣德門，都人喧呼起哄，欽宗寸步難行之際，王倫趁此機會平亂取得入仕機會。這樣的出身，雖頗俱戲劇性，卻為當朝官員所輕視，雖封修職郎卻是虛銜而不得用。至於王倫為俠，卻帶著惡少數人平亂，可知王倫已自成一個小集團，只是這小集團的成員是其酒肉朋友或行俠的同道，則有待進一步釐清，但王倫展現出三槐王氏家族的自信卻是可以肯定的。

　　王倫的仕途則一直到建炎初年，充當使金代表，才有所發揮、改變。

　　　　建炎元年，選能專對者使金，問兩宮起居，遷朝奉郎，假刑部侍郎，充大金通問使，閣門舍人朱弁副之，見金左副元帥宗維議事，金留不遣。〔註152〕

〔註149〕洪邁，《夷堅志》（上海：上海印書館，1927年），補卷二。
〔註150〕認為王倫免罪乃三槐王氏家族後代之故，請參李貴錄，前揭書，頁173。
〔註151〕《宋史》，卷三七一，列傳一三〇〈王倫〉，頁11522；《宋人軼事彙編》，卷十六，頁777。
〔註152〕《宋史》，卷三七一，列傳一三〇〈王倫〉，頁11522。另參，《宋人軼事彙編》，卷十六，頁777。

王倫四十多歲才得官職，有些官銜卻是假的，假刑部侍郎，就是一例，眞是特殊歷史時期中的特殊歷史人物，但他也因爲能夠發揮自身的才能，就此開展了毀譽參半，任務艱難的使金外交生涯。

> 有商人陳忠，密告倫二帝在黃龍府，倫遂與弁及洪皓以金遺忠往黃龍府潛通意，由是兩宮始知高宗已即位矣。久之，粘罕使烏陵思謀即驛見倫，語及契丹時事。倫曰：「海上之盟，兩國約爲兄弟，萬世無變。雲中之役，我實饋師，贊成厥功。上國之臣，嘗欲稱兵南來，先大聖惠顧盟好，不許。厥後舉兵以禍吾國，果先大聖意乎？況亘古自分南北，主上恭勤，英俊并用，期必復古。盍思久遠之謀，歸我二帝、太母，復我土疆，使南北赤子無致塗炭，亦足以慰先大聖之靈，幸執事者贊之。」思謀沉思曰：「君言是也，歸當盡達之。」已而粘罕至，曰：「比上國遣使來，問其意指，多不能對。思謀傳侍郎語欲議和，決非江南情實，特侍郎自爲此言耳。」倫曰：「使事有指，不然來何爲哉？人定者勝天，天定亦能勝人，惟元帥察之。」粘罕不答……。〔註153〕

王倫出使金國，提出了議和的談判態度，卻被金人留在雲中〔註154〕，不議亦不遣還。其後又有不少人出使金國，仍被拘禁，可見當時宋金之間的關係仍混沌未明。紹興二年（1132），情況有了轉變，粘罕和王倫談議和，並將其放回，記載如下：

> 紹興二年，粘罕忽自至館中與倫議和，縱之歸報。是秋，倫至臨安，入對，言金人情僞甚悉，帝優獎之。除右文殿修撰，主管萬壽觀，官其二弟一姪。時方用兵討劉豫，和議中格。三年，韓肖冑使金還，金遣李永壽、王翊繼至。二人驕倨，以倫充伴使……訖事，倫復請祠。劉光世求倫參議軍事，辭。宰相趙鼎請召倫赴都堂稟議，倫陳進取之策，不合，復請祠。〔註155〕

〔註153〕《宋史》，卷三七一，列傳一三〇〈王倫〉，頁 11522～11523。另可參，《金史》，卷七十九，列傳十七〈王倫〉，頁 1793。《宋人軼事彙編》，卷十六，頁 777，記載較簡略。

〔註154〕周輝撰，劉永翔校注，《清波雜志》（北京：中華書局，1994 年第一版，以下引用《清波雜志》皆同此版本），卷一〈婁寅亮請立嗣〉，頁 11。

〔註155〕《宋史》，卷三七一〈王倫〉，頁 11523。另可參，《金史》，卷七十九，列傳十七〈王倫〉，頁 1793。

王倫回國後，提供了許多可靠的情資，高宗十分賞識，除右文殿修撰，主管萬壽觀，官其家人。制詞中說王倫「以氣節自信，將命出疆，去國五年，斯亦勤矣」、「而朕今待汝有加于前，則汝之思報尚其勉之」。〔註156〕王倫雖熟悉金國之事，但時值討伐偽齊政權劉豫之期，議和之事，也因此遭擱置。

紹興七年（1137），王倫第二次出使金國。

> 七年春，徽宗及寧德后訃至，復以倫爲徽猷閣待制，假直學士，充迎奉梓宮使，以朝請郎高公繪副之。入辭，帝使倫謂金左副元帥昌曰：「河南地，上國既不有，與其付劉豫，曷若見歸？」倫奉詔以行，因附進太后、欽宗黃金各二百兩，仍以金帛賜宇文虛中、朱弁、孫傅、張叔夜家屬之在金國者。〔註157〕

王倫在這次出使金國時，同時完成了幾項高宗交辦之事。

王倫這次的出使，很快的在第二年回國，記載如下：

> 是年冬，豫廢。倫及高公繪還，左副元帥昌送倫等曰：「好報江南，自今道塗無壅，和議可以平達。」倫入對，言金人許還梓宮及太后，又許歸河南地，且言廢豫之謀由己發之。帝大喜……。〔註158〕

王倫這次的出使之旅，大致是成功的。尤其是對金人說明劉豫之反覆，而導致劉豫被金人所廢，此舉甚得高宗之嘉許。

紹興八年秋（1138），王倫第三次出使金國。記載如下：

> 八年秋，以端明殿學士再使金國，……倫辭，引至都堂授使指二十餘事。既至金國，金主宣爲設宴三日，遣簽書宣徽院事蕭哲、左司郎中張通古爲江南詔諭使，偕倫來。朝論以金使肆嫚，抗論甚喧，多歸罪倫。十一月，倫至行在，引疾請祠，不許，趣赴內殿奏事。時哲等驕倨，受書之禮未定。御史中丞勾龍如淵詣都堂與秦檜議，召倫責曰：「公爲使通兩國好，凡事當於彼中反覆論定，安有同使至而後議者？」倫泣曰：「倫涉萬死一生，往來虎口者數四，今日中丞乃責倫如此。」檜等共解之曰：「中丞無他，亦欲激公了此事耳。」

〔註156〕王洋，《東牟集》（台北：臺灣商務印書館，1983年初版，以下引用《東牟集》資料，皆同此版），卷七〈王倫特轉朝奉大夫除右文殿修撰主管萬壽觀誥〉。

〔註157〕《宋史》卷三七一，列傳一三〇〈王倫〉，頁11523～11524。亦可參《金史》卷七十九，列傳十七〈王倫〉，頁1793。《宋人軼事彙編》，卷十六，頁777。

〔註158〕《宋史》，卷三七一，列傳一三〇〈王倫〉，頁11524。亦可參《金史》卷七十九，列傳十七〈王倫〉，頁1793。

倫曰：「此則不敢不勉。」倫見通古，以一二策動之。通古恐，遂議
以檜見金使于其館，受書以歸。金許歸梓宮、太母及河南地。〔註159〕
王庶不允辭免簽書和議，……日者王倫再以議和出使，臣妄以為倫
必不返，議決不成，今倫既歸報，是臣愚暗不達事理，幾敗陛下
事，……。〔註160〕

往來處理宋、金兩國之間議和之事，王倫的任務艱鉅，卻成了朝臣眼中反對
與批評的對象〔註161〕，但他總算完成了任務。不以民族大義論之，王倫以使
者身份與金國的議和，大致是成功且符合雙方利益的。

紹興九年（1139），王倫因議和方面的成就受高宗封賞。記載如下：

九年春，賜倫同進士出身、端明殿學士、簽書樞密院事，充迎梓宮、
奉還兩宮、交割地界使，既又以倫為東京留守兼開封尹。倫至東京，
見金右副元帥兀朮，交割地界，兀朮還燕。五月，倫自汴京赴金國
議事。初，兀朮還，密言於金主曰：「河南地本撻懶、宗磐主謀割之
與宋，二人必陰結彼國。今使已至汴，勿令踰境。」倫有雲中故吏
隸兀朮者潛告倫，倫即遣介具言于朝，乞為備。兀朮遂命中山府拘
倫，殺宗磐及撻懶。〔註162〕

王倫雖在官職上有所陞遷，但任務卻更加艱困。他得知金國將有大變動的消
息，遣使告知高宗，可惜宋廷未加採信。

不久王倫至金國，知局勢有變，力求和平未果，而遭金人留置。

十月，倫始見金主于御子林……問倫：「知撻懶罪否？」倫對：「不
知。」又問：「無一言及歲幣，反來割地，汝但知有元帥，豈知有上
國邪？」倫曰：「比蕭哲以國書來，許歸梓宮、太母及河南地，天下
皆知上國尋海上之盟，與民休息，使人奉命通好兩國耳。」既就館，
金主復遣紹文諭倫曰：「卿留雲中已無還期，及貸之還，曾無以報，

〔註159〕《宋史》，卷三七一，列傳一三〇〈王倫〉，頁 11524～11525，《金史》卷七十
九，列傳十七〈王倫〉，頁 1793。

〔註160〕徐夢莘，《三朝北盟會編》（台北：大化書局，1979 年初版，以下引用《三朝
北盟會編》資料，皆同此版本），丙集〈炎興下帙八十八〉，頁 607～608。

〔註161〕南宋朝臣王庶、曾開、許忻對王倫議和之不滿與批評見，《三朝北盟會編》，
丙集〈炎興下帙八十八〉，頁 607～614；《三朝北盟會編》，丙集〈炎興下帙
八十九〉，頁 615～618。

〔註162〕《宋史》，卷三七一，列傳一三〇，頁 11525；又見《金史》卷七十九，列傳
十七〈王倫〉，頁 1794。

反間貳我君臣耶？」乃遣藍公佐先歸，論歲貢、正朔、誓表、冊命
等事，拘倫以俟報；已而遷之河間，遂不復遣。〔註163〕

《金史‧王倫傳》〔註164〕與上引《宋史‧王倫傳》中關於王倫遭軟禁之事，
所記大體一致。而這事件的發生，也正式宣告王倫的和談努力化爲泡影。

最後，王倫大義凜然的就死於金國，其俠義節操令人爲之動容。《宋史‧
王倫》、《金史‧王倫》兩傳記載並列如下，以供查證。

十年，金渝盟，兀朮等復取河南。倫居河間六載，至十四年，金欲
以倫爲平灤三路都轉運使，倫曰：「奉命而來，非降也。」金益脅以
威，遣使來趣，倫拒益力。金杖其使，俾縊殺之。倫厚賂使少緩，
遂冠帶南鄉，再拜慟哭曰：「先臣文正公以直道輔相兩朝，天下所知。
臣今將命被留，欲汙以僞職，臣敢愛一死以辱命！」遂就死，年六
十一。於是河間地震，雨雹三日不止，人皆哀之。詔贈通議大夫，
賜其家金千兩、帛千匹。子述與從兄遵間入金境，至河間，得倫骨
以歸，官給葬事。後諡愍節。〔註165〕

四年，以倫爲平州路轉運使，倫已受命復辭遜，上曰：「此反覆之人
也。」遂殺之於上京，年六十一。〔註166〕

王倫六十一歲，死於金國是確定的。在《宋史‧王倫傳》記載，他秉持的是
王旦以來三槐王氏家族以降的清白門風，故堅持風骨不當金國的官，這樣的
家風，在王倫身上的表現，卻已是俠士的忠義與高標氣節。所以說，王倫爲
俠，其風格來自三槐王氏家族的公忠與清白門風，是不爲過的。

另參《金史‧王倫傳》記載，王倫不仕金國是可以確信的，金國皇帝痛
罵王倫爲反覆之人，是否爲政治立場不同的言詞，值得再推敲。至於《宋史‧
王倫傳》所提，王倫就死時又是地震和雨雹人人哀慟，則爲不實。〔註167〕

王倫死後被後諡爲愍節，是宋廷對其功績之肯定。他的俠士行徑或許在
年少時有所偏差，但入仕爲官、出使金國，總能以南宋的利益爲優先，即使

〔註163〕《宋史》，卷三七一，列傳一三〇〈王倫〉，頁11525。
〔註164〕《金史》，卷七十九，列傳十七〈王倫〉，頁1794。
〔註165〕《宋史》，卷三七一，列傳一三〇〈王倫〉，頁11525。
〔註166〕《金史》，卷七十九，列傳十七〈王倫〉，頁1794～1795。
〔註167〕清代學者邵晉涵按《金史》道：「皇通四年（南宋高宗邵興十四年）正月己未，
　　　　殺王倫。至十月甲辰，河朔諸郡地震，與倫死無涉。」見張秀平、羅秉良，〈邵
　　　　晉涵與宋史研究〉，《文史哲》，1992年第二期。

在危難之際，亦不肯背叛南宋，可謂忠君愛國，這和一路主和的秦檜是不同的。王倫可謂不辱王旦以降三槐王氏的清白門風，甚至是讓沉寂良久的三槐王氏家族又受到了注意。

以王倫的個案分析，發現俠士的行徑，在時間線上易於不法、無賴、正義之間游走，因為這是宋代俠士的特質之一，但如果有清白、公忠的家族門風遺留，他們終究能展現壯烈的氣度與義舉，這是凡人所不能及的。

至於王倫的後代是否繼續三槐王氏的家風、王倫的俠義性格，由於史料缺乏，只知其兩子皆在南宋為官〔註168〕，治蹟如何沒有明確的記載，還有待蒐集考證，不過就王倫受王旦以來家風之影響，及王倫一路秉持的節操而言，王倫之子受其遺風之影響，可能性應是存在的。

（二）宋 江

宋江則是宋代俠士的另一種類型，代表的是廣受注目的盜俠集團〔註169〕，這個集團藏身於綠林中，以自身的武力與特有的方式對抗龐大的朝廷和法律，他們劫富濟貧且能得到民眾的支持事蹟，成了史學研究的焦點〔註170〕。雖然相關史書中，關於宋江等三十六人的記載並不多〔註171〕，但就俠士個案研究而言，他們是重要的類型代表，值得深入探討。

在相關史書中，對於宋江的事蹟描述，記載如下：

> 宋江起河朔，轉略十郡，官軍莫敢櫻其鋒。聲音將至，叔夜使間者
> 覘所向，賊徑趨海瀕，劫鉅舟十餘載所獲。於是募死士得千人，設
> 伏近城，而出輕兵距海，誘之戰。先匿壯卒海旁，伺兵合，舉火焚
> 其舟。賊聞之，皆無鬥志，伏兵乘之，擒其副賊，江乃降。〔註172〕
> 淮南盜宋江等，犯淮陽軍，遣將討捕，又犯京東、河北，入楚海州

〔註168〕李貴錄，前揭書，頁50～51。

〔註169〕宋江等三十六人橫行齊魏之載見，《宋史》，卷三五一〈侯蒙傳〉，頁11114；佚名，《大宋宣和遺事》收錄於，《宋代筆記小說》（石家莊市：河北教育出版社，1995年第一版，以下引用《大宋宣和遺事》，皆同此版本），卷上〈宋江三十六將共反〉，頁490～492。

〔註170〕高橋芳郎，《宋代中國の法制と社會》（東京都：汲古書院，2002年），頁319～337。

〔註171〕除筆者之整理，發現正史中關於宋江三十六人之事記載不多外，對於宋江等三十六人之事蹟進行考證的研究可參，余嘉錫，〈宋江三十六人考實〉，收錄于《余嘉錫論學雜著》（台北：河洛圖書出版社，1976年），頁325～415。

〔註172〕《宋史》，卷三五三，列傳一一二〈張叔夜〉，頁11141。

界，命知州張叔夜招降之。〔註173〕

張叔夜，字嵇仲，開封人。侍中徐國公耆之後也，……有文武大才。

初爲武職，……後起知海州，破群盜宋江有功。〔註174〕

由上述資料所載，宋江所領之集團，公然與朝廷對抗，當屬眞實。

《宋史・侯蒙傳》對於宋江之事，也有所記載：

宋江寇京東，蒙上書，言宋江以三十六人橫行齊魏，官軍數萬，無

敢抗者，不若赦江，使討方臘以自贖。〔註175〕

宋江之盜俠集團，在北宋末年影響確實不小，官兵多不敢與之對抗，聲勢浩

大。故宋廷中亦有官員提議特赦，由此即可看出，朝廷之官員並非一味注重

圍剿，也有包容、重用的主張與聲音。但遺憾的正史對宋江等人物的描述與

終局，並未有所交代，反而在其他史料中有所觸及。

《大宋宣和遺事》中，對於宋江等三十六人之結局，記載較爲詳盡：

宋江統率三十六將，往朝東岳，賽取金爐心願。朝廷無其奈何，只

得出榜招諭宋江等。有那元帥姓張名叔夜的，是世代將門之子，前

來招誘宋江和那三十六人歸順宋朝，各受武功大去誥，分注諸路巡

檢使去也。因此三路之寇，悉得平定。後遣宋江收方臘有功，封節

度使。〔註176〕

《東都事略》、《夷堅志》中，對於宋江等三十六人之結局，亦有所載：

宣和三年五月丙申，宋江就擒。〔註177〕

宣和七年，戶部侍郎蔡居厚罷，知青州，以病不赴，歸金陵，疽發

於背，卒……，囑生歸告其妻，云：「今只理會鄆州事。」夫人慟哭

曰：「侍郎去年帥鄆時，有梁山濼賊五百人受降，既而悉誅之，吾屢

勸，不聽也。」……〔註178〕

關於宋江等人，是否投降宋朝，其後是否接受派遣征討方臘，歷來學者眾說

紛云。其中，鄧廣銘的研究，宋江等人確曾投降北宋朝廷，也確實不曾從征

〔註173〕《宋史》，卷二十二〈徽宗本紀・宣和三年事〉，頁407；另見，《東都事略》，
卷十一〈徽宗本紀二〉，頁224。

〔註174〕《三朝北盟會編》，乙集，卷八十八〈靖康中康六十三〉，頁302。

〔註175〕《宋史》，卷三五一〈侯蒙〉，頁11114；另見《東都事略》，卷一○三〈侯蒙
傳〉，頁1587。

〔註176〕《大宋宣和遺事》，卷上〈張叔夜招宋江三十六將降〉，頁493。

〔註177〕《東都事略》，卷十一〈徽宗本紀二〉，頁224。

〔註178〕《夷堅志》，乙志，卷六〈蔡侍郎〉，頁620～622。

方臘〔註179〕，是比較可性的說法。至於宋江等三十六人的結局，官方並無確切記載，黃寬重則提出，宋江之餘黨轉換爲抗金義軍之論〔註180〕。但整體而言，相信應與多數盜賊的悲劇下場無太大的差異。〔註181〕

《大宋宣和遺事》中，對於宋江等三十六人之事記載較爲詳盡，除上段所引宋江等三十六人之結局記載外，還有五段可供探討，整理如下：

1. 楊志、李進義、林沖、王雄、花榮、柴進、張青、徐寧、李應、穆橫、關勝、孫立等十二人結爲兄弟，楊志旅途貧困，賣刀而殺一惡少，被判充軍，路上被李進義等人救出，上太行山落草。

2. 晁蓋、王加亮、劉唐、秦明、阮進、阮通、阮小七、燕青等八人智取生辰綱，官府抓拿，被押司宋江所救，與楊志等十二人，共二十人結爲兄弟，同赴太行山梁山泊落草爲寇。

3. 晁蓋酬謝金釵，宋江因機事洩漏殺嚴婆惜，縣衙差人追捕，乃逃往梁山泊得九天玄女天書，交代他帥領三十六人的使命，宋江名未列三十六人中。但末段有一行寫道：「天書付天罡院三十六員猛將，使呼保義宋江爲帥，廣行忠義，殄滅姦邪。」

4. 宋江帶李逵等九人上梁山，晁蓋已死，宋江被共推爲首領。

5. 宋江等掠州劫縣，放火殺人，攻取淮陽、京西、河北三路，朝廷命大軍收捕，呼延綽等反投降宋江，加上魯智深，足三十六人。〔註182〕

與正史相較，《大宋宣和遺事》中，宋江、楊志、魯智深、武松、林沖等三十六人，奔向梁山的歷程較爲清楚，這些描述對日後的《水滸傳》影響很大。他們的行事風格和宋朝體制產生了很大的衝突，但三十六人的結義兄弟情，力行忠義之事，鏟奸除惡的理想卻更爲完整。其中宋江等俠士與忠義觀念相結合的行事風格，也成了宋代俠士的特色，和宋前的俠士有很大的區隔。

〔註179〕鄧廣銘，《鄧廣銘治史叢稿》（北京：北京大學出版社，1997 年第一版），頁533〜542。

〔註180〕黃寬重，《南宋時代抗金的義軍》（台北：聯經出版社，1988 年初版），頁53。

〔註181〕宋江等人當是悲劇收場之推論見，李靈年、陳新，〈宋江征方臘新證〉，收錄於《文學遺產》，1994 年第三期，頁88。魯迅，《中國小說史略》（北京：人民文學出版社，1973 年第一版），頁242。

〔註182〕筆者上述之五段整理，見《大宋宣和遺事》，卷上〈楊志等押花石綱違限配衛州〉、〈孫立等奪楊志往太行山落草〉、〈宋江因殺閻婆惜往尋晁蓋〉、〈宋江得天書三十六將名〉、〈宋江三十六將共反〉等篇，頁486〜493。

　　《癸辛雜識》中，談論宋江等人之事蹟，則反映出北宋末南宋初，這個
動亂時期的社會狀態與人民的期待：

　　龔聖與作〈宋江三十六贊並序〉：「宋江事見於街談巷語，不足采者。
　　雖有高如李嵩輩傳寫，士大夫亦不見黜，余年少時壯其人，欲存之
　　畫贊，以未見信書載事實，不敢輕爲。及異時見《東都事略》載侍
　　郎侯蒙傳，……知江輩眞有聞於時者。……余常以江之所爲，雖不
　　得自齒，然其識性超卓，有過人者，立號既不僭侈，名稱儼然，猶
　　循軌轍，雖託之記載可也。……豈若世之亂臣賊子，畏影而自走，
　　所爲近在一身，而其禍未嘗不留四海？」〔註183〕

這段記載，透露出龔聖與對宋江的認同與肯定，超過朝廷中的亂臣賊子。另
外，士大夫對賊寇並未多加批判，這和當時的政局不穩有很大的關係。宋江
等三十六人起事不久，南宋民間即流傳此事，則可以反映出當時民眾對中原
之亂的不滿，宋江等人的俠義事蹟出現，自然給了流民、游民一種心靈的寄
託，進而產生極大的精神共鳴，使得宋江等人之事蹟能廣爲流傳。〔註184〕
　　胡適對於宋江等人事蹟的流傳提出三個見解，值得關注：（一）宋江等人
確有可以流傳民間的事蹟與威名。（二）南宋偏安，中原失陷在異族手裡，故
當時宋人有想望英雄的心理。（三）南宋政治腐敗，奸臣暴政使百姓怨恨，北
方在異族統治下受到的痛苦更深，故南北民間都養成一種痛恨惡政治惡官吏
的心理，由這種心理上生出崇拜草澤英雄的心理〔註185〕。以歷史學的角度考
察，這三點論述都算合理，也符合當時的宋朝社會狀態。
　　在《大宋宣和遺事》中，提到了宋江接受招安的問題，這個問題如同王
寂的歸順宋廷一般，需要進一步探討。招安或圍剿，是宋代應付內部紛亂局
勢，所採用的兩種政策，本節只作概要描述，於本文第四章，在進行細部探
討。《宋史》的〈韓世忠傳〉、〈李全傳〉、〈岳飛傳〉、〈辛棄疾傳〉，及《雞肋
編》等對於宋廷的招安策略多所記載〔註186〕。招安的用意何在，孫述宇提出，

〔註183〕周密，《癸辛雜識》（北京：中華書局，1998 年一版），續集上〈宋江三十六
　　　　贊〉，頁 145。
〔註184〕王學泰、李新宇，《水滸傳與三國演義批判》（天津：天津古籍出版社，2004
　　　　年第一版），頁 137。
〔註185〕胡適，〈《水滸傳》考證〉，收錄于，竺青選編，《名家解讀水滸傳》（濟南：山
　　　　東人民出版社，1998 年一版），頁 10。
〔註186〕招安記載除，《宋史》各傳之記載外，亦可見，《雞肋編》（北京：中華書局，
　　　　1997 年一版，以下引用，《雞肋編》，皆同此版本）卷下〈招安〉，頁 92。

草澤報國可說是南宋的特色，他們比起朝廷軍隊表現出更精猛勇悍的力道，及抗金的意志與勇氣，而這股南宋民間武力，含有盜賊、潰兵、自衛組織三大類〔註187〕。由這段論述，我們不難窺見宋廷需要招安宋江等人的目的，乃是在於對抗強大的異族侵略與彌平內部的動亂。〔註188〕

余丹所提，《水滸傳》開啓了「忠俠」的模式，是中國古代俠文化發展的一個重要轉折點〔註189〕。這和《大宋宣和遺事》中所提，宋江等人以忠義行事的風格不謀而合，也是一種值得肯定的論述。

傅正玲認爲，水滸精神的形成是南宋民眾對民間武裝隊伍的認同，當中凝結著對宋廷所代表之體制化的失望；與對岔出體制外一股勇悍之氣的期盼。救贖體制的力量，無法從體制內找尋，只得寄託於岔出體制之外另一股力量〔註190〕。這個精闢論述，也正是宋江等三十六人俠蹟流傳的最佳寫照。但若是以義軍出現的背景解構宋江等三十六人的俠行〔註191〕，則社會不安與民族意識的激勵，才應是宋江等人俠義事蹟在南宋流傳的重要因素。

《宋史》中並沒有爲宋江立傳，記載也不多，但其他史料可補這方面的不足。《水滸傳》中宋江一行聚義梁山，雖是小說的創作，但史實中確有所載，宋江性格的記載與史實大體一致〔註192〕，他爲人勇悍狂俠也確有口碑〔註193〕。在北宋末南宋初年這樣紛亂的時代裡，他們自成一個集團，聚眾爲俠盜，行爲雖違反當時之法令，而有負面的評價〔註194〕，但仍廣爲大眾所稱

〔註187〕孫述宇，《水滸傳的來歷、心態與藝術》（台北：時報文化出版公司，1983年二版），頁49。

〔註188〕民間武力成爲南宋立國的重要戰力，此後不論抗金、蒙，或在境內平亂，維護治安都扮演重要角色。黃寬重，《南宋地方武力——地方軍與民間自衛武力的探討》（台北：東大出版社，2002年初版），頁329。對招安政策持相同正面看法可參王學泰、李新宇，前揭書，頁211。

〔註189〕余丹，《水滸傳》與中國古代俠文化〉，收錄于，《淮北煤師院學報》，2001年2月，第22卷第一期。

〔註190〕傅正玲，《悲壯與蒼涼——水滸意境的探討》（台北：文津出版社，2001年一版），頁69。

〔註191〕以政治、經濟、民族、社會等因素分析義軍抗金的背景，同註179書，頁1～30。

〔註192〕轟石樵，〈對宋江形象的再議論〉，收錄于，竺青選編，前揭書，頁169。

〔註193〕宋江性格描繪見，《大宋宣和遺事》，頁490～492；《癸辛雜識》，續集上〈宋江三十六贊〉，頁145。

〔註194〕以流氓集團稱呼宋江等人，但認爲他們的道德就是「義」字，見薩孟武，《水滸傳與中國社會》（台北：三民書局，2000年初版十刷），頁4～6。流氓仍有

誦，除外在環境和國家局勢的原因外，其所展露之強烈俠行與忠義精神應
是主因。

（三）亡命社

東漢至宋前各朝的秘密結社並沒有停止過〔註195〕，在隋末、唐初原譙郡
一帶，有命名爲「黑社」、「白社」的秘密結社組織〔註196〕。到了北宋初年，
在開封府太康縣境內，有宗教性的秘密結社「白衣會」〔註197〕，仁宗時，在
耀州有喜與人死鬥的「沒命社」〔註198〕，椎剽奪囚，聚黨村落間的「霸王社」
〔註199〕，南宋的鍾相，以宗教武裝結社〔註200〕，與本文第二章所論之民間結
社組織等。因此，宋代的俠士中有結社的個案便不足爲奇。

這類結社、集團式的俠士除「沒命社」外，尚有：群不逞爲俠於閭里的
亡命社〔註201〕，助岳飛抗金的忠義社等〔註202〕。亡命社爲俠究竟是因不得志
或對時局的不滿，值得探討。忠義社與義軍的關係，是一種擴大與收編的關
係，也可說是一種重要的地方武力〔註203〕，在抗金的時代裡，是俠士的秘密
結社團體轉化爲地方武力的重要個案。

徽宗時期，爲俠揚州的亡命社，似乎做了許多令官府頭痛的事，致招來
石公弼的痛治而社破〔註204〕。陳寶良因此認爲，亡命社是流氓團體，所做所
爲皆爲不法情事〔註205〕。因爲《宋史》中對於亡命社的活動談論過少，難以
例舉說明他們的俠行是如何的不法，但由這樣的論述，我們也不難看出，在

俠義之舉聞名於世見，陳寶良，《中國流氓史》（北京：中國社會科學出版社，
1993 年一版），頁 391～398。
〔註195〕陳山，前揭書，頁 213～215。
〔註196〕張亮采編著，《中國風俗史》（上海：上海三聯書店，1988 年影印本），頁
194。
〔註197〕《宋史》，卷三三三〈榮諲〉，頁 10707。
〔註198〕《宋史》，卷二九九〈薛顏傳〉，頁 9943。
〔註199〕《宋史》，卷三一九〈曾鞏傳〉，頁 10390。
〔註200〕《三朝北盟會編》，丙集，卷一三七〈炎興下帙三十七〉，頁 122～123。
〔註201〕《宋史》，卷三四八〈石公弼傳〉，頁 11032。
〔註202〕《宋史》，卷三六五〈岳飛傳〉，頁 11385；《宋史》，卷一九二〈兵六〉，頁 4791；
另有宋廷所推動的忠義巡社組織見，徐松輯，《宋會要輯稿》（台北：新文豐
出版社，1976 年影印本，以下簡稱《宋會要》），兵二之五十九，忠義巡社，
紹興六年正月五日條，頁 6787。
〔註203〕同註180，頁 55。
〔註204〕《宋史》，卷三四八〈石公弼傳〉，頁 11032。
〔註205〕陳寶良，前揭書，頁 128。

宋代社會裡，俠士喜鬥與輕生死的行徑，似乎有著一定的負面評價存在。

在宋代的秘密結社中，有許多的俠士蹤跡，武力也是這些結社中不可或缺的，但由於相關史料過少，我們也只能如此的解讀。從這些探討中，有個重要的概念需要說明，那就是他們都是很有影響力的地方性結社，在宋代的社會裡，皆佔有一席之地。雖然，亡命社和忠義社目標與性質不同，但他們在宋代俠士集團裡，都稱得上是很特殊、有特色，俠行濃烈、輕生死、有震撼力的一群。

二、李彥仙、王克明、秀州刺客

（一）李彥仙

史書中，關於李彥仙集團的記載不多，但他的英勇俠蹟卻不容忽視，在南宋末北宋初，這段混亂時期中，他代表著另一種重要的俠士類型。

> 李彥仙字少嚴，初名孝忠，寧州彭原人，徙鞏州。有大志，所交皆豪俠士。閑騎射。家極邊，出必陰察山川形勢，或覘敵人縱牧，取其善馬以歸。嘗爲种師中部曲，入雲中，獲首級，補校尉。靖康元年，金人犯境，郡縣募兵勤王，遂率士應募，補承節郎。李綱宣撫兩河，上書言綱不知兵，恐誤國。書聞，下有司追捕，乃亡去，易名彥仙。以效用從河東軍，諜金人還，復補校尉。〔註206〕

李彥仙，具有俠義性格，喜與豪俠義士交遊，其支持宋廷的精神更令人敬佩。

李彥仙之俠行中，又以力抗金人之事蹟，最爲人津津樂道：

> 時彥仙爲石壕尉，堅守三觜，民爭依之。下令曰：「尉異縣人，非如汝室墓於是。今尉爲汝守，若不悉力，金人將尸汝於市。」皆奮。金人攻三觜，彥仙戰佯北，金人追之，伏發，掩殺千計，分兵四出，下五十餘壁。〔註207〕

李彥仙力抗金人，最後壯烈犧牲，引起宋廷的關心與重視。

> 彥仙日與金人戰，將士未嘗解甲。……金人惜其才，以重賞募人生致之，彥仙易敝衣走渡河，曰：「吾不甘以身受敵人之刃。」既而聞金人縱兵屠掠，曰：「金人所以甘心此城，以我堅守不下故也，我何面目復生乎？」遂投河死，年三十六。金人害其家，惟弟虁、子毅

〔註206〕《宋史》，卷四四八，列傳二○七〈李彥仙〉，頁 13209～13210。
〔註207〕《宋史》，卷四四八，列傳二○七〈李彥仙〉，頁 13210。

得免。浚承制贈彥仙彰武軍節度使，建廟商州，號忠烈。官其子，
給宅一區，田五頃。紹興九年，宣撫使周聿請即陝州立廟，名義
烈。……乾道八年，易諡忠威。〔註208〕

在奮力對抗金人的戰役中，他雖壯烈犧牲了，但其展現之忠義、節操，及事
後宋廷對他的禮遇，都足以證明其俠義精神展現的過程，是具有極大震撼力
與影響力的。

彥仙頎而長面，嚴毅不可犯，以信義治陝，犯令者雖貴不貸。與其
下同甘苦，故士樂爲用。……彥仙以孤城扼其衝再踰年，大小二百
戰，金人不得西。至城陷，民無貳心，雖婦女亦升屋以瓦擲金人，
哭李觀察不絕。金人怒，屠其城，全陝遂沒。裨將邵雲、呂圓登、
宋炎、賈何、閻平、趙成皆死，並贈官錄其家。〔註209〕

李彥仙與其部將一同爲宋廷捐軀，其俠義精神的影響，可謂非常之大。而李
彥仙以信義治陝的成果，也是有口皆碑的。受李彥仙感召的部將中，更不乏
具俠義性格之人，他們和李彥仙一起組成捍衛宋廷的小集團，共同出生入死。
此外這時期，尚有翟興、翟進兄弟及邵雲等俠士〔註210〕，他們所率領的義軍，
正是穩定南宋局勢的主要力量〔註211〕。就這時期俠士的活動觀察，忠義與俠
義觀念結合的情況十分明顯可見。

（二）王克明

王克明的奇特俠蹟，也算是宋代俠士中的代表之一。

王克明字彥昭，其始饒州樂平人，後徙湖州烏程縣。紹興、乾道間
名醫也。初生時，母乏乳，餌以粥，遂得脾胃疾，長益甚，醫以爲
不可治。克明自讀難經、素問以求其法，刻意處藥，其病乃愈。始
以術行江、淮，入蘇、湖，鍼灸尤精。診脈有難療者，必沈思得其
要，然後予之藥。病雖數證，或用一藥以除其本，本除而餘病自去。
亦有不予藥者，期以某日自安。有以爲非藥之過，過在某事，當隨
其事治之。言無不驗。士大夫皆自屈與游。〔註212〕

〔註208〕《宋史》，卷四四八，列傳二〇七〈李彥仙〉，頁13210。
〔註209〕《宋史》，卷四四八，列傳二〇七〈李彥仙〉，頁13212。
〔註210〕《宋史》，卷四五二〈翟興〉，頁13300～13302；《宋史》，卷四五二〈翟進〉，
　　　　頁13302～13303；《宋史》，卷四四八〈邵雲〉，頁13212～13213。
〔註211〕同註180，頁112。義軍維持南宋偏安之論述。
〔註212〕《宋史》，卷四六二，列傳二二一〈王克明〉，頁13530。

王克明的俠義事蹟，就是來自他樂於助人、急人之難精神的發揮。

王克明行醫後救人無數，但他施恩並不求回報，可謂俠之大者。

> 魏安行妻風痿十年不起，克明施鍼，而步履如初。……盧州守王安
> 道風禁不語旬日，他醫莫知所爲。克明令熾炭燒地，灑藥，置安道
> 于上，須臾而蘇。金使黑鹿谷過姑蘇，病傷寒垂死，克明治之，明
> 日愈。及從徐度聘金，黑鹿谷適爲先排使，待克明厚甚。克明訝之，
> 谷乃道其故，由是名聞北方。後再從呂正己使金，金接伴使忽被危
> 疾，克明立起之，其謝。張子蓋救海州，戰士大疫，克明時在軍中，
> 全活者幾萬人。子蓋上其功，克明力辭之。〔註213〕

雖然王克明的人生際遇並不順暢，但他行醫救人卻從不受自身環境的影響，
總能適時發揮急人之難精神助人，可說是另一宋代俠士的典範。

> 克明頗知書，好俠尚義，常數千里赴人之急。初試禮部中選，……
> 後遷至額內翰林醫痊局，賜金紫。紹興五年卒，年六十七。〔註214〕

北宋末南宋初年，戰亂頻仍，俠士王克明無懼生死行醫救人，且不爲個人的
官位而努力，史料中雖沒有他習武的記載，但他的俠義精神和無私奉獻的態
度，正是有此成就的重要關鍵，他稱得上是一位出色的宋代俠士。

（三）秀州刺客

宋代刺客類型的俠士，有秀州刺客不殺張浚，亦不受張浚留用的個案
〔註215〕，在受人之命時，能夠秉持著正義的精神，有守有爲不濫殺好人，稱
得上是出色的俠士。若取《宋史》之施全記事，則施全捨命刺秦檜的俠蹟
〔註216〕，是不折不扣的俠士作爲。反之，若取《建炎以來繫年要錄》所記，
所爲乃爲個人升遷之舉則非俠士所爲。

史書中對於秀州刺客刺張浚之事，記載如下：

> 初，浚次秀州，嘗夜坐，警備甚嚴，忽有客至前，出一紙懷中曰：「此
> 苗傅、劉正彥募賊公賞格也。」浚問欲何如，客曰：「僕河北人，粗

〔註213〕《宋史》，卷四六二，列傳二二一〈王克明〉，頁13531。

〔註214〕《宋史》，卷四六二，列傳二二一〈王克明〉，頁13531。

〔註215〕張浚討苗、劉之變，與秀州刺客之描述，見羅大經，《鶴林玉露》，收於《宋
元筆記小說大觀四》（上海：上海古籍出版社，2001年，本文以下引用《鶴
林玉露》資料，皆同此版本），卷三〈秀州刺客〉，頁5184～5185；亦可參，
《宋史》，卷三六一〈張浚傳〉，頁11299～11300。

〔註216〕《宋史》，卷四七三〈秦檜傳〉；《宋史》，卷三十〈高宗趙構七〉，施全刺秦檜
之事蹟。

　　讀書，知逆順，豈以身爲賊用？特見爲備不嚴，恐有後來者耳。」
　　浚下執其手，問姓名，不告而去。浚翌日斬死囚狗于眾，曰：「此苗、
　　劉刺客也」私識其狀貌物色之，終不遇。〔註217〕

《宋史·張浚傳》中的秀州刺客描述，顯露出秀州刺客的俠義精神，與灑脫的性格，令人印象深刻。

　　《鶴林玉露》中對於秀州刺客亦有所載：

　　苗、劉之亂，張魏公在秀州，……一夕獨坐，從者皆寢，忽一人持
　　刀立燭後。公知爲刺客，徐問曰：「豈非苗傅、劉正彥遣汝來殺我乎？」
　　曰：「然。」公曰：「若是，則取吾首以去可也。」曰：「我亦知書，
　　寧肯爲賊用？況公忠義如此，豈忍加害！恐公防閑不嚴，有繼至者，
　　故來相告爾。」公問：「欲金帛乎？」笑曰：「殺公何患無財！」「然
　　則留事我乎？」曰：「我有老母在河北，未可留也。」問其姓名，俯
　　而不答……，殆是唐劍客之流也。〔註218〕

《鶴林玉露》所記，較《宋史》生動，但兩書所載大致相同。這位秀州刺客，不僅是位孝子，更是處處秉持著俠義精神。他不肯事賊，是非分明，是位講求人間正義的大俠。而張浚也不愧是南宋的重臣，其膽識與公忠體國的精神，一樣令人折服。藉由俠士秀州刺客的個案探討，不難發現，社會環境與國家的局勢，對於俠士的產生，有著極大的影響力。

第四節　南宋時期

　　南宋立國後，前、中期與金人對抗，中後期開始，朝廷則逐漸面臨蒙古人的強大威脅，國家的局勢在風雨中飄搖，但能持續和蒙古人對抗四十年之久〔註219〕，其軍力與經濟狀態值得關注。《宋史》裡關於這時期中忠義之士的記載較多，而本文第二章第二節整理本期相關俠士記載卻不多，筆者以爲當時社會中，對於忠義與俠士精神界定的模糊當是主因。另外，同樣面臨戰亂

〔註217〕《宋史》，卷三六一，列傳一二○〈張浚傳〉，頁11299～11300。

〔註218〕《鶴林玉露》，卷三〈秀州刺客〉，頁5184～5185。

〔註219〕端平元年（1234年），宋蒙連襟攻陷蔡州城，金亡，使蒙古一時找不到開戰
　　的藉口，但滅宋是蒙古的基本國策，攻宋之戰只是時間早晚問題。見胡昭儀
　　主編，《宋蒙（元）關係史》（成都：四川大學出版社，1992年第一版），頁
　　83～84。其他詳盡之宋蒙攻防戰研究，亦可參考，何忠禮、徐吉軍，《南宋史
　　稿》（杭州：杭州大學出版社，1999年第一版），第七、八、九章之研究。

與社會環境的劇烈震盪，俠士的風格是否延續或轉變，值得關注。

本節將以陳亮、華岳、嚴蕊、孫益、鄒鳳叔、唐玉潛等具有代表性的俠士個案加以探討，分析本期俠士研究的種種問題。

一、南宋中期

（一）陳亮、華岳

1. 陳　亮

南宋時期，由於政治上的偏安局面已經確立，但金人的威脅還是存在，社會仍充斥著不安定感，這樣的環境，是否對俠士風格產生影響，本節將從幾個特殊個案深入探究。

陳亮，字同甫，學者稱為龍川先生，婺州永康人（浙江省永康縣）。歷世居住在永康治陵（相傳是陳朝一位皇帝的陵墓）旁邊七八里的前黃。他的曾祖父陳知元，在宣和年間，追隨大將劉延慶，壯烈為國犧牲。他的祖父陳益，年少時，有抱負與才氣，但屢試不中，晚年縱情杯酒自娛。其父陳次尹是個非常敦厚老實的人。〔註220〕

陳亮的祖父陳益，對他的孫子陳亮，從小就很有期許，希望他能成為狀元。他雖出生在一個衰敗清貧的家庭，一生經歷許多波折和磨鍊，但卻總能堅強、盡心去面對時代的挑戰。〔註221〕

由史書中所載之陳亮事蹟，可更了解陳亮的俠士性格。

> 陳亮字同父，婺州永康人。生而目光有芒，為人才氣超邁，喜談兵，論議風生，下筆數千言立就。嘗攷古人用兵成敗之跡，著酌古論，郡守周葵得之，相與論難，奇之，曰：「他日國士也。」請為上客。及葵為執政，朝士白事，必指令揖亮，因得交一時豪俊，盡其議論。……隆興初，與金人約和，天下忻然幸得蘇息，獨亮持不可。婺州方以解頭薦，因上中興五論，奏入不報。已而退修于家，學者多歸之，益力學著書者十年。〔註222〕

〔註220〕王壽南主編，《中國歷代思想家十一》（台北：臺灣商務印書館，1999 年更新版），頁 117。

〔註221〕董平、劉宏章，《陳亮評傳》（南京：南京大學出版社，1996 年第一版），頁 19～23。

〔註222〕《宋史》，卷四三六，列傳一九五〈陳亮〉，頁 12929；《宋人軼事彙編》，卷十七〈陳亮〉，頁 839～841。

陳亮非常關心南宋的時局，由於政治上的偏安，他有著不同於朝廷的見解，也獲得許多讀書人的支持，其不隨波逐流之性格可見一斑。

　　性格如此直爽，故陳亮對於時局多次慷慨上書，雖受皇帝之賞識，卻因不能與朝臣有所互動，而有所發揮〔註223〕。且不論其上書目的是否達成，但他上書所論之氣魄與才氣可說是令人動容的。

　　《宋史》對陳亮遭大獄之際遇，亦有所載。

> 書既上，帝欲官之，亮笑曰：「吾欲爲社稷開數百年之基，寧用以博一官乎！」亟渡江而歸。日落魄醉酒，與邑之狂士飲，醉中戲爲大言，言涉犯上。一士欲中亮，以其事首刑部。侍郎何澹嘗爲考試官，黜亮，亮不平，語數侵澹，澹聞而嗛之，即繳狀以聞。事下大理，笞掠亮無完膚，誣服爲不軌。事聞，孝宗知爲亮，嘗陰遣左右廉知其事。及奏入取旨，帝曰：「秀才醉後妄言，何罪之有！」劃其牘于地，亮遂得免。居無何，亮家僮殺人于境，適被殺者嘗辱亮父次尹，其家疑事由亮。聞于官，笞榜僮，死而復蘇者數，不服。又囚亮父于州獄。而屬臺官論亮情重，下大理。時丞相淮知帝欲生亮，而辛棄疾、羅點素高亮才，援之尤力，復得不死。亮自以豪俠屢遭大獄，歸家益屬志讀書，所學益博。〔註224〕

陳亮屢遭陷害入獄，又受皇帝之寬赦，這番的際遇也算是奇特。這些經歷後，他也下定決心多讀書，讓自己的學問更淵博。

　　陳亮在一番的自我磨練後，終於在光宗策進士時獲得任官的機會。

> 光宗策進士，問以禮樂刑政之要，亮以君道師道對，且曰：「臣竊歎陛下之於壽皇蒞政二十有八年之間，寧有一政一事之不在聖懷？而問安視寢之餘，所以察辭而觀色，因此而得彼者其端甚眾，亦既得其機要而見諸施行矣。豈徒一月四朝而以爲京邑之美觀也哉！」時光宗不朝重華宮，群臣更進迭諫，皆不聽，得亮策乃大喜，以爲善處父子之間。奏名第三，御筆擢第一。既知爲亮，則大喜曰：「朕擢果不謬。」孝宗在南內，寧宗在東宮，聞知皆喜，故賜第告詞曰：「爾蚤以藝文首賢能之書，旋以論奏動慈宸之聽。親閱大對，嘉其淵源，擢置舉首，殆天留以遺朕也。」授僉書建康府判官廳公事。未至官，

〔註223〕《宋史》，卷四三六，列傳一九五〈陳亮〉，頁 12929～12940，頁 621；《宋人軼事彙編》，卷十七〈陳亮〉，頁 839～841。

〔註224〕《宋史》，卷四三六，列傳一九五〈陳亮〉，頁 12940～12941。

一夕，卒。〔註225〕

陳亮能獲南宋前期幾個皇帝的讚賞，確實有其過人之處，其後他得到任官的機會，卻也無福任職，徒留下了無限的遺憾。而關於他的死因，鄧廣銘的研究，因病而卒，當是最爲可信的論述。〔註226〕

《宋史》中，關於陳亮的風範與其後代，記載如下：

> 亮之既第而歸也，弟充迎拜于境，相對感泣。亮曰：「使吾他日而貴，澤首逮汝，死之日各以命服見先人于地下足矣。」聞者悲傷其意。然志存經濟，重許可，人人見其肺肝。與人言必本於君臣父子之義，雖爲布衣，薦士恐弗及。家僅中產，畸人寒士衣食之，久不衰。卒之後，吏部侍郎葉適請于朝，命補一子官，非故典也。端平初，諡文毅，更與一子官。〔註227〕

陳亮的俠士風骨，在這段描述中可以看出，雖一生布衣但喜樂施、助人，故朝野人士皆仰慕之，其恩澤也能遺留給後代，有子受蔭爲官。只是子孫是否出色，和其俠義精神的傳承關係如何，相關資料的記載不多難有定論。〔註228〕

在陳亮的歷史地位總結上，區萬鴻整理各家論述後認爲有褒獎也有批評。在正面肯定上有：爲豪傑、有氣節、憂國憂民、膽識過人等。在負面的評論上有：近功利、粗莽、晚年求官等〔註229〕。筆者從俠士角度觀察則認爲，陳亮憂國憂民、重然諾、獨立思考、感於表達己見、熱心助人、仕途坎坷、氣力撼人心，他的強烈愛國俠士性格展現，是南宋時期俠士的重要代表。

2. 華 岳

華岳，字子西，爲武學生，輕財好俠〔註230〕。在《中國歷代武狀元》的探討中，則提到華岳別號翠微，貴池人（今屬安徽省），生卒年不詳，爲嘉定年間的武狀元，卒于南宋寧宗嘉定末年。一生樂於學習兵家之事，結交山林

〔註225〕《宋史》，卷四三六，列傳一九五〈陳亮〉，頁12943。

〔註226〕鄧廣銘，前揭書，頁670～677。

〔註227〕《宋史》，卷四三六，列傳一九五〈陳亮〉，頁12943。

〔註228〕據研究，陳亮有五子二女，至今人丁旺盛，但卻未有相關與陳亮性格、傳承之探討，見應加登，〈陳亮的身世及其先祖後裔〉，收錄於，趙敏、胡國鈞主編，《陳亮研究論文集》（杭州：杭州大學出版社，1994年第一版），頁208～209。

〔註229〕區萬鴻，《陳亮經世思想之發展研究》（香港：香港新亞研究所史學組碩士論文，2001年），頁73～76。

〔註230〕《宋史》，卷四五五，列傳二一四〈華岳〉，頁13375。

中之英雄豪傑，求自身軍事才能的精進。〔註231〕

　　韓侂冑當國時，華岳眼見國家處境每下愈況，他憂心如焚，於是毅然上書皇帝，希望能得皇帝的重視。然而華岳人微言輕，所陳之意見非且未受朝廷重視，還觸怒了韓侂冑。〔註232〕

　　《宋史》中，華岳得罪韓侂冑之處境及其報國熱忱，記載如下：

> 書奏，侂冑大怒，下大理，貶建寧圜土中。郡守傅伯成憐之，命獄
> 卒使出入毋繫。伯成去，又迕守李大異，復置獄。侂冑誅，放還，
> 復入學登第，爲殿前司官屬，鬱不得志。謀去丞相史彌遠，事覺，
> 下臨安獄。獄具，坐議大臣當死。寧宗知岳名，欲生之，彌遠曰：「是
> 欲殺臣者。」竟杖死東市。〔註233〕

韓侂冑被誅後，華岳脫離了三年的冤獄，重新進入太學學習，且更加注意各方面知識的吸取。並以憂國憂民之心，聞雞起舞，練就一身出色的武藝，一舉奪下武狀元的頭銜，步入仕途，欲施展自身的抱負〔註234〕。然朝廷中史彌遠權勢日盛，華岳十分憂心，與他人密謀去除史彌遠，因此再度獲罪，寧宗本想放華岳一條生路，史彌遠百般阻擾，最後遭史彌遠杖死於東市。

　　華岳才華洋溢，一生憂國憂民且遭遇坎坷，雖沒有好的爲官治蹟，但敢於對抗權臣所講求的人間正義與高節風骨，是另一個俠行特殊、濃烈的俠士個案。《宋史》將其列入了忠義傳，就是對他一生事蹟的重要肯定，更代表著華岳在當時宋人的心中，有著很高的地位。

（二）嚴蕊、孫益

1. 嚴　蕊

　　南宋時期，浙江天台有一位官妓名叫嚴蕊，因色藝俱佳深得當地官員紳士們的賞識，唐仲友、謝元卿都與之交往頗深。其後，朱熹調浙江爲官，與唐仲友不睦，想羅織罪名彈劾他。誣陷唐仲友狎妓嫖娼，爲官無行，爲找證據，更將嚴蕊送進牢獄，施以嚴刑與威逼利誘，要她供出唐與正的罪行。

　　《齊東野語》中，對於其受刑，卻能秉持的俠義精神有所描述：

〔註231〕董海、王鴻鵬主編，《中國歷代武狀元》（北京：解放軍出版社，2002年一版），
　　　　　頁146～147。載華岳亡於南宋理宗嘉定末年，筆者考察《宋史》華岳傳，亡
　　　　　於寧宗嘉定末方爲正確。
〔註232〕《宋史》，卷四五五，列傳二一四〈華岳〉，頁13375～13378。
〔註233〕《宋史》，卷四五五，列傳二一四〈華岳〉，頁13378。
〔註234〕董海、王鴻鵬主編，前揭書，頁151～152。

系獄月餘，蕊雖備受箠楚，而一語不及唐，然猶不免受杖。移籍紹
興，且復就越置獄……。獄吏因好言誘之曰：「汝何不早認，亦不過
杖罪。況已經斷，罪不重科，何爲受此辛苦邪？」蕊答云：「身爲賤
妓，縱是與太守有濫，科亦不至死罪。然是非眞僞，豈可妄言以污
士大夫？雖死，不可誣也。」其辭既堅，仍痛杖之，仍系於獄。兩
月之間，一再受杖，委頓幾死……。〔註235〕

暫不論南宋的官場文化，嚴蕊在牢獄中所表現的氣節、磊落的俠義精神，早
已經勝過無數的宋代士人，故以女俠稱之是不爲過的。關於朱熹和唐仲友（唐
與正）的爭鬥，在《宋史》中亦有所載〔註236〕。故這事件有可信之處，可以
稱得上是兩人爭鬥的插曲。

能和嚴蕊相比的女俠個案，還有高郵的俠妓毛惜惜，他在逆賊面前，展
現出忠義、磊落氣節〔註237〕，與嚴蕊的俠義節操一樣令人敬佩。而由嚴蕊的
個案，我們亦不難看出，女俠行蹟的特殊性，她們不因出身而自卑，反而表
現出高尚的俠義精神，講求自己所定的人間正義，雖然現存相關史料的記載
並不詳盡，但她們的俠士個案一樣令人讚嘆，具有獨特的代表性。

2. 孫 益

孫益在南宋時期，所存記載並不多，但其展露之俠義精神則值得探究。

孫益，揚州泰興人。少豪俠。紹定中，李全犯揚州，游騎薄泰興城
下，縣令王燧募人守禦，益起從之。俄賊兵大至，益率眾拒之。眾
見賊勢盛，且前且卻，益屬聲呼曰：「王令君募我來，將以守護城邑
也。今賊至城下，我輩不爲一死，復何面目見令君乎？」遂身先赴
敵，死之。〔註238〕

雖然蒐集孫益年少爲俠的事蹟已屬不易，但以率眾抗賊此事中孫益之豪邁表
現而言，這位重然諾的磊落俠士，他所展現的俠士風範與氣節；確實值得研

〔註235〕周密，《齊東野語》，收錄於《宋元筆記小說大觀五》（上海：上海古籍出版社，
2001 年初版，本文以下引用《齊東野語》資料，皆同此版本），卷二十，頁
5684～5685。

〔註236〕《宋史》，卷四二九〈朱熹傳〉，頁 12756；《宋史》，卷三九六〈王淮傳〉，頁
12072；《宋史》，卷三九四〈鄭丙傳〉，頁 12035。

〔註237〕潘永因編：劉卓英點校，《宋稗類鈔》（北京：書目文獻出版社，1985 年，本
文以下引用《宋稗類鈔》資料，皆同此版本），（上冊），卷之三〈貞烈〉，頁
266。

〔註238〕《宋史》，卷四五二，列傳二一一〈孫益〉，頁 13310。

究與討論。

《宋史》中對於與孫益一同戰死的義士亦有所載：

> 同時顧緒、顧珣俱戰死。事聞，贈益保義郎，緒、珣承節郎，各官
> 其子一人。〔註239〕

以孫益的俠蹟觀之，類似孫益個案的俠士，在南宋時期當不在少數，只是留存之史料記載多以忠義為題，而非俠士事蹟描述。我們由宋廷加以表揚的舉動亦可看出，南宋朝廷需要義軍的支援，因此這些地方武力自然成為南宋朝廷重要的依靠〔註240〕。另外，孫益之個案俠蹟能廣為流傳，和時局的變化、朝廷的態度也有不小的關係，這個思考層面是不容輕忽的。

二、南宋末期

（一）鄒鳳叔等人、唐玉潛

1.鄒鳳叔等人

《宋史》中從文天祥勤王而慷慨赴死的記載有十九人〔註241〕。本小節便以此類事蹟的俠士個案為課題進行探討，雖然包涵三位俠士的俠行，仍將其歸類為從文天祥抗元集團的俠士，進行相關的比較。由於現存資料十分薄弱，故能掌握的俠蹟相當有限，但藉由這次的個案整理，對於探討南宋末的俠士風格，與忠義精神對俠士的影響等議題，進行探討、分析仍有其代表性。

考察鄒鳳叔的俠蹟，相近於這類型的俠士個案，在南宋末期當不在少數，但《宋史》乃以忠義為題描述，而非著眼於俠士事蹟傳頌。記載如下：

> 鄒鳳字鳳叔，吉水人，後徙永豐。少慷慨有大志，以豪俠鳴。從文
> 天祥勤王，補武資至將軍。益王立，改寺丞，領江西招諭副使。聚
> 兵寧都，得數萬，改授江西安撫副使。復興國、永豐二縣，進兵部
> 侍郎兼江東、西處置副使。及永豐敗，繼從天祥間關嶺道，未幾，
> 復出開督府，分司永豐、興國境上。北兵驟至，大戰，鳳脫身走至
> 潮州。及天祥被執，鳳自殺。〔註242〕

鄒鳳叔的豪俠事蹟已不可考，但他參與文天祥抗元的過程中，並不以自身的安危為念，總掛心著勤王之事與文天祥的安危。文天祥被抓，他也以自殺方

〔註239〕《宋史》，卷四五二，列傳二一一〈孫益〉，頁13310。

〔註240〕同註180，頁7～8。黃寬重認為地方軍是宋廷重要的維安武力。

〔註241〕《宋史》，卷四五四，列傳二一三〈鄒鳳叔〉，頁13350。

〔註242〕《宋史》，卷四五四，列傳二一三〈鄒鳳叔〉，頁13350。

式結束自己的性命，表現出濃厚的忠義精神與強烈的俠義性格，可見忠義觀
念在這段時期對俠士的影響確實很深。

以杜滸俠蹟觀之，亦可得不同的體悟。記載如下：

> 杜滸字貴卿，丞相範從子也，少負氣遊俠。德祐元年，有詔勤王，
> 滸時宰縣，糾集民兵得四千人。文天祥開閫平江，往附焉時陳志道
> 等贊天祥出使，滸力爭不可，志道逐之去，已而天祥果見留，志道
> 竊藏逃歸。天祥北行，諸客無敢從者，滸獨慨然請行。特改兵部架
> 閣。從京口，以計略守夜劉千戶者，得官鐙，脫天祥，偕走淮甸，緣
> 海道以達永嘉……天祥移屯潮州，滸議趨海道，天祥不聽，使護海
> 舟至官富。滸懼力單，徑趨厓山，兵潰被執，以憂憤感疾卒。〔註243〕

杜滸的年少俠義事蹟記載不詳，但他參與文天祥抗元的過程中，能糾結民兵
四千人，其影響力值得關注，但這現象是否與眾人受其俠義風範所感召有關
則難有定論。只是杜滸表現出的忠義精神與氣節，再次證明從文天祥勤王的
俠士，他們的氣力展現，義善目標的堅持確實令人敬佩。而這時期俠士活動
受宋廷局勢影響很深，亦可由此類個案得證。

林琦俠行中，展現之忠義精神亦有可探討之處。所記如下：

> 林琦，閩人也。德祐二年，大兵既迫臨安，琦於赭山結集忠義數千
> 人，捍禦海道。以功補宣教郎、督府主管機宜文字，充檢院。文天
> 祥開府南劍，琦佐其幕。琦外文采，內忠實，數涉患難，無怨懟辭。
> 及潮州移屯，琦俱被執，至惠州遁，復執之北行，赴水，為吏所拔，
> 至建康，以憂憤死。〔註244〕

林琦俠蹟的展現，與個人的忠義精神有很大的關係，他能集結忠義之士數千
人，除和南宋末之時局不安有關外，與個人的俠義風範亦有不小關係。在參
與文天祥抗元的過程中，他最終憂憤病逝，但林琦展現的濃厚忠義精神與憂
心政局之情，卻是令人動容的。

南宋末期，俠士的俠蹟記載不多，但忠義人物與事蹟卻沒有減少，細究
其中實不乏俠士的身影，宋廷努力宣揚之忠義精神，在這些俠士身上亦已見
其影響力，從鄒鳳叔、杜滸、林琦三位名列《宋史·忠義傳》的俠士個案探
討即可得證，因為這時期中，俠士和忠義之士的記載已成模糊狀態。此外，

〔註243〕《宋史》，卷四五四，列傳二一三〈杜滸〉，頁13353～13354。
〔註244〕《宋史》，卷四五四，列傳二一三〈林琦〉，頁13354。

筆者於本文第二章論述，宋代俠士行徑有濃烈和平淡之別，而在南宋末這段時期裡，這些俠士的行徑都偏向強烈的風格，也具有特殊性與代表性，這和南宋末期內外局勢的動盪不安有直接的關係。

2.唐玉潛

至元年間，江南惡僧楊璉眞伽恃寵而驕，窮兇極惡的挖掘宋代諸帝陵，斷肢殘體棄骨草莽。會稽山陰的讀書人唐玉潛聞之痛憤，在講求自己的人間正義宗旨下，急賣家產又貸金，置酒宴里中少年聚飲，表達收埋遺骸的願望。有人擔心那些虎視耽耽的守官，怕事露後果難料，唐玉潛（唐鈺），提以四郊暴骨更換。於是用木柜、黃絹分別裝收各陵中的遺骨，出銀酬報眾少年戒之勿洩此事。當楊總浮屠下令聚集那些已被換過的雜骨，築「鎮南」塔時，百姓都很悲痛，不知陵骨已換，其後事情傳出，都很敬佩他的義舉。〔註245〕

此事不見正史記載，但《宋人軼事彙編》中亦有收埋遺骨的俠士是南宋太學生林德陽的說法〔註246〕。其實名字並非重點，唐玉潛等人所爲的俠士義舉才值得關注。觀察這個個案可知，俠士的忠、義行徑與講求的人間正義宗旨，是不因朝代更替而改變的。但俠士的出現，卻往往與時局的不安有著極大的關係，兩者間交互影響的問題相當複雜。

第五節　個案研究的意義

宋代外患頻仍、戰事不斷、變亂不止〔註247〕，因此，俠士的活動狀態如何，令人好奇。而這些疑惑中，又以俠士如何在社會中扮演其角色、當時官民對俠士的普遍看法、俠士的事蹟、行徑，俠士的一生是否皆守著俠義風範，是否受其家族門風之影響，影響子孫的處世態度等，這些議題最值得關注，也是筆者在個案研究中試圖處理的問題。而藉由這些觀察，可以更清楚掌握

〔註245〕唐玉潛俠蹟請參，《宋人軼事彙編》，卷十九〈唐鈺〉，頁958～960；陶宗儀，《南村輟耕錄》（北京：中華書局，1959年初版），卷四，頁43～49。又見田汝成，《西湖遊覽志餘》（北京：中華書局，1960年），卷六，頁111～114。

〔註246〕《宋人軼事彙編》，卷十九〈林德陽〉，頁960。

〔註247〕據筆者整理《宋史》相關變亂資料，發現宋太宗後，十分頻仍。而整理北宋至南宋盜賊及處置史料並製表說明詳盡者可參黃純怡，《宋代刑法修正之研究》，（中興大學歷史所博士論文，2003年6月），頁166～181。王世宗，《南宋高宗朝變亂之研究》，（台灣大學歷史所碩士論文，1988年1月），統計高宗朝三十六年的變亂即達三百三、四十起。宋代變亂當在六百次以上。

俠士研究的不足處與需加強的層面，使本文的研究更趨於完整。

一、發現問題

　　在宋代的俠士探討中，無論是張詠的滅除黑店、王寂、宋江等三十六人的聚眾爲盜、孫益的抗賊義舉、王倫的出使金國、王克明的千里急人之難、嚴蕊的俠行等，都不難看出，俠士不因出身階層較低，而失去行俠的動力。在宋代的社會裡，這些具有特殊風格的俠士，反而能引起較大的回響。

　　而宋代部份官員對於俠士的義舉表示肯定，也是十分有趣的現象，這代表宋代社會的輿論，對於俠士的行徑還是有極大的認同感。其中亡命社、宋江所屬集團、李彥仙的抗金集團、王倫成事的小集團、甚至他本身的三槐王氏家族的家風，對於完成俠義之舉有很大的影響力，也是值得注意的。

　　楊業家的子孫們，如楊延昭、楊文廣等爲官都能守份，忠於國家之事，愛民如己，這是自楊業以來俠風的轉變。後來其子孫爲官，壯烈的俠義之舉減少，但那高節操、高品格、濟弱扶傾的精神，也慢慢的在爲官中發揮潛移默化的效果，成爲楊家將忠君愛國的最重要動力，這都是值得肯定的。

二、思考、解決問題

　　俠士在西漢初、東漢末、唐代及五代時期，相當活躍，到了宋代卻相對衰弱，但這並非確切的論述〔註248〕。其實，《宋史》以後開始有〈忠義傳〉的記載，細究，可知許多人物正是所謂的俠士。這代表宋代的俠士意涵；在當時已局部被導向與朝廷強化的「忠」、「義」觀念結合，其用意在於將這群行爲逾法的俠士納入國家體制內，重回文明的社會建功立業。這和本文第二章所提，俠意識轉變時期的差異論述相契合。

　　此次宋代俠士個案探究中，筆者試圖處理複雜的俠士家世與出身對其之影響，他所扮演之社會角色與轉變，俠士精神在其後代子孫身上的延續與異同。探討社會經歷、外在環境、家族精神與人格特質對其俠行之影響，深入解析宋代俠士的成因、特色、影響力等問題，發現外在環境、家族風範對俠士的影響很大。進而對於劉若愚所提，信念支配俠士行爲，他們無視法律，雖替人伸了冤，卻因此加深社會秩序的混亂的看法，有所認同。〔註249〕

〔註248〕汪涌豪，前揭書，頁64～136。

〔註249〕俠與社會、法律之論述見，（美）劉若愚，周清霖、唐發鐃（譯），《中國之俠》（上海：三聯書店上海分店，1991年一版），頁4～7。

　　但筆者也有了新的研究體悟，那就是俠士並不完美，但總有自己的俠義性格與自己講求的人間正義，雖不能成爲一個固定階層或職業，但整體而言，其行徑對社會還是貢獻多於弊害的。此外，俠士的行爲雖違法，卻不代表就是惡人，因爲他們的義善目標，才是我們考察的重點，這在法制嚴密的宋代社會裡，是很重要的概念。

　　經過此次的俠士個案分析後，發現宋代俠士與社會各方面的互動記載相當零散、不完整，需要更多元化的蒐集。另外，宋代盜賊盤據問題多且對俠士產生極大的影響，而宋廷的招安政策，義軍和俠士間的互動關係等問題，也值得關注與細加討論。故解決宋代俠士研究的問題，並發現、整理出需要更深入研究、討論的課題，就是此次個案分析、研究的最大意義與收獲。

第四章　俠士與社會的關係

　　唐中葉開始，中國社會進入新的發展時期，可稱之爲中國傳統社會的中期。這段時期歷經五代十國、兩宋、元代，直到明後期，共約八百年時間。而這種唐中葉開始的社會發展變化，到宋代（960～1279 年）幾乎完全定型，與唐代社會產生迴異的新風貌〔註1〕。雖然在本文第三章中，我們已經討論過唐、宋俠士的特色與差異，但至今，學界中以社會環境角度探討宋代俠士風格變化的研究仍嫌不足，這也正是本章所需面對的挑戰。

　　俠士的研究離不開與法治、經濟、文化、城市發展等社會基礎關係的探討，否則就易如本文第二章所討論般，給人虛浮的感覺。可惜，這幾年學者們的俠士研究，對這方面的探討並不熱衷〔註2〕。筆者以爲，如果要清楚地了解俠士與時代間的複雜糾葛，就只有深入社會裡，仔細探尋他們與國家、社會、環境的互動軌跡，才能有新的收獲，進而對俠士的行徑與風格有更深層的體悟。

〔註 1〕朱瑞熙，《宋代的社會研究》（台北：弘文館出版社，1986 年初版），頁 1。此外，本文第二章所提唐中期後，藩鎮與俠士的交往密切情形，也因宋代的政策而不再出現。

〔註 2〕專章探討俠與社會的互動關係，除江涌豪的《中國游俠史》（上海：復旦大學出版社，2001 年初版）、王齊的《中國古代遊俠》（台北：臺灣商務印書館，1998 年初版）等書外，鄭春元的《俠客史》（上海：上海文藝出版社，1999年）、孫鐵剛的《古代的士與俠》（臺灣大學歷史所博士論文，1974 年）、龔鵬程的《俠的精神文化史論》（台北：風雲時代版社，2004 年初版）、王立的《中國古代豪俠義士》（合肥：安徽人民出版社，1996 年第一版）、陳山的《中國武俠史》（上海：上海三聯書局，1992 年第一版）等研究專著中，就少有探討。

第一節　社會結構與階層流動

　　法國史學家白樂日曾說：「歷史是由士大夫為士大夫而寫的，因此，所有其他的社會階級都被忽略了，或被降到純粹的附屬地位。」，〔註3〕這段話清楚的反應出中國歷史人物研究中，長期存在的一個問題，即古代的正史，是甚少關注中下階層的活動與事蹟的。因此，俠士研究也碰上了同樣的難題，當討論俠士的階層屬性時，相關史料的記載是非常稀少、不足的，只能藉由相關研究者的推論，進行階層與社會地位的釐清。

　　其實，俠士存在於各朝的社會結構中，但是否為一個獨立的階層，一直是學者們討論的焦點〔註4〕。目前，雖已有初步的論述，那就是俠士並非職業集團，也非社會階層，他們是具有強烈個性、為了某些信念而實施某些行為的一群人〔註5〕，他們的存在是一種象徵的意義〔註6〕。但俠士與社會階層間的流動，對社會結構的影響相當複雜，則仍需多加探討方能有所論。本節試以宋代俠士與階層流動變化進行考察，以釐清宋俠與階層、社會結構間的複

〔註3〕 艾蒂安・白樂日（Etienne Balazs）著；黃沫譯，《中國的文明與官僚主義》（台北：久大文化，1992年初版），頁37。

〔註4〕 游俠是一些將游俠當成職業的平民，見勞榦，〈論漢代的游俠〉，《文史哲學報》，第一期，1948年4月。游俠非全出身平民，包括破產的士人工商業者及失業農民，見陶希聖，前揭書，頁75～76。俠之流出於儒，墨者組成紀律的俠者團體，見孫鐵剛，前揭書，頁127、190。一個人成為俠士有很多種原因，不是以平民、貴族、游民、富豪的標準可以劃清的，見汪涌豪，前揭書，頁33。漢代社會中的游俠，由被統治階層轉化為社會中的「上層統治階級」。見陳惠芯，〈漢代社會中游俠階級屬性之探討〉，《史苑》，第五十九期，1999年，頁19。

〔註5〕 此論述首見於增淵龍夫，〈漢代民間秩序的構成和任俠習俗〉，收錄於，劉俊文主編，黃約瑟等譯，《日本學者研究中國史論著選譯》（北京：中華書局，1993年第一版）第三卷，頁531。劉若愚著，周清霖、唐發鐃（譯），《中國之俠》（上海：三聯書店上海分店，1991年一版），頁4。亦可參，王學泰，《游民文化與中國社會》（北京：學苑出版社，1999年第一版），頁92。

〔註6〕 有一種歷史，其意義不在記錄歷史事件，或促成歷史事件發生的歷史人物，卻在其象徵的意義，見艾瑞克・霍布斯邦著，鄭明萱譯，《盜匪：從羅賓漢到水滸英雄》（台北：麥田出版社，1998年初版），頁185～195。俠士以自己的俠義信念行事，並不能成為一個固定階層，參蔡松林，〈論宋代法治下俠風的轉變〉（宜蘭：佛光人文社會學院三所論文發表會集，2004年），頁207。筆者在本文第二章中，整理宋代俠士的出身、家世表後發現，俠士並非為固定階層，卻有社會流動的現象產生，類型也各有不同，故說俠士是一種象徵，是合乎宋代俠士狀態的論點。

雜問題。

一、社會結構與問題

　　唐末藩鎮割據之亂；徹底的打破當時的門閥士族和部曲奴客制度，使之分崩離析，直到宋代後，才又產生新的階級結構〔註7〕。唐代以名族貴冑爲政治、社會之中堅，五代以由軍校出身之寒人爲中堅，北宋則以科舉上進之寒人爲中堅，這是宋代社會統治結構不同於唐、五代的改變。〔註8〕

　　據陳義彥統計分析，北宋官員中，出身布衣家庭者有直線上升的趨勢，另外出身高官家庭者起伏不大，比例僅次於布衣家庭，且高官家庭容易保持舊有地位，布衣由科舉類入仕者，有增無減，科舉已成宋代社會重要的入仕途徑，影響社會流動深鉅〔註9〕。由上述所論，可知宋代社會結構的變化是很明顯的，然宋代的階級是否消融爭議仍多，但稱之爲社會組織的轉換過程，卻是不爲過的。〔註10〕

　　宋初，結束五代十國的分裂局面，對各國官僚採取兼收並蓄的政策，保持其原有官職，給予優厚待遇；另一方面，又透過科舉等途徑吸收大批士大夫，組成屬於自己的基本官僚隊伍〔註11〕。也因此產生了最爲後世詬病的冗官問題〔註12〕，但這卻非一般推論乃名與實分的差遣制度帶來的後果，而是由選官制度所造成的〔註13〕。探討宋代俠士與社會結構關係時，了解宋代冗官現象的成因是必要的，因爲宋代俠士入仕者眾多，冗官問題自然不能忽視。

〔註7〕認爲中唐以後中國社會之階級，決定原因已非血緣承襲之身分或門戶，而是經濟勢力的強弱，這也可說是影響宋代階級形態的特色。見蒙思明，《元代社會階級制度》（北京：中華書局，1980年一版），頁1～2。

〔註8〕孫國棟，〈唐宋之際社會門第之消融〉，收錄於孫國棟，《唐宋史論叢》（香港：商務印書館，2000年初版），頁285。

〔註9〕陳義彥，《北宋統治階層社會流動之研究》（台北：嘉新水泥公司，1977年），頁14～15，頁35。

〔註10〕孫國棟，前揭書，頁285。

〔註11〕宋代的官員究竟有多麼龐大，是歷來學者所爭辯的問題，而將這個問題以官員統計表分析、說明的可參，李弘祺，〈宋代官員的統計〉，收錄于《宋史研究集十八》（台北：國立編譯館，1988年），頁99。

〔註12〕宋代冗官多的原因有三個：其一：貢舉名額不定，學校之生徒日增。其二：恩蔭太濫。其三：祠祿之太盛。見金毓黻，〈宋代官制與行政制度〉，收錄于《宋遼金元史論集》（台北：漢聲出版社，1966年），頁182。

〔註13〕苗書梅，《宋代官員選任和管理制度》（開封：河南大學出版社，1996年第一版），頁112～114。

關於冗官造成的宋代財政負擔與經濟壓力，與胥吏貪污受賄成風，成為社會公害等現象，則於俠士與法律、經濟層面探討中繼續探究。〔註14〕

朱瑞熙指出，宋代社會結構，是由地主階級、農民階級、工匠和機戶、家內服役者等幾種階層組成〔註15〕。王曾瑜則提出，主體與非主體階級的看法，解析宋代的社會結構。他認為地主和農民是宋代的主體階級，奴婢（大部分為人力和女使）、商人和手工業者三部份，則為非主體階級。但商人和手工業者並非是兩個階級，而包括了不同的階級成分。〔註16〕

據王曾瑜研究，宋代戶名分類甚多，但在社會生活中最重要、最常見、最普遍的，可分為四類，是探討宋代社會結構時，不能忽視的。按人戶身份區分，有官戶與民戶，形勢戶與平戶之別。按人戶居住地區分，有鄉村戶與城郭戶之別，前者居住鄉村，後者居住城市。按有無田地，有無房產等資料，主戶和客戶之別。鄉村主戶和城郭主戶依財產分五等和十等〔註17〕。兩位學者的論述，讓我們更了解宋代的社會結構，有助於探討俠士與社會階層的問題。

宋代的官僚地主，雖然是延續唐、五代以來庶族地主而來的發展，但因宋代已不存在門閥士族，所以不稱庶族地主，而稱為非身分性官僚地主。宋代官僚地主也不再嚴格區分清、濁的流品，在法律和習慣上把一品到九品的官員之家稱為「官戶」〔註18〕。且宋代官僚地主的政治、經濟地位呈現不穩定狀態，能夠累世顯達及為官的不多，普遍情況是三世而後衰微〔註19〕。減免國家賦稅的特權，與唐代相比越來越少，但由恩蔭制度又得到補償。〔註20〕

宋代社會階級結構中地主與貧民的對立，實際上是受到經濟勢力強弱所影響〔註21〕。其中地主階層中除前述所論之官僚地主外，還包括一定數量的鄉村上戶，一般指的是第一等到第三等戶〔註22〕。而本文第二章中所論恩蔭

〔註14〕路育松，〈試論王安石對吏祿的改革〉，《安徽史學》，1999年第二期，頁4。

〔註15〕朱瑞熙，前揭書，頁27。

〔註16〕王曾瑜，《宋朝階級結構》（河北：河北教育出版社，1996年第一版），頁25。

〔註17〕同註16，頁8～15。

〔註18〕非身分性的官僚地主，是宋代地主階級的主體，請參見朱瑞熙，前揭書，頁30。

〔註19〕偏重在數據的整理分析，見陳義彥，前揭書，頁51～53。三世現象的論述，參朱瑞熙，前揭書，頁31～32。

〔註20〕朱瑞熙，前揭書，頁33～35。

〔註21〕蒙思明，前揭書，頁10～11。

〔註22〕朱瑞熙，前揭書，頁38。

制度的推行，則是造成宋政府冗官、冗費問題的主要原因之一，因為蔭補入仕的官員，超過科舉入仕之人許多〔註23〕。另外，宋代官吏貪污行為相當普遍，尤其是北宋末年，徽宗時期社會風氣更為敗壞，對社會的影響很大〔註24〕。這些都是宋代社會結構中顯露的特色與問題。

宋代農民階層身份、地位也有了變化，宋代的客戶一般已經成為農民階級的主要組成部份，即租佃土地的農民專稱〔註25〕。且宋代法律，也開始對客戶的遷移自由權、社會地位作出明確的規範，形成了一種新的主佃關係，即佃僕制度。但從宋代佃客和地主間普遍訂有書面租佃契約，勞役地租明顯減少等考察，宋代佃客的社會地位，和人身依附關係比起唐代的部曲、奴客仍是有所提高和寬鬆的。〔註26〕

宋代工匠的身份地位和唐代時已有所不同，宋代的官營手工業中，官奴婢之類的「賤民」已經消失，代之以從民間招募來的廂軍中的工匠及兵匠〔註27〕。且宋代的官手工業一般不再無償徵調民間工匠服役，而是採取一種新的介於徵調和雇募之間的方式「差雇」〔註28〕，宋代官府在平日將民匠登記在簿籍，遇到需要就按照簿籍而輪流差雇，待遇比唐代的工匠優厚些。〔註29〕

宋代的官方手工業有時也採用「和雇」民匠的方式，而民營手工業則普遍採用這種方式。而雇制的普遍採用，刺激了工匠的生產興趣，也反映工匠的身份地位有所提高〔註30〕。在經濟比較發達的一些地區，還出現了為數眾多的機戶，並且由機戶發展成為機坊。〔註31〕

家內服役者的身份地位也發生了變化，宋代已經不存在將大批罪犯以及罪犯子女籍沒入官為奴的制度。家內服役者主要是受雇佣的勞動者「人力」和「女使」，且宋代人力和女使的身份、地位也比唐代的奴婢要高，但仍存在著奴婢的買賣〔註32〕。宋代部份俠士的出身正是家內服役者，他們的社會地

〔註23〕除本文第二章所論恩蔭問題外，亦可參，苗書梅，前揭書，頁69。朱瑞熙，前揭書，頁37～38。

〔註24〕吳旭霞，〈試論宋代的社會風氣〉，《江西社會科學》，1998年第三期。

〔註25〕朱瑞熙，前揭書，頁42～43。

〔註26〕王曾瑜，前揭書，頁190～208。亦可參，朱瑞熙，前揭書，頁43～49。

〔註27〕朱瑞熙，前揭書，頁49。

〔註28〕《宋史》，卷一八九，《兵三・廂兵》，頁4645～4646。

〔註29〕朱瑞熙，前揭書，頁50～51。

〔註30〕朱瑞熙，前揭書，頁52。亦可參，王曾瑜，前揭書，頁462。

〔註31〕朱瑞熙，前揭書，頁55。

〔註32〕王曾瑜，前揭書，頁504～509。亦可參，朱瑞熙，前揭書，頁57～59。

位與生活狀態，亦值得我們多加探討。〔註33〕

　　宋代新的社會階級結構，是在社會經濟發展的基礎上建立的，經過唐末大亂摧毀舊有階級結構的結果。官僚地主代替了門閥士族，佃客代替了部曲、奴客，和雇匠、差雇匠、兵匠代替了賤民、番匠，人力、女使代替了大部分作為奴隸制度嚴重殘餘的奴婢等〔註34〕。這些變革還逐步深入到社會的其他領域，構成了宋代社會的新變化。

　　宋代以募兵制度為兵源的主要方式。優點是百姓免於兵役之苦，使軍隊專業化與職業化。同時招募饑民與罪犯，成為軍隊的一員，可以消彌其強悍爭亂之風，利於統治〔註35〕，其中也不乏有俠士的加入。但良莠不齊的素質，及龐大的軍隊人數，造成政府龐大的負擔，是北宋積弱、積貧的重要原因之一〔註36〕。因此，宋代雖無大的兵變，但小規模的兵變，卻是連續不斷，進而造成社會的動盪〔註37〕。這是宋代社會結構中的特色，但也是社會中的一大問題。

　　宋代的文武分途也對社會結構造成了影響，武人在政治、社會上的地位，面臨前所未有的貶抑。在強敵虎視，軍隊無力的危急環境中，幸有各地豪強、官吏在保衛鄉土的信念下，組織當地百姓，形成民間自衛武力，有效地禦敵平亂，彌補了正規軍在防禦上的缺失，成為穩定政局及安定社會的力量〔註38〕。而在地方上擔任捕賊任務的還有弓手，弓手原為縣役，除了捕捉盜賊外，還有巡查市場、維持治安的工作，一般從十等戶揀差，服役期有的長達七年以上，屬於民戶的職役性質〔註39〕。故可知弓手、地方軍等都是民

〔註33〕　無論實例中量刑或輕或重，宋代大體以雇主不得私自殺奴、賤奴為原則。參
　　　　　王曾瑜，前揭書，頁524。
〔註34〕　朱瑞熙，前揭書，頁60。
〔註35〕　鍾佳伶，《宋代城市治安的管理與維護》（中國文化大學史學所碩士論文，2001
　　　　　年），頁61。
〔註36〕　鄧廣銘，〈北宋的募兵制度及其與當時積弱積貧和農業生產的關係〉，收錄於
　　　　　鄧廣銘著，《鄧廣銘治史叢稿》（北京：北京中華大學出版社，1997年第一版），
　　　　　頁81～93。
〔註37〕　白鋼主編，朱瑞熙著，《中國政治制度通史——宋代卷》（北京：人民出版社，
　　　　　1996年一版），頁570～572。
〔註38〕　黃寬重，〈中國歷史上武人地位的轉變：以宋代為例〉，收錄於《南宋文獻與
　　　　　軍政探索》（台北：新文豐出版社，1990年台一版），頁387～399。
〔註39〕　見黃繁光，《宋代民戶的職役負擔》，中國文化大學史學研究所博士論文，1980
　　　　　年，頁37～43。雷家宏，〈宋代弓手述論〉，收錄於《晉陽學刊》，1993年，

間武力，皆由招募而來，亦是宋代社會結構中的一大特點之一。〔註40〕

　　藉由上述的探討與觀點，對於我們分析宋俠的社會地位與影響力，有很大的幫助，這也是近年來俠士研究中所欠缺，需要更用心鑽研的一環。

二、俠士與社會流動

　　宋代由於科舉制度與恩蔭的推展，平民入仕機會看似提高，但是這並不代表著社會中已存在著公平〔註41〕。因此，這群以打抱不平、主持公道、鏟奸除惡爲任、狂放不羈的俠士，雖然行徑已不若唐、五代時期豪邁活耀〔註42〕，類型也有所不同〔註43〕，但依舊展現出他們的俠義精神，在各階層成員升降變動漸趨頻繁的宋代社會中，帶給平民百姓正義的憧憬和公平的希望。〔註44〕

　　北宋宰輔出身布衣階層者，佔53%左右，類別則以士人，泛指讀書家庭爲最多，比例超過一半以上，可見士人進入北宋統治階層的機會頗大。另外，陳義彥以盜、俠、兵類型合計，佔北宰輔出身比例達18%左右，說明北宋初，武人步入統治階層的機會仍高，他的探討是合理的〔註45〕。但和本文第二章的俠士概況整理相較，他在俠、盜、兵的分類上觀念卻是模糊的，因爲，實際的俠士比例應該比他統計的還要高些。〔註46〕

頁65～71。

〔註40〕弓手等地方武力，如不給以優待，應募的人就不會踴躍，免納丁稅正是鼓勵的方法。見王德毅，《宋史研究論集》（台北：臺灣商務印書館，1993年修訂版），頁233。

〔註41〕認爲直接受科舉影響的人數很少，甚至對於無家勢背景的平民向上流動，造成潛在、更大的阻力，見李弘祺，《宋代官學教育與科舉》（台北：聯經出版社，1994年初版），頁263。科舉提供士人一種無從捉摸、有時是虛無飄緲的成功希望，見賈志揚，《宋代科舉》（台北：東大圖書公司，1999年初版），頁280。恩蔭探討請參本文第二章之論述。

〔註42〕唐代俠風豪邁研究，請參汪涌豪、陳廣宏，《游俠錄》（台南：笙易文化部，2002年初版），頁53～59；李浩，〈原俠〉，《西北大學學報》，1996年第一期第二十六卷。

〔註43〕本文第二章談論宋俠的類型，以集團型的俠士最突出。論唐代的道俠最突出，見傅錫壬，〈儒俠與道俠〉，收錄於淡江大學中文系主編，《俠與中國文化》（（台北：學生書局，1993年初版））。以遊俠少年與劍俠少年爲唐代俠士代表見，龔鵬程，前揭書，頁92～114。

〔註44〕龍登高，〈略論宋代社會各階層的演變趨勢〉，《中州學報》，1998年第三期，頁119。

〔註45〕陳義彥，前揭書，頁25、28～29。

〔註46〕筆者在第二章以俠的意涵與出身、家世多方面進行之俠士人數統計，與陳義

《宋史》對於北宋初期立國將領的評論值得重視。記載如下：

> 論曰：宋初諸將，率奮自草野，出身戎行，雖盜賊無賴，亦厠其間，
> 與屠狗販繒者何以異哉？及見於用，皆能卓卓自樹，由御之得其道
> 也。〔註47〕

這些出身草莽的宋初將領，是研究北宋初期俠士狀態時不可忽視的。他們和五代戰亂以來的武勇之士受重用有關〔註48〕。這時期裡許多俠士，正是因為宋廷初立，皇帝急需廣增人才而能轉化為將領，進而在階層上有所流動。但在太宗朝「崇文抑武」策略的確立後〔註49〕，這類武勇型俠士轉化為將領的機會相對降低。

本文第三章個案研究中，對於楊業的後代有比較深入的探討，就是試圖探索俠士入仕後，其後代是否受其影響，保持俠義門風，而就此官運亨通。但研究發現，這點似乎不易存在。俠士郭進只有一代，楊業傳三代，王倫以下有記載者也不過兩代，這都突顯出宋代俠士入仕後，要保持官家地位處境的艱難，即使恩蔭浮濫，也不能保證家族世世代代的昌盛。

據陳義彥，「北宋統治階層一代即斷及後代官宦案數統計表」分析，北宋達官貴冑後代官宦而第二代即斷者，佔 68.49%，居三分之二強，至第三代而中斷者，佔 25.18%，兩者合計共佔 93.67%。持續四代者佔 5%，五代或五代以上者僅佔 1.05%，已是鳳毛麟角。若以三代為界，有 94% 的達官貴冑子弟消逝於北宋的統治階層〔註50〕。這和本文第三章對於郭進、楊業、王倫後代的研究，結果是相近的。這現象也可說明，俠士在宋代社會階層中的流動頻繁，和整個宋代的社會結構與狀態有很大的關係。

宋代俠士的出身，有武人、文人、恩蔭等幾種，其中武人出身最為多數，在武人較不受重視的宋代社會中，其仕途與地位，必然有所限制。文人出身者不在少數，則可看出宋代的士大夫與讀書人，關懷鄉里、家國的使命感十分強烈，而產生了文人的俠義行徑。恩蔭入仕在俠士本身及其後代的身上亦

　　彥以《宋史》中有俠字記載者為俠之例證相較，他的蒐集範圍過小，人數無法反映實際之情況。

〔註47〕《宋史》，卷二七五，列傳三十四〈論曰〉，頁 9383。

〔註48〕陳義彥，前揭書，頁 29；亦可參，本文第二章，北宋初期俠士的人數統計與分析，筆者研究指出，北宋初俠士受五代之風影響頗大。

〔註49〕陳峰，《北宋武將群體與相關問題研究》（北京：中華書局，2004 年第一版），頁 266。

〔註50〕陳義彥，前揭書，頁 51～53。

有所見，恩蔭雖提供俠士後代較高的地位，但以第三章中楊業、王倫個案之例探討，卻沒有辦法改變，宋代社會結構中官宦三代即斷的特色。與前述宋代複雜、紊亂的官制、皇權的集中等因素，也有很大的關係。

部份的俠士來自平民階層，他們有些是屠夫、有些是僕人、有些是布衣、有些是賣藝人、有些是讀書人〔註51〕，反映出俠士的平民化現象。他們分散在社會各角落中，官員、平民階層裡都有他們的蹤跡，雖然俠士與社會階層的流動，有一定的關係，但並未因此有自成一獨立階層的現象產生。這些俠士在社會結構與流動中顯露的特點值得重視。

另外，歸正人成為南宋建國與抗敵的主力，對南宋政權的穩固，提供了相當的貢獻。但隨著南歸人數目的增加，漸漸形成南宋政府財政上的負擔，也產生了一些社會問題，引起了大臣的爭執〔註52〕，這個現象也值得關注。本文第二章所論助岳飛抗金的忠義社，到後來的忠義軍，俠士李全的歸宋與反叛等〔註53〕，俠士們的產生與社會的流動和歸正人的現象有很大的關係。最後宋人對他們有所猜疑時，他們由投宋轉蒙，更加速南宋的覆亡。〔註54〕

本節中，我們談論許多相關俠士入仕為官造成的社會流動現象，但究竟是什麼原因，讓入仕之途對宋代俠士產生那麼大的影響。據陳義彥研究，步入官宦，爭取富貴，已成為人民之社會心理，由於這種可欲的價值，內化民心，乃造就社會流動的原動力〔註55〕。陳義彥以名利富貴是人之大欲的角度探討，論述相當貼切。張金鑑說：「政府官吏不但握有絕大之政治權利與經濟利益，且受有社會上極大之尊敬與崇拜，人受顯達欲與支配欲之驅使，遂競欲為政府官吏。」〔註56〕若遇到動蕩的時勢，則必有伸展才能抱負的機會，脫穎而出，步入宦途〔註57〕。這也可證，宋代俠士中入仕者眾的現象，和社會風氣、時代的特色有一定關係是合理的論述。

宋代俠士中渴望入仕的例證不少。如焦繼勳、王倫、劉平等皆是如此。將相關的記載整理如下：

〔註51〕 相關宋代俠士的出身狀態，請參本文第二章，筆者的俠士出身簡表整理。
〔註52〕 黃寬重，《南宋史研究》（台北：新文豐出版公司，1985年台一版），頁216。
〔註53〕 《宋史》，卷四七六，列傳二三五〈李全〉，頁13817～13832。
〔註54〕 同註52，頁216～217。
〔註55〕 陳義彥，前揭書，頁156。
〔註56〕 張金鑑，《中國文官制度史》（台北：中華文化出版事業委員會，1955年初版），頁6。
〔註57〕 陳義彥，前揭書，頁192。

焦繼勳字成績，許州長社人。少讀書有大志，嘗謂人曰：「大丈夫當
立功異域，取萬戶侯。豈能孜孜事筆硯哉？」〔註58〕

劉平字士衡，開封祥符人。父漢凝，從太宗征河東岢嵐、憲州，累
遷崇儀使。平剛直任俠，善弓馬，讀書彊記。進士及第，補無錫尉，
擊賊殺五人。〔註59〕

汴京失守，欽宗御宣德門，都人喧呼不已，倫乘勢徑造御前曰：「臣
能彈壓之。」欽宗解所佩夏國寶劍以賜，倫曰：「臣未有官，豈能彈
壓？」遂自薦其才。欽宗取片紙書曰：「王倫可除兵部侍郎。」倫下
樓，挾惡少數人，傳旨撫定，都人乃息。〔註60〕

這也就是宋代俠士為官者不少的原因，名利富貴，是人之大欲，加上宋代科
舉制度的推展，求功名的風氣更為熾盛，俠士當然受此風氣影響〔註61〕。相
關俠士與經濟、法律的問題較為複雜，我們留待下一節繼續探究。

　　雖然宋代俠士未能獨立為一個階層，但就宋代俠士的出身與家世角度分
析，以入仕方式取得較高階層地位者眾多，出身平民階層者亦不少，階級流
動頻仍〔註62〕。故汪涌豪說，俠士仍會受自己走出來的那個階級、階層的價
值標準或道德理想影響，平民在性情中揉入藐視權貴、反抗官府和劫富濟貧
的強烈意識；若是富豪或權貴，也會多一份養私名求仕進，蓄勢力以建功業
的功利追求，這是相當符合宋代俠士狀態的論述。〔註63〕

　　在宋代複雜的社會階級中，由於君主政治的獨裁，與前述官僚權力的分
散，俠士在政治上並未能擁有強大而足以改變現狀的影響力。但他們的存在，
對於宋廷、不仁不義的貪官與富戶，卻有一定的嚇阻作用。相對於平民百姓，
則提供一個人間正義維護者的形象，帶給他們公平正義的希望，因此，對於
平民百姓生活的影響較大。

〔註58〕《宋史》，卷二六一，列傳二十〈焦繼勳〉，頁9042。

〔註59〕《宋史》，卷三二五，列傳八十四〈劉平〉，頁10499。

〔註60〕《宋史》，卷三七一，列傳一三○〈王倫〉，頁11522。

〔註61〕宋代作官的人可以享受頗多的優待，亦可獲得增進經濟基礎的機會，見陶晉
　　　　生，《宋遼金元史新編》（台北：稻香出版社，2003年初版），頁29。

〔註62〕據筆者於本文第二章統計，以宋代俠士出身分析：武人、文人、恩蔭就有九
　　　　十筆左右的資料，平民約有二十筆，兩者所佔比例都算高，但也可看出俠士
　　　　間階級的落差頗大。

〔註63〕汪涌豪，前揭書，頁33。

第二節　俠士與法治探討

　　《韓非子・五蠹篇》云：「儒以文亂法，俠以武亂禁，而人主兼禮之，此所以亂也。夫離法者罪，而諸先生以文學取；犯罪者誅，而群俠以私劍養。」〔註64〕從早期法家代表韓非談俠所論，不難看出，韓非心目中的俠士，除了是擾亂社會法治的不良份子，更是因爲能暗殺、有武力，而受到君主的禮遇。這也可說是最早的俠士與法治關係，但當時他們的行徑卻得到君王包容。

　　其實，俠士除了春秋戰國時期受到君主的禮遇外，秦始皇統一六國後便已受到了壓制〔註65〕。漢代皇帝則採用強制手段對付遊俠，例如景帝誅豪俠〔註66〕，漢武帝時處郭解族刑〔註67〕，漢昭帝、王莽、漢光武帝時，一樣進行捕殺和打擊，俠士之風轉弱〔註68〕。進入各朝後，朝廷的態度影響俠士行徑很深，俠士之風互有消長，但俠士事蹟卻始終不絕於耳，這種現象令人好奇。〔註69〕

　　因爲，經過千年演變後的宋代，法治、君王、俠士間的關係，在儒、法思想催化下有更複雜的狀態產生，值得以各種角度與層面去觀察與探討。

一、宋代法治特色與問題

　　瞿同祖說：「禮治、法治，只是儒法兩家爲了達到其不同的理想社會秩序所用的不同工具。」此外，他更進一步指出，西漢之後，儒法之爭已消失無形，漸趨於折衷調和〔註70〕。而這波禮、法的調和浪潮，歷經數百年到宋代，也有著不同以往的面貌。因爲，宋代雖是一個內外問題複雜，社會變動頗大的朝代，但這個時期的法律文化，似乎也反應出禮法調和與體時適變的時代特徵〔註71〕，對於社會環境有著一定的影響，與俠士間的關係更不容忽視。

〔註64〕韓非著，傅武光、賴炎元注譯，《新譯韓非子》（台北：三民書局，2003年初版三刷，以下簡稱《韓非子》），卷十九〈五蠹〉，頁720～721。
〔註65〕王齊，前揭書，頁159。
〔註66〕《史記》，卷一二四〈遊俠列傳〉，頁3184。
〔註67〕《史記》，卷一二四〈遊俠列傳〉，頁3185。
〔註68〕王齊，前揭書，頁159。
〔註69〕汪涌豪認爲，朝廷的戒惕和打擊是俠士衰落之因。然而，筆者以爲其論述雖可以解決部分問題，但承平時期俠士依舊存在，就有重新觀察的空間。見汪涌豪，前揭書，頁85～86。
〔註70〕瞿同祖，《中國法律與中國社會》（台北：里仁書局，2000年第初版五刷），頁371，頁408～425。
〔註71〕宋代法制的歷史地位與特徵探討，請參見郭東旭，《宋代法制研究》（河北大

　　本文第三章中談及王倫、陳俞、王寂等俠士，都因特赦而免受責罰，就是一種皇帝恩恤頻仍的例證〔註 72〕，但筆者並未深入論述法律與俠士的關係。因為，俠士與法治的問題還不止於此。如：宋江的受招安，為友復仇的孫立，群盜與張齊賢，為俠鄉里的亡命社等，他們與宋代的法治系統，有著衝突、矛盾等複雜問題存在，值得深入分析。

　　唐末、五代以來，科舉的興起與世族的消失殆盡，社會上已沒有能和皇權分庭抗禮的力量。因此，帝王極易籠絡士人，肆意擺佈〔註 73〕。而宋代皇權上揚侵擾法律規範的普遍現象，卻也衍生出不少值得探討的問題，如恩恤的頻仍就是一例。〔註 74〕

　　《宋會要》中，即有南宋時期，皇帝恩恤的數字記載，可供參考。

　　　嘉泰改元，一、全年天下所上死案共一千八百一十一人，而斷死者

　　　才一百八十一人，餘皆貸放。〔註 75〕

由這段記載數據觀察，我們不難發現，恩恤雖有減輕刑責，期盼罪犯能改過自新的用意存在，但由於數量過大，也產生破壞律法尊嚴的弊端。而這種普遍的恩恤現象，對於俠士活動自然有所影響，下節我們以俠士實例探討。

　　據黃純怡以孝道原因的復讎案件分析，唐代與宋代君主有不同的審理態度，宋代寬免盡孝復讎者的刑罰，此種刑罰的減輕影響對復讎案件的處理〔註 76〕。而這種減刑充滿了儒家的精神，宋代儒、法的調和更可見一般，對於部份俠士之行徑也有所影響。如曹光實因賊殺其家族三百餘口，而誓言雪

學出版社，2000 年第二版），頁 7～8、61。

〔註72〕統計宋代皇帝 321 年間的赦降次數便高達 694 次，可謂十分頻仍，見郭東旭，
　　　　〈論宋代赦降制度〉，收錄于，郭東旭，《宋朝法律史論》（保定：河北大學出
　　　　版社，2001 年第一版），頁 378～380。指出隋唐到宋代恩赦制度的變化在於
　　　　錄囚次數的增加，見黃純怡，《宋代刑法修正之研究》（中興大學歷史所博士
　　　　論文，2003 年 6 月），頁 90～92。

〔註73〕參見邢義田，〈奉天承運——皇帝制度〉，收錄于鄭欽仁編，《立國的宏規》（台
　　　　北：聯經出版社，2000 年初版十刷），頁 67。

〔註74〕皇帝的恩恤自然是拉攏人心的一種制度，有其現實性存在，這和皇權的絕對
　　　　性與完全性有關，是皇帝統治的基本特質與終極要求，見劉靜貞，《北宋前期
　　　　皇帝和他們的權力》（台北：稻香出版社，1996 年初版），頁 4～5。但筆者以
　　　　為恩恤若過於頻繁，法制因此被破壞後，將造成官員執法上的困境，與社會
　　　　秩序的混亂。

〔註75〕《宋會要輯稿》，（台北：新文豐出版社，1976 年，以下簡稱《宋會要》，本文
　　　　引用皆同此版本），刑法六之四十四，嘉泰二年 11 月 11 日條，頁 6701 下。

〔註76〕孝道復讎刑法之研究，請參黃純怡，前揭書，頁 97～109。

恥，並盡除賊人即是一例〔註77〕，當時輿論並未有任何的責難記載。

　　兩宋的立法大致可分為三階段：第一階段，北宋初年至北宋中期。《宋刑統》是主要的依據。第二階段，從神宗朝至北宋末年。這一時期，《宋刑統》仍具法律效力，但存在著嚴重的以敕破律，以御筆、指揮破律的問題。第三階段，整個南宋。這時期朝廷立法精神主要在緩和社會的對立和不安，注意寬緩刑罰，注重獄事，同時注意清理民訟，預防社會的動盪不安〔註78〕。熟悉宋代的立法分期有其必要性，因為律法對於俠士活動有一定程度的影響。

　　另外，《宋刑統》中，各項律條對變亂亦作出種種防範和鎮壓的規定，如嚴禁民間私有武器，嚴禁「傳習妖教」〔註79〕，但真宗朝大中降符年間，卻有妖人谷隱等妖言惑眾，而獲皇帝寬恕之記載。所記如下：

> 特從寬宥，咸許自新，其谷隱下弟子，除係禁勘別行指揮外，其餘
> 干連人並放。〔註80〕

《宋刑統》對妖教規定嚴格，此段記載，也是皇帝恩恤侵擾律法的例證。

　　對於謀反、謀大逆、謀叛等罪，判刑都比前代加重，或斬、腰斬、棄市，或凌遲處死，家人流放數千里等〔註81〕。法條規範雖嚴格，但是，宋太宗以後變亂起義之事仍此起彼落，連綿不斷〔註82〕。由上述所論可知，宋代律法和現實的社會狀態，似乎存在著不小的落差與問題。

　　《宋刑統》中部份的法律條文雖嚴苛，但不乏具有宋代特有人性、從寬，儒、法調和的律令，以下列舉兩條記載說明。

> 諸因盜而過失殺人者，以鬥殺傷論。致死者，加役流。其共盜，臨
> 時有殺傷者，以強盜論。同行人不知殺傷情者，止依竊盜法。〔註83〕

〔註77〕《宋史》，卷二七二〈曹光實〉，頁9314～9315。載曹光實復仇之舉，並得王全斌之支持。

〔註78〕兩宋立法論述見，趙曉耕，《宋代法制研究》（中國政法大學出版社，1994年第一版），頁10～15。

〔註79〕竇儀撰，《宋刑統》（台北：仁愛書局，1985年第一版，以下引用《宋刑統》資料，皆同此版本），卷十八〈賊盜律〉，造祅書祅言條，頁289～290。周密，《宋代刑法史》（北京：法律出版社，2002年第一版），頁261～262。關於遭祅書祅言者得絞罪之論述。

〔註80〕《宋會要》，刑法六之十，大中祥符八年5月25日，頁6684下。

〔註81〕《宋刑統》，卷十七〈賊盜律〉，謀反叛逆條，頁268。

〔註82〕據筆者整理《宋史》相關變亂資料，發現宋太宗後，十分頻仍。而整理北宋至南宋盜賊及處置史料並製表說明詳盡者，可參黃純怡，前揭書，頁166～181。

〔註83〕《宋刑統》，卷二十〈賊盜律〉，因盜殺傷人條，頁311。

> 諸年七十以上、十五以下及廢疾，犯流罪以下收贖。八十以上、十
> 歲以下及篤疾，犯反、逆、殺人應死者上請，盜及傷人者亦收贖，
> 餘皆勿論。九十以上，七歲以下雖有死罪不加刑。即有人教令，坐
> 其教令者，若有贓應備，受贓者備之。〔註84〕

這些條文都是符合人性觀感的律條，且可見宋代法律中保有的適時、合情、合理和寬恕精神，研究者不能加以否定。

據郭東旭《宋代法制研究》所提，宋代法律特點可分爲：（一）以敕代律是立法上的重大變化。（二）自立刑制、重典治民是刑法上的重要特徵。（三）扭轉財政困難是經濟法的任務。（四）保護私有權是民法的核心內容。（五）重視證據。（六）律學和訟學的發展等觀點〔註85〕。這些觀點中自立刑制、重典治民、重視證據等，值得於研究俠士、朝廷、法治問題時細加檢討。

宋仁宗嘉祐（1056～1063）年間所立的「重法地分」，劃京城開封府諸縣爲重法地，在重法地內犯罪的，加判重刑。從此量刑始有「重法地分」和「非重法地分」之別〔註86〕，其後神宗、英宗、哲宗朝更有不斷擴張的趨勢。〔註87〕

范祖禹在〈上哲宗乞除盜賊重法〉中提到重法地分的相關問題：

> 自行法以來二十餘年，不聞盜賊衰止，但聞其愈多耳。古者開衣食
> 之源，立教化之官，先之以節儉，示之以敦樸，有邪僻之民然後從
> 之以刑，豈有不治其本，專禁其末。……惟陛下無以教化爲不急，
> 無以峻法爲足恃，則民皆可使爲善矣。〔註88〕

由范祖禹所言，可知重法地分，仍未解決盜賊的問題，情況有惡化的跡象。且一般士人的希望是，由官員對民眾的教化，來解決盜賊問題效過較佳，而不是一味的依靠重法地分的實行。

另就筆者於本文第二章的整理觀察，東京開封府週邊的俠士活動是北宋地區裡最多的，且這時期的俠士人數，也沒有減少的趨勢，「重法地分」的執

〔註84〕《宋刑統》，卷四〈名例律〉，老幼疾及婦人犯罪條，頁56。
〔註85〕同註71，頁8～13。
〔註86〕同註71，頁175。黃純怡，前揭書，頁25～127。重法地分之研究。
〔註87〕重法地分擴張之研究見，李用兵，《中國古代法制史話》（北京：商務印書館，1996年）；重法地分之分布整理，請參黃純怡，前揭書，頁140～143。
〔註88〕趙汝愚，北京大學中國中古史研究中心點校整理，《宋朝諸臣奏議》（上海：上海古籍出版社，1999年第一版，以下引用《宋朝諸臣奏議》資料，皆同此版本），頁1642。

行，對於俠士的影響似乎不大。

此外，英宗時伴隨「賊盜重法」的推行〔註 89〕，則使宋代法律與俠士的
關係更加複雜化。據本文中表 2-1「宋代俠士活動時期表」整理，南宋時期俠
士的人數卻不多，當是宋人在這時期，對盜賊與俠士的判斷少了區隔，或者
是朝廷刻意將兩者混而爲一處理，因爲，對宋廷而言；俠士與盜匪是沒有區
別的，這個論述值得重視。〔註 90〕

宋代城市因應廂房制的實施，在治安的維持上，除了縣尉之外，又增加
了廂官、廂吏、廂巡檢，並設置軍巡鋪，其功能類似今日之警察局，藉此維
護城市的治安〔註 91〕。在捕盜方面，宋代尚有以弓手捕盜的政策推行，這都
可以看出宋廷對防治內亂所下的功夫。

宋廷的盜賊重法、捕捉政策雖嚴密，但在宋代社會中，並非所有的盜賊
都會被消滅，反而有朝廷招安、赦免而入仕、軍事鎮壓等幾種處置手法〔註
92〕。然而這些措施依然解決不了盜賊的問題，到了南宋時，盜賊案依舊頻仍。
據黃寬重之研究，在南宋可考的三十八位鎮撫使中，就有十一位爲盜賊出
身〔註 93〕，但這也是迫於現實局勢下不得不的措施，因爲宋廷需要這些武裝
力量的捍衛〔註 94〕。這更意味，朝廷招安政策和「賊盜重法」實行間的矛盾
現象，一直存在著〔註 95〕。這對處理盜俠類型的宋俠，是很重要的研究參考。

〔註 89〕 同註 71，頁 159～184。賊盜重法與朝廷關係之研究。
〔註 90〕 同註 71，頁 171。郭東旭認爲「賊盜」，乃宋廷誣稱人民反抗的代名詞。倉修
良主編，《中國史學名著評價》（台北：里仁書局，1994 年），第二卷，頁 972，
則提出《宋史》中，對於階級抗爭與武裝反抗，抱著極其敵視的態度，一概
斥之爲「寇」、「盜」。據本文第二章整理，宋代俠士中有一部份爲俠盜，但並
非全部。宋廷如何處置這些反抗的俠士，除採用已有的律法外，郭東旭的推
論當屬合理。
〔註 91〕 鍾佳伶，前揭書，頁 2。
〔註 92〕 同註 71，頁 178～184。相關宋廷處置賊盜之態度與手段論述。關於南宋軍事
鎮壓部隊研究，有廣東摧鋒軍、福建左翼軍、湖南飛虎軍等三支地方軍，請
參黃寬重，《南宋地方武力——地方軍與自衛武力的探討》（台北：東大出版
社，2002 年初版），頁 7～8。
〔註 93〕 同註 71，黃寬重書，〈宋廷對民間自衛武力的利用與控制——以鎮撫使爲例之
研究〉，頁 165。
〔註 94〕 這群受招撫的武裝團體包涵：盜賊、潰卒、勤王之師、官吏、土豪等互不相
屬。同註 87 黃寬重書，頁 331～332。
〔註 95〕 除十一位盜賊出身鎮撫使外，北宋名將高瓊、南宋初名將張俊皆出身盜賊可
供查照。見《宋史》，卷二八九〈高瓊傳〉，頁 9691～9694；《宋史》，卷三六
九〈張俊傳〉，頁 11469～11476。

據黃純怡研究，宋代律法呈現出：（一）皇權的提高。（二）宋代不編制新法典，以敕補律文不足，造成詔令混亂。（三）重中央輕地方的特色，地方治安不佳，只好藉由收編盜賊爲兵，招安盜賊爲將來處置這幾種現象與問題。〔註96〕

郭東旭提到，宋代法律雖豐富且多創新，然仍有不少弊端，阻礙了宋朝實現其法律效能：（一）制法與執法之間的矛盾。（二）頻赦與法制之間的衝突，宋朝統治者自壞其法。（三）「喜爭好訟」對「無訟」的挑戰。〔註97〕

而宋廷在防盜上，採取「賊盜重法」與「招安政策」並行，即可看出其矛盾。就俠士活動的角度而言，也由於這些法律缺失的存在，行俠事蹟違法後，藉由特赦、招安等機會回歸正常生活的機會頗高，影響可謂極大。

綜合前人的研究，可知宋代的法律是周密、進步的，且在刑法上有重典懲治的傾向。但也有隨皇權提升自壞其法的的現象產生，如以敕代律、地方治安不佳時的招安、赦免入仕等，都是造成律法和實行間落差極大的原因，這些探討對於研究宋代俠士的活動方式與風格有很大的助益。

二、俠士、朝廷、法律

（一）恩恤與招安

從上述法律問題的探討中，我們不難體悟，在嚴酷的刑法與重儒學的風氣下，宋代俠士的生存空間相對被壓縮不少，但他們的蹤跡並沒有就此消失〔註98〕，他們因社會的不安，刑制重典化，繁重賦稅，差役，律法弊端等問題而存在著，並以不同的面貌展現屬於這個時代的俠義精神。

北宋末南宋初年，是本文研究中俠士數量最多的時期，這段期間，赦免與招安的狀況也最爲特殊。以俠義之士宗澤其所上之勤王奏論，即可清楚解析這時期對於盜賊問題的處理情況。所記如下：

> 山東盜起，執政謂其多以義師爲名，請下令止勤王。澤疏曰：「自敵
> 圍京城，忠義之士憤懣爭奮，廣之東西、湖之南北、福建、江、淮，
> 越數千里，爭先勤王。當時大臣無遠識大略，不能撫而用之，使之
> 饑餓困窮，弱者塡溝壑，強者爲盜賊。此非勤王者之罪，乃一時措

〔註96〕黃純怡，前揭書，頁260。
〔註97〕同註72，郭東旭書，頁22～25。
〔註98〕與筆者一樣肯定宋代俠士存在的研究，見汪涌豪，前揭書，頁136。

置乖謬所致耳。今河東、西不從敵國而保山砦者，不知其幾；諸處
節義之夫，自黥其面而爭先救駕者，復不知其幾。此詔一出，臣恐
草澤之士一旦解體，倉卒有急，誰復有願忠效義之心哉。」〔註99〕
這段期間，是宋代俠士數量最多的一段，各地的賊盜與俠士，因此成為義軍、
義師，這與皇帝的赦免與招安政策有很大的關係。

　　高宗朝初期，政局仍不安穩，高宗對於盜賊的政策也不一貫，採不同的
方式應對。例如對范汝為、楊么兩盜賊集團，就以重兵誅討，多加殺戮，對
於其他的盜賊，則多姑息、施恩、授之以官〔註100〕。宋廷的策略是，為鞏
固政權，除聲勢浩大之盜賊外，其他小集團多採招安、赦免，盼他們能為朝
廷所用、為朝廷賣命。

　　其實，當時南宋朝臣對招安是有檢討聲浪的，如陳與義認為「招安討殺，
不可偏廢，以重兵臨之而後招，則賊可得也。」即是一例〔註101〕。因此，紹
興十七年（1147）後，高宗轉變態度屢次頒布不得招安的詔令，可見當時政權
已回穩，對待盜賊問題，也就能以常態處理〔註102〕。孝宗後，對於盜賊法較
為嚴格，加強「嚴盜賊法」的推動〔註103〕，並強化賞罰捕賊之功〔註104〕，不
難看出盜賊問題的嚴重。本文第二章中，整理現存的南宋時期俠士資料較少，
應與朝廷採嚴屬捉捕盜賊的政策有很大的關係。綜合上述的討論與分析，部
份俠士活動受宋廷的政策與態度影響很大，且除了皇帝本身的恩恤態度外，
外在環境因素的變化亦是不能低估的。

　　以王倫為例，即可明白在宋代社會中，許多俠士行徑是難被法律所接受
的。王倫俠蹟記載如下：

　　王倫字正道，莘縣人，文正公旦弟勗玄孫也。家貧無行，為任俠，
　　往來京、洛間，數犯法，幸免。汴京失守，欽宗御宣德門，都人喧
　　呼不已，倫乘勢徑造御前曰……倫下樓，挾惡少數人，傳旨撫定，

〔註99〕《宋史》，卷三六○〈宗澤傳〉，頁 11282～11283。
〔註100〕王世宗，《南宋高宗朝變亂之研究》（台北：臺灣大學歷史所碩士論文，1987
　　　　年），頁 123。
〔註101〕李心傳，《建年以來繫年要錄》（北京：中華書局，1985 年新一版，以下引用
　　　　《建年以來繫年要錄》皆同此版本），卷一一五，紹興七年 10 月癸卯條，頁
　　　　1862。
〔註102〕黃純怡，前揭書，頁 161。
〔註103〕《宋史》，卷三十四〈孝宗本紀〉，乾道四年 11 月甲戌，頁 644。
〔註104〕《宋會要》，兵志十三之二十七，乾道五年 12 月 10 日，頁 6967 上。

都人乃息。〔註105〕

王倫任俠，犯法卻得以免罪，是十分有趣的問題，這明顯和宋代之嚴密律法相牴觸。李貴錄認為，王倫乃王旦的三槐王氏家族後代故得免〔註106〕，筆者則認為前述宋代皇帝特赦頻仍之因亦不能排除。後來金人南侵，欽宗逃至宣德門，東京人民喧呼起哄，使欽宗寸步難行。王倫趁此機會平亂入仕途，這樣的出身，和朝廷所謂的「招安入仕」政策，又有著異曲同工之妙。

另以元達之俠蹟探討，可知部份俠士活動，似乎不為鄉里所喜。

> 元達，初名守旻，洺州雞澤人。身長八尺餘，負膂力，善射。家業
> 農，不任作苦，委耒耜，慨歎而去之。事任俠，縱酒。嘗醉，見道
> 旁槐樹，拔劍斬之，樹立斷，達私喜曰：「吾聞李將軍射石虎飲羽，
> 今樹為我斷，豈神助歟？」嘗從少年數十百人欲起為盜，里中父老
> 交戒之，乃止。時郡以戶籍調役，達當送徒闕下，行數舍，乃悉縱
> 之，曰：「吾觀汝曹，亦丈夫也，豈樂為是哉？可善自為計，吾亦從
> 此逝矣！」已而郡遣追捕，至則達援弓引滿待之，追者不敢近。由
> 是亡命山林間，為鄉里患。〔註107〕

從元達的俠蹟，可看出，為俠者不喜農事，不事生產的情況，甚至還想起而為盜，幸好里中的人勸導後，他才肯放棄這種行動，否則事起時，必定又是件違法；讓官府、朝廷頭痛的變亂事件。而亡命山林之經過，除可解讀為俠士對法令的不滿抗法拒捕，與朝廷的衝突外。筆者以為這更可印證，宋代役法問題之嚴重，並留待下一節與經濟的關係中討論。

《宋史》中對於俠士陳亮遭大獄之際遇，卻又能無罪豁免亦有所載。

> 書既上，帝欲官之，亮笑曰：「吾欲為社稷開數百年之基，寧用以博
> 一官乎！」亟渡江而歸。日落魄醉酒，與邑之狂士飲，醉中戲為大
> 言，言涉犯上。一士欲中亮，以其事首刑部。侍郎何澹嘗為考試官，
> 黜亮，亮不平，語數侵澹，澹聞而嗛之，即繳狀以聞。事下大理，
> 笞掠亮無完膚，誣服為不軌。事聞，孝宗知為亮，嘗陰遣左右廉知
> 其事。及奏入取旨，帝曰：「秀才醉後妄言，何罪之有！」劃其牘于
> 地，亮遂得免。居無何，亮家僮殺人于境，適被殺者嘗辱亮父次尹，

〔註105〕《宋史》，卷三七一，列傳一三○〈王倫〉，頁 11522。

〔註106〕李貴錄認為王倫犯法卻免罪，乃三槐王氏家族後代之故，請參李貴錄，《北宋
三槐王氏家族研究》（濟南：齊魯書社，2004 年一版），頁 173。

〔註107〕《宋史》，卷二七五，列傳三十四〈元達〉，頁 9373。

> 其家疑事由亮。聞于官，笞榜僮，死而復蘇者數，不服。又囚亮父
> 于州獄。而屬臺官論亮情重，下大理。時丞相淮知帝欲生亮，而辛
> 棄疾、羅點素高亮才，援之尤力，復得不死。亮自以豪俠屢遭大獄，
> 歸家益屬志讀書，所學益博。〔註108〕

俠士陳亮因生性豪邁，屢遭陷害入獄，能得皇帝之恩赦，這番的際遇也算是
奇特，辛棄疾等官員的力保，也有很大的影響。若是一般尋常百姓，則必死
於獄中無疑，所以皇帝對俠士陳亮的恩赦，當是陳亮得活的主因。

　　陳俞的豪俠行徑，也和法律產生衝突，幸有皇帝的大赦，否則難以轉化，
可知俠士行事衝動，與律法始終難以擺脫關係。記載如下：

> 陳俞，字信仲，臨川人，豪俠好義。……又嘗適縣，遇凶人凌弱者，
> 氣蓋一市，爲之不平，運拳摑之死而遁，會建炎初元大赦獲免。後
> 累舉恩得縉雲主簿以卒，終身不娶妻妾，亦奇士也。〔註109〕

此外，犯法的王倫、元達、陳俞、陳亮等幾位俠士，其後皆能入仕爲官，除
可呼應前段宋代皇帝恩恤情形普遍的探討外，恩赦過繁，造成的社會問題亦
不能輕忽。

　　王寂入綠林的俠蹟記載，存在著與法治間的矛盾問題，值得討論：

> 大宋王寂，汾洲邑人也。不忘然諾，尤重信義。里人云：『得千金不
> 如寂之一諾。』其爲鄉閭信重如此。一日，有邑尉證田訟，入邑前
> 道，吏趨門傳呼甚肅。……吏責其慢，遂侵辱寂。寂怒……乃就斬
> 尉，並害其胥保十數人，死傷潰道，血流染足。聚而言曰：『尉不法
> 辱人，不殺之，無以立勇。今吾罪在不宥，吾將入溪谷以延朝夕之
> 命。』……白晝殺人，官吏引避……久之屬章聖上仙，一切無道得
> 從自新，寂聞陰喜，……率眾皆出，有司繫之，請命於朝。朝宿聞
> 其名，得赴闕；許自陳其藝，欲以一官榮之。〔註110〕

王寂殺吏尉、聚眾爲俠盜，理應判刑。但卻存在著他願受招安之事，突顯出
招安問題的普遍性，更是皇帝以赦破律的例證。前述宋代胥吏貪污已成風氣，

〔註108〕《宋史》，卷四三六，列傳一九五〈陳亮〉，頁 12940～12941。

〔註109〕洪邁，《夷堅志》，補卷二。

〔註110〕劉斧，《青瑣高議》，收錄於，上海古籍出版社主編，《宋元筆記小說大觀一》
　　　　　（上海：上海古籍出版社，2001 年初版，本文以下引用《青瑣高議》資料，
　　　　　皆同此版本），前集，卷之四〈王寂傳〉，頁 1037～1038。盜俠王寂受招安之
　　　　　記載。

對宋代社會是一種公害，王寂將胥吏等十數人殺除，憑仗的理由就是他們所爲乃諸多不法。王寂以非常手段滅除胥吏，自知難爲律法所容，因此便聚集所屬集團爲盜山林。

王寂集團和法治產生衝突，難爲宋代社會律法所容許，但王寂最後卻得以接受宋廷的招安，這問題值得深究。宋廷的招安政策，王寂的俠盜集團意向，北宋中期的局勢，似乎都是構成這件事蹟的重要因素。

研究宋江俠蹟，則可以明白，集團型俠士行徑與法律衝突的嚴重性。

> 宋江起河朔，轉略十郡，官軍莫敢攖其鋒。聲音將至，叔夜使間者覘所向，賊徑趨海瀕，劫鉅舟十餘載所獲。於是募死士得千人，設伏近城，而出輕兵距海，誘之戰。……，擒其副賊，江乃降。〔註111〕

宋江聚眾和朝廷、法律對抗的記載，足以說明俠士行徑和法治間的衝突與不相容，但卻廣爲民眾所宣揚，對於南宋社會風氣的影響較大。

宋江三十六人聚義梁山，史實中確有所載，宋江爲人勇悍狂俠也確有口碑〔註112〕。其實，關於《大宋宣和遺事》中敘宋江等三十六人受招安一事〔註113〕，可以討論的層面不少，除招安是前述宋廷顧及內外局勢所採的的策略外，也是俠士濟世救困之心；被宋廷利用的典型。

《宋史》對於宋江率領的俠士集團，有段官員的奏論記載，可供探討。

> 宋江寇京東，蒙上書，言宋江以三十六人橫行齊魏，官軍數萬，無敢抗者，不若赦江，使討方臘以自贖。〔註114〕

《大宋宣和遺事》明確反映出宋江等人的俠蹟。但從《宋史》記載的宋江俠蹟，我們不難窺見以俠治俠、以俠治盜的策略，在宋代已有所運用〔註115〕。宋江三十六人之事，除了與招安政策有關外，如本文第三章宋江個案探討中所論，整個北宋末南宋初的局勢，也是宋江等人事蹟流傳的另一主要原因。這也突顯出，律法的實施和大環境之間，是存在著差異與複雜關係的。

由宋江、王寂俠蹟可知，宋代的法治和律法規範是有差距的，有著濃厚

〔註111〕《宋史》，卷三五三，列傳一一二〈張叔夜〉，頁11141。

〔註112〕宋江性格描繪見，佚名，《大宋宣和遺事》收錄於，《宋代筆記小說》（石家莊市：河北教育出版社，1995年第一版，以下引用《大宋宣和遺事》，皆同此版本），頁490～492；周密，《癸辛雜識》（北京：中華書局，1997年），續集上〈宋江三十六贊〉，頁145。

〔註113〕《大宋宣和遺事》，卷上〈張叔夜招宋江三十六將降〉，頁493。

〔註114〕《宋史》卷三五一，列傳一一○〈侯蒙〉，頁11114。

〔註115〕王齊，前揭書，頁176。

的環境影響律法現象存在。另亦可以本節筆者所論宋代法律有著體時適變的精神，及皇帝恩赦頻仍的特點，來解釋宋代的律法規範與實施間的落差。關於俠士與賊盜的懲治，因皇帝的恩恤，與對於聲勢浩大的盜賊，採招安、賜官加以籠絡，使他們心存僥倖，對消弭盜賊並無實效。而地方上縣尉、弓手等職役效果不佳，也是部份俠士與盜賊問題無法解決的原因。

　　且不論日後李全的叛宋降蒙原因〔註116〕，俠士李全對南宋朝廷的影響頗大，值得分析、討論。李全的一生變化多端，原為淄州農家子弟〔註117〕，後以販牛馬為業，但由於個性豪邁，任俠好義，結交不少朋友，結黨橫行，善鐵槍而雄霸一方〔註118〕。《宋史・賈涉傳》中就提到，李全「能輕財與眾共甘苦，故下樂為之用」〔註119〕，他的俠士風範，是其集團與聲勢能成為南宋時期一股重要地方武力的原因之一。

　　嘉定十一年（1217）一月，宋廷公開接納李全，命其為京東路總管〔註120〕，李全正式歸宋。而這時李全能成為南歸的抗金義軍首領，可見當時宋廷對這位義軍豪俠是相當包容的，而這種俠士與朝廷的關係，更是不能以一般律法進行分析的。因為，當國家局勢需要俠士豪傑相助時，朝廷的包容度往往會超越俠士違法犯禁的處置，這種現象在宋代社會裡屢見不鮮。

（二）律法下的俠士行徑

　　俠士王延範因謀反之罪，北宋朝廷將其斬殺於廣州市，並收沒其家，是俠士行徑違法還是私慾導致的結果值得討論。

> 王延範，江陵人。形貌奇偉，喜任俠，家富於財。……太平興國九
> 年，為廣南轉運使，性豪率尚氣，尤好術數。……延範日夕與掌市
> 舶陸坦議欲發兵，會坦代歸，延範寓書左拾遺韋務昇為隱語，偵朝
> 廷機事。延範奴視僚屬，峻刑多怨。會懷勇小將張霸給使轉運司，
> 延範因事杖之，霸知延範與知廣州徐休復不協，詣休復告延範將謀

〔註116〕同註92，黃寬重書，頁289～293。黃寬重所論，李全叛宋是種經濟利益的考量。
〔註117〕《宋史》，卷四七六，列傳二三五〈李全〉，頁13817。
〔註118〕周密，《東野齊語》，收錄於《宋元筆記小說大觀五》（上海：上海古籍出版社，2001年初版，本文以下引用《齊東野語》資料，皆同此版本），卷九，頁5535～5536。
〔註119〕《宋史》，卷四○三，列傳一六二〈賈涉〉，頁12208。
〔註120〕《宋史》，卷四十，本紀四十〈寧宗四〉，頁769。

不軌及諸不法事。休復馳奏之。……太宗遣高品閻承翰乘傳，會轉
運副使李琯暨休復雜治延範，具伏。與昂、辨、坦俱斬廣州市，籍
沒延範家……。〔註121〕

俠士爲宋廷所斬殺而有明確記載者，大概只有王延範。其實，宋代俠士與朝
廷對抗的例子不少〔註122〕，其他幾位俠士，卻有被招安或受重用的際遇，這
當與所處北宋初年時期之法治狀態，和王延範爲朝廷命官，而有私心反叛之
意圖，朝廷對此難以容忍有關。再者由王延範被斬之例，可以看出，有些俠
士並非一生都守著俠義宗旨的，這種俠士生命歷程的轉變值得重視。〔註123〕

李穀俠蹟，在法治層面亦有探討之地。記載如下：

李穀字惟珍，潁州汝陰人。身長八尺，容貌魁偉。少勇力善射，以
任俠爲事，頗爲鄉人所困，發憤從學，所覽如宿習。年二十七，舉
進士，連辟華、泰二州從事。……穀爲人厚重剛毅，深沉有城府，
雅善談論，議政事能近取譬，言多詣理，辭氣明暢，人主爲之聳聽。
人有難必救，有恩必報。好汲引寒士，多至顯位。〔註124〕

由李穀和元達的行徑令鄉里之人困擾，可知部份俠士所爲，已造成社會困擾
或負面觀感。究竟是哪些事蹟令人困擾，則當與所爲違法犯禁有關。但若以
李穀入仕後，能有難必救，有恩必報，照顧貧寒之士記載而言，轉化爲官後
的俠士，不再與法治有所衝突，對宋代社會秩序、法治都是正面的鼓舞。

孫立爲友王實報父仇，殺張本而觸法之俠蹟亦值得討論。記載如下：

他日，立登張本門，呼本出，語之曰：「子恃富而淫良人家婦，豈有
爲人而蹈禽獸之事乎？吾今便以刀刺汝腹中以殺子，此懦弱者所
爲，非壯士也。今吾與子角勝，力窮而不能心服者，乃殺之，不則
便殺子矣。」……，立斷其頸，破胸取其心，以祭實父墓。乃投刃
就公府自陳。〔註125〕

〔註121〕《宋史》，卷二八〇〈王延範〉，頁9510～9511。
〔註122〕除本文第三章所提：宋江三十六人、王寂等人外，後受太宗重用的元達，也
　　　　是一個對抗官府的個案，可參《宋史》，卷二七五，列傳三十四〈元達〉，頁
　　　　9373～9374。
〔註123〕除筆者所提的俠士生命歷程轉變說外，亦可參鄭春元，前揭書，頁 245。鄭
　　　　春元認爲，當俠義精神因種種原因消失後，俠士就會出現改節、蛻變走向各
　　　　種結局。
〔註124〕《宋史》，卷二六二，列傳二十一〈李穀〉，頁9501、9055。
〔註125〕《青瑣高議》，前集，卷之四〈王實傳〉，頁1039～1040。

置個人生死於度外，是俠士孫立的節操，但俠行違法卻能主動投案，更能彰顯部份宋代俠士是重視法治觀念與概念的。

孫立在官府裡的談話則展現出，守法赴義的俠義胸襟。所記如下：

> 太守視其讞，惻然。立曰：「殺人立也，固甘死，願不旁其枝，即立死何恨焉。」本之子告公府曰：「殺父非立本心，受教於實。」太守曰：「罪已本死，何及他人也。」……立就誅，太守登樓望之，觀者多揮涕。〔註126〕

孫立爲友復仇，並願意遵守法律，犧牲生命之俠徑，在俠士與朝廷關係中是特殊的，卻符合宋代嚴酷之刑法規定。這也可反應，宋代部份俠士的守法精神是存在的，而非一味的抗法，對於律法不屑一顧。〔註127〕

宋代中的刺客型俠士亦值得討論，雖然並非所有的刺客都是俠士，但這類型的俠士事蹟仍值得重視。如：秀州刺客的不殺張浚，亦不受張浚留用〔註128〕。取《宋史》所記，施全捨命除秦檜的事蹟，則更令人動容。記載如下：

> 二十年正月，檜趨朝，殿司小校施全刺檜不中，磔于市。〔註129〕

秀州刺客、施全意圖殺害宋廷官員，是違反宋代謀殺律法的。將《宋刑統》相關謀殺條文整理如下：

> 諸謀殺制使，若本屬府主、刺史、縣令，及吏卒謀殺本部五品以上官長者，流二千里。以傷者絞，已殺者斬。〔註130〕
> 諸謀殺人者徒三年，以傷者絞，已殺者斬，從而加功者絞，不加功者流三千里。造意者雖不行，仍爲首。即從者不行，減刑者一等。〔註131〕

宋代有七種具體殺人罪名，是依殺人的行爲與目的不同所定，謀殺只是其中

〔註126〕《青瑣高議》，前集，卷之四〈王實傳〉，頁1040～1041。

〔註127〕筆者於本文的第二章的分析中，將宋俠分爲個人與集團部份，雖然集團式的俠士，違紀犯法者爲多，但個人風格式的俠士，則遵守宋代律法者居多，政治色彩亦不濃厚，宋俠行俠時能顧及法律層面問題者不在少數。

〔註128〕羅大經，《鶴林玉露》，收於《宋元筆記小說大觀四》（上海：上海古籍出版社，2001年，本文以下引用《鶴林玉露》資料，皆同此版本），卷三〈秀州刺客〉，頁5184～5185。《宋史》，卷三六一〈張浚傳〉，頁11299～11300。

〔註129〕《宋史》，卷三十〈高宗趙構七〉，頁571；又見《宋史》，卷四七三〈秦檜傳〉，頁13761。

〔註130〕《宋刑統》，卷十七〈謀殺〉，頁273。

〔註131〕《宋刑統》，卷十七〈謀殺〉，頁275。

一種〔註132〕。而行為人與被害人的關係，是上述謀殺罪分立的原因，其中指使者入首罪，是很進步的律法概念。

秀州刺客與施全兩位俠士的俠蹟，若以律法論當流放或斬殺。其中，施全的俠蹟是感人的，但最後也只落得受刑壯烈成仁的命運，秦檜是否介入此案之審理，或一切皆依律法而判，亦令人好奇。

南宋時期，孫益的俠蹟表現，和社會律法、環境、內外局勢的變化，也有很大的關係。記載如下：

> 孫益，揚州泰興人。少豪俠。紹定中，李全犯揚州，游騎薄泰興城下，縣令王燏募人守禦，益起從之。俄賊兵大至，益率眾拒之。眾見賊勢盛，且前且卻，益厲聲呼曰：「王令君募我來，將以守護城邑也。今賊至城下，我輩不為一死，復何面目見令君乎？」遂身先赴敵，死之。〔註133〕

由本章前節所論，可知宋代除盜賊情況之嚴重外，宋廷廣募武勇之士捉殺盜賊也有實行的風氣，孫益的俠義精神也可謂因防禦盜賊而得以發揮。

宋廷募人捉賊的條文記載如下：

> 康定元年十月三日，詔諸處疆惡賊有未獲者，委流內銓、三班院出榜募人捉殺。許于中書、樞密院投狀，如能巧設方略，親行鬥殺有勞，當超資酬獎。〔註134〕

透過上述條文可知，北宋時，已有官員捉賊的律法實行。南宋建炎年間，則在「諸路創添武臣提刑一員，專管捉殺」〔註135〕。而宋廷在於應付盜賊問題上，是採取多種手段並行的。

部份俠士，礙於法治壓力，開始私下的行俠仗義活動。如張詠（張乖崖），是北宋朝廷中的高級官員，但其年少時私下的行俠義舉，仍有所載。

> 詠剛方自任，為治尚嚴猛，嘗有小吏忤詠，詠械其頸。吏恚曰：「非斬某，此枷終不脫。」詠怒其悖，即斬之。少學擊劍，慷慨好大言，樂為奇節。有士人遊宦遠郡，為僕夫所持，且欲得其女為妻，士人者不能制。詠遇於傳舍，知其事，即陽假此僕為馭，單騎出近郊，

〔註132〕同註71，頁142～143。郭東旭認為，宋代殺人罪稱七殺，除謀殺外，尚有：故殺、劫殺、鬥殺、誤殺、戲殺、過失殺人等。

〔註133〕《宋史》，卷四五二，列傳二一一〈孫益〉，頁13310。

〔註134〕《宋會要》，兵志十一之十六，康定元年10月3日條，頁6931下。

〔註135〕《宋會要》，兵志十三之三，建炎二年6月10日條，頁6955上。

　　至林麓中，斬之而還。嘗謂其友人曰：「張詠幸生明時，讀典墳以自
　　律，不爾，則爲何人邪？」〔註136〕

除了張詠的私下行俠，守於官員本份，不正面與法治產生衝突外。還有些俠士則力爭仕途，在不違法治的情形下，展現俠義風範，但渴望回歸文明社會的規範。本文第三章中所論，王克明、陳亮、賀鑄等都是這類型的俠士。

　　《青瑣高議》記載，高言因殺朋友觸法，亡命二十餘年的悔行俠經歷，作者並以此勸人不要行俠〔註137〕。可知宋廷對違法俠士的追捕，是沒有放鬆過的。

　　華岳仗俠義欲除丞相史彌遠案中，則反映出史彌遠所代表的權臣對俠士行徑的不滿，與寧宗皇帝的欲赦免之心〔註138〕。雖然，最後史彌遠派獲得勝利，但權臣與俠士間的複雜關係卻始終存在。

　　弓手制度，在宋代的律法下推動，是否對於俠士有一定的影響與遏阻力，則需多加探討方能釐清。宋代的弓手職級較低，在神宗以前屬差役性質，素質不佳，常發生收賄、公借器杖、窩藏賊犯的事情，捕賊效果不彰〔註139〕。此外，仁宗時下詔諸縣弓手不得被抽差至巡檢司擔任捕盜賊〔註140〕。徽宗時亦下詔，讓弓手發歸縣尉衙專責捕盜工作〔註141〕。可見弓手常被抽差，嚴重影響弓手職務的執行。

　　值得一提的是，在宋廷寄望捕抓盜賊的弓手中，就有俠士行徑的記載：

　　濠州定遠縣一弓手，善用矛，遠近皆伏其能。有一偷亦善擊刺，常
　　藐視官軍，唯與此弓手不相下。曰：「見必與之決生死。」一日，弓
　　手者因事至村步，適值偷在市飲酒，勢不可避。遂曳矛而鬥，……
　　弓手應聲刺之，一舉而斃，蓋乘其隙也。〔註142〕

由這段記載，不難看出，弓手除了抓賊外，弓手本身是否爲俠士，值得關注。此外，汪涌豪所論，弓手制度的存在，是宋代俠士活動不活躍的原因之

〔註136〕《宋史》，卷二九三〈張詠〉，頁 9801～9802；另見《東都事略》，卷四十五〈張詠〉，頁 679～682。
〔註137〕《青瑣高議》，前集，卷之三〈高言傳〉。高言的俠蹟與悔俠經歷。
〔註138〕《宋史》，卷四五五，列傳二一四〈忠義十·華岳〉，頁 13378。
〔註139〕《宋會要》，兵志十一之十一，天聖四年 6 月 11 日條，頁 6929 上。
〔註140〕《宋會要》，兵志十一之十四，明道二年 3 月 23 日條，頁 6930 下。
〔註141〕《宋會要》，兵志十二之十七，大觀二年 7 月 9 日條，頁 6946 下。
〔註142〕沈括，《夢溪筆談》，收錄于四部叢刊，（台北：臺灣商務印書館，1979 年），卷十三，頁 61。

一〔註143〕，則有待商榷。因為從各項研究論之，弓手制度本身效果不佳，對於俠士和盜賊的壓制成效令人懷疑。

在宋代俠士中，尚有些來自平民階層的俠士，他們的俠蹟並未和律法之間有任何的衝突產生，這也是必須強調的。例如：太宗時，趙鄰幾僕人趙延嗣，在趙鄰幾過世後，沒有任何親友奧援下，獨立將其子女扶養長大，三女出嫁後，才離開過自己的生活，俠蹟感人，並未和宋代法治有任何的衝突之處〔註144〕。另外，北宋末南宋初，張家的僕人，在遇賊人時捨命救主人的俠蹟，展現的俠義精神亦令人敬佩〔註145〕。李曇的僕人王達，後離開李曇從募為兵，十年後，李曇觸怒朝廷而自縊死，無人敢為其料理後事，王達以主僕之禮為其守喪，哭如親父子，厚喪後方離去。〔註146〕

這些平民階層的俠士，他們的俠行，是符合筆者宋代俠士定義、意涵要求的，雖然他們的俠行如本文第二章所論，是屬於比較平淡的行徑，但以他們的個人特質和身份角度思考，這已屬他們所能展現氣、力的非常手段。因此，這幾個俠士的俠蹟仍能反映出一部份宋代俠士的狀態，他們的俠行不但合於情理，也是守於律法的俠舉，俠義精神在他們身上仍得以發揚。同時，這幾位平民俠士的探討，也可呼應筆者本文第二章所論，俠士研究是複雜的，每個俠士定義論述都不完整，只能反映出部分的俠士狀態，只有綜合各種俠士現象的考察，才能得到比較具體的俠士輪廓，因為俠士並非職業或階層；而是一種複雜的綜合象徵。

宋代在中央集權體制下，許多的律法對於俠士的行徑都是極度壓制的。此外，在宋代正史中不為俠士立傳，也是一種抑制的手段。部份的俠士活動，在宋代中央集權的社會裡難被帝王接受，許多權臣又必除之而後快。且在宋代社會風氣崇儒、重法下，尚俠的風氣自然不盛，難與唐、五代相比擬，這似乎是必然的現象〔註147〕。但仔細研究，宋俠的狀態卻未必是如此。因為，宋代俠士有許多類型，且並非所有的俠士都會和律法產生衝突，而無法行俠

〔註143〕汪涌豪，前揭書，頁133。

〔註144〕王闢之，《澠水燕談錄》，（北京：中華輸書局，1997年一版二刷，本文以下引用《澠水燕談錄》資料，皆同此版本），卷三〈奇節〉，頁29。

〔註145〕潘永因編，劉卓英點校，《宋稗類鈔》（北京：書目文獻出版社，1985年，以下引用《宋稗類鈔》資料，皆同此版本），卷之三〈忠義〉，頁245。

〔註146〕《宋稗類鈔》，卷之三〈忠義〉，頁245～246。

〔註147〕汪涌豪，前揭書，頁136。

仗義造成俠風衰減，這是探討宋俠與律法關係時重要的收獲。〔註148〕

（三）官員與俠士關係探討

在《宋史》中，也有地官方整治俠士的記載，記載如下：

> 石公弼字國佐，越州新昌人，……以樞密直學士知揚州。群不逞
> 為俠於閭里，自號為「亡命社」。公弼取其魁傑痛治，社遂破散。
> 〔註149〕

> 林攄字彥振，福州人，徙蘇。父邵，顯謨閣直學士。攄用蔭至敕令
> 檢討官。蔡京講明熙寧、元豐故事，引以為屬，……知揚州，政以
> 察察聞，鉏大俠，繩污吏，下不敢欺。〔註150〕

細究石公弼和林攄傳，不難發現，這兩位官員是十分奉公守法的，也非第一
次任官，沒有治績與升遷的壓力。因此，在他們心中，俠士是擾亂社會秩序
的亂源，當是懲治俠士行動的主因，故以盡責官員身份打擊破壞法治的俠士，
事屬合理。這也意味著北宋末南宋初時期，宋廷已將許多俠士視為盜匪之流
處理，前節的探討是沒有疑問的。

《名公書判清明集》中亦有蔡杭審理俠士的記載。摘錄如下：

> 李鐙儒衣儒冠，以豪俠橫行，李麟篾籯大片，以強狠橫行。雖深險
> 粗暴不同，其為鄉井之害則一。……，揆之所犯，皆不應為，且從
> 輕各勘杖一百，以為生事不靖者之戒。〔註151〕

由這段記載，可知蔡杭懲治俠士行動的主因，乃在於打擊破壞法治的俠士與
豪強。他們的行徑中，有諸多不軌之處，又喜與豪強爭訟，才會受到官方的
責難。而在爭訟問題上，則和郭東旭所論，宋代律法中的喜爭訟是新特點相
互呼應〔註152〕，在俠士李鐙等人身上亦可得證。

陳寶良指出，宋代的豪強成員有士人、宗室、舉人、鄉官、胥吏、亦有

〔註148〕就本文第二章研究，筆者將宋代俠士分為個人和集團類型探討，其中以集團
　　　　類型的俠士較易與宋廷產生衝突，個人風格者有文人、武人、平民百姓等類
　　　　型，但並非所有的個人俠士都和朝廷與律法產生衝突，故不能武斷的以「衝
　　　　突」來看俠士與法治的關係。

〔註149〕《宋史》，卷三四八，列傳一〇七〈石公弼〉，頁11030～11032。

〔註150〕《宋史》，卷三五一，列傳一一〇〈林攄〉，頁11110～11111。

〔註151〕《名公書判清明集》（北京：中華書局，2002年第一版二刷，本文引用《名
　　　　公書判清明集》皆同此版本，以下簡稱為《清明集》），卷十二〈豪強〉（蔡久
　　　　軒），頁457。

〔註152〕同註72，郭東旭書，頁22～25。

更高身份者等〔註153〕，故筆者前論胥吏的公害問題，在此又可得證。蔡杭懲
治豪強和俠士，認為他們的行徑都是不應為而為，對鄉里有害，這裡就有一
個重要的問題產生，那就是部份俠士的行徑和豪強的作為是相當的，共通點
是讓鄉里之人感到困擾，但義善的目標是有區別的，亦可說，在宋代法治下，
俠義精神的宣揚與否，是俠士和豪強最大的區隔。

　　俠士仕進後，協助宋廷懲治賊盜的俠士不少，楊允恭、鄭戩等都是這些
俠士類型的代表。楊允恭治賊事蹟記載如下：

> 楊允恭，漢州綿竹人。家世豪富，允恭少倜儻任俠……，太平興國
> 中，以殿直掌廣州市舶……賊有葉氏者，五百餘，往來海上。允恭
> 集水軍，造輕舠，掩襲其首，斬之。餘黨棄船走，伏匿山，允恭伐
> 木開道，悉殲焉。賊寇每遇風濤，則遯止洲島間。允恭領涉海，捕
> 之殆盡，賊皆望風奔潰。〔註154〕

楊允恭為北宋的俠士，轉化為官後，代表朝廷針對作亂之賊盜嚴加懲治，使
民眾免於恐懼。其俠蹟記載，則反應出俠士熱心地方治安的表現。

　　鄭戩身為宋廷的官員，懲治惡少等人，其治蹟是合宜的〔註155〕。記載如
下：

> 長安故都多豪惡，戩治之尚嚴，甚者至黥竄，人皆惕息。〔註156〕

鄭戩是俠士轉化為官後，為了地方與區域治安問題，嚴格管教豪俠惡少的行
為的代表，而這段記載更可證長安民風的特殊。另外為官的俠士，對於橫行
鄉里的另一批俠士難以包容的，乃在於所處社會角色的不同。故筆者所論俠
士有生命歷程的轉變但非固定的階層，確為合理之論述。

　　北宋名臣張齊賢則是俠士仕進後，留心刑獄，多所全活，為官力爭減輕
刑法，為民除弊法的代表，記載如下：

> 時州鞫劫盜，論皆死，齊賢至，活其失入者五人。〔註157〕

> 張齊賢「以小人犯盜者眾，強竊盜持杖不得財，論罪太重，非治平

〔註153〕陳寶良，《中國流氓史》（北京：中國社會科學出版社，1993 年第一版），頁
　　　　122～123。
〔註154〕《宋史》，卷三〇九，列傳六十八〈楊允恭〉，頁 10159～10160。
〔註155〕本文第二章俠士的地理分布研究中，筆者所引《宋史・地理志》、《邵氏聞見
　　　　錄》記載，對於長安有俠士之風，多所描述，但少有實例，筆者以鄭戩俠蹟
　　　　探討，那所謂豪惡極有可能就是另一類型的俠士。
〔註156〕《宋史》，卷二九二，列傳五十一〈鄭戩〉，頁 9766～9767。
〔註157〕《宋史》，卷二六五，列傳二十四〈張齊賢〉，頁 9150。

之法，乃申明律剪裁之」，刪定官王濟以爲太寬……最後刑名如齊賢
之請，自是犯盜者歲亦不增，論者稱齊賢之措施平允。〔註158〕

張齊賢重輕法濟民，免苛稅律法〔註159〕，是俠士轉化爲官員後，講求自己所定人間正義宗旨，請修宋代重法的俠士案例。

查道也是具有俠義精神的官員，他以一人之力平賊。記載如下：

> 查道字湛然，歙州休寧人，……時寇黨尚有伏巖谷依險爲柵者，其
> 酋何彥忠集其徒二百餘，止西充之大木槽，彀弓露刃。詔書招諭之，
> 未下，咸請發兵殄之。道曰：「彼愚人也，以懼罪，欲延命須臾爾。
> 其黨豈無詿誤邪？」遂微服單馬數僕，不持尺刃，間關林麓百里許，
> 直趨賊所。初悉驚畏，持滿外嚮。……相率投兵羅拜，號呼請罪，
> 悉給券歸農。〔註160〕

查道的俠義精神展現，使他無懼危難，並拯救了違律賊黨的性命，可稱得上是，樂於施恩的宋代俠士代表。

《宋史》中，對於俠士柳開的俠義事蹟有所描述，記載如下：

> 開善射，喜弈棋。……刻石以訓諸子。性倜儻重義。在大名，嘗過
> 酒肆飲，有士人在旁，辭貌稍異，開詢其名，則至自京師，以貧不
> 克葬其親，聞王祐篤義，將丐之。問所費，曰：「二十萬足矣。」開
> 即罄所有，得白金百餘兩，益錢數萬遣之。〔註161〕

柳開是北宋的官員，他熱心助人，傾囊助士人葬親記載可以得到印證。另以匕首將威脅地方官的僕人殺除的俠蹟〔註162〕，則明顯違反宋代之法令，但沒有柳開伏法的記載，則可見這件事知道的人不多，或是柳開以官員身份已將這件事給妥善安排，這是值得關注的問題。

曹偕的俠義精神，則發揮在糾正不法的幕客身上。所記如下：

> 偕字光道，少讀書知義，以節俠自喜。爲許州都監，幕客史沆傾險
> 劫持爲不法，上下畏之。偕從容置酒，對客數沆十罪，將擊殺之，
> 沆起拜謝，偕罵曰：「復不改，必殺汝。」沆爲斂迹。〔註163〕

〔註158〕李清臣，《琬琰集刪存》（台北：成文出版社，1966年），卷二，頁344。

〔註159〕《宋史》，卷二六五，列傳二十四〈張齊賢〉，頁9152。

〔註160〕《宋史》，卷二九六，列傳五十五〈查道〉，頁9877～9878。

〔註161〕《宋史》，卷四四〇，列傳一九九〈柳開〉，頁13028。

〔註162〕丁傳靖，《宋人軼事彙編》（台北：臺灣商務印書館，1982年台二版，以下引用《宋人軼事彙編》，皆同此版本），卷四，頁154。

〔註163〕《宋史》，卷四六四，列傳二二三〈曹偕〉，頁13573。

曹偕的俠義精神令人印象深刻，即在於其敢作敢為的特徵。對於不法幕客，他敢於加以訓斥的正義凜然態度，及這般的豪邁氣度，稱得上是宋代俠士中氣力發揮得宜的典型與代表。

其他官員與俠士的關係或互動，尚有：蘇軾與俠士陳慥遊西山，馬上論用兵及古今成敗〔註164〕。范仲淹、藤宗亮數次推薦任俠郭京為官〔註165〕。陸游作俠客詩〈劍客行〉、〈寶劍吟〉，認同俠士氣慨是可取的等〔註166〕。這些都反映出，宋代官員和俠士的間的互動關係是複雜的，並非只有剿滅一種，有些官員自身就是俠士，而有些官員對於俠士是不排斥的，還樂於與他們交往。因此，在本文的研究中發現，律法和俠士的關係是多元的，只限定在一種模式中討論，就會產生無法全面涵蓋的矛盾。

（四）問題的反省與探討

由本節所論可知，俠士的活動較易與朝廷、法律權威產生衝突，宋代的俠士也不例外，但又非所有的俠士皆是如此。馬小紅指出，在傳統法律觀中，法律不是最高的，法律之外，尚有「法上之法」，那就是「道德」。這或許能簡單解釋俠士其行徑雖違法卻長期存在的現象，但俠士的研究似乎更為複雜〔註167〕。宋代俠士講求自己所定的人間正義，並以此為行事的宗旨，這個論述比道德說更貼近俠士的真實狀態。此外，俠士與法治研究需要更多元的思考與論證才能有所突破，故本文之探討雖有些見解，仍有許多努力的空間。

宋廷，藉由嚴密的法律與各種政策，壓縮俠士生存的空間。以俠治俠、以俠治盜的模式，則突顯朝廷已能有效掌控俠士的行徑，終使得多數的俠士活動越見低調和收斂，這是不容忽視的影響。而部份俠士行徑在宋代中央集

〔註164〕《宋史》，卷二九八，列傳五十七〈陳希亮〉傳中，其子慥之俠蹟與蘇軾遊西山之經歷。

〔註165〕《宋史》，卷四五七，列傳二一六〈隱逸傳上‧郭京〉，范仲淹、滕宗亮推薦俠郭京之記載。

〔註166〕陸游事蹟除筆者整理外，另見《宋史‧陸游》，卷三九五，列傳一五四。認為陸游認同遊俠氣慨但將游俠改成品格高尚的愛國主義者，請見（美）劉若愚，周清霖、唐發鐃（譯），前揭書，頁67～71。對陸游崇揚俠士風氣的肯定亦可見，曹正文，《中國俠文化史》（上海：上海文藝出版社，1994年第一版），頁49。

〔註167〕請參馬小紅，《中國古代社會的法律觀》（鄭州：大象出版社，1997年第一版），頁99，頁103。

權的社會裡，更是難以被帝王所接受，故激烈的衝突、對抗、行爲合法化、私下行俠等方式，就成了宋代俠士面對法治壓制時，能選擇的幾種行爲模式。表面上宋代俠士似乎沒什麼作爲，但其俠蹟和法律間的衝突是沒有減少的，只是和前代相較，確實含蓄了許多，這多少和宋代社會風氣有關。宋代內外問題複雜，律法規範雖嚴密，社會不安的因素仍多，加上俠士講求自己所定人間正義的信念，因此，俠士的活動和法治之間的矛盾、衝突終難停止。

第三節　俠士與社會經濟

宋朝建立後，支出快速成長，主要原因是冗兵、冗官（包含宗室）、祭祀及皇室的冗費、僧侶的氾濫等。因此，其後才有王安石在經濟方面實行了一系列的改革措施，如青苗法、農田水利法、免役法、市易法、方田均稅法等〔註168〕。這不僅使農業生產得以迅速恢復，而且也大大促進了手工業和商業的快速發展。加上宋代城市日益繁榮，城市人口急遽增加，社會經濟狀態較之前朝可謂更佳。但是宋代並未就此走入和樂的社會狀態，俠士仍是普遍存在於社會各個角落中。究竟是俠士們的經濟寬裕，故有多餘時間從事俠義活動?還是俠士的不事生產是種習慣?或是俠士行徑反映出下層人民的生活困苦?本節將針對這些俠士與社會經濟相關問題作一深入探討。

一、經濟特點與問題

宋代雖承繼唐的政策，但在於均稅而不在均貧富。因而「豪富、形勢者田多而稅少，貧弱地薄而稅重」〔註169〕，對於國家的稅收與經濟發展影響很大。宋代賦稅項目既雜，稅率亦重，役法尤其苛擾與沉重〔註170〕。加之土地私有制成立後，兼併之風日盛，若遇荒年或水旱之災，則餓殍遍野，妻離子散〔註171〕。由上述的論點，我們可以清楚發現，宋代經濟上的幾個特點與問題，值得多加思考與觀察。本小節僅針對俠士活動記載較多的首都城市，及繁重役法、賦稅造成的俠蹟等問題，簡要論述。

〔註168〕王聖鐸，《兩宋財政史》（北京：中華書局，1995年第一版），頁22～23、43～48。
〔註169〕《宋會要》，食貨一之十八，咸平六年6月條，頁4796下。
〔註170〕鍾佳伶，前揭書，頁63。
〔註171〕陶晉生，《宋遼金元史新編》（台北：稻香出版社，2003年初版），頁37。

（一）城市的發展

北宋末年有戶兩千八十八萬二千餘戶，口數約爲一億，人口眾多〔註172〕。加上，農業、手工業的發展，使北宋商業也繁榮起來。北宋商業的發展超過了唐代，唐代全國十萬人口以上的城市僅十三處。到北宋中期，全國十萬人口以上的都市已增加到四十六處。如成都、興元（陝西漢中）、建康、杭州等地都是著名的商業大都市。尤其都城開封是全國政治、經濟中心，也是當時世界最大的商業都市〔註173〕。商店彩樓相對，繡旗招展，「每一交易，動即千萬，駭人聞見」〔註174〕。淳化年間，太宗曾提到：「東京養甲兵數十萬，居人百萬」〔註175〕。而開封最盛時有13.7萬戶、150萬人左右〔註176〕。可知東京開封之高度發展。

臨安府（杭州）是南宋的都城。取代了北宋汴京開封府的地位，成爲當時國內最大的商業中心〔註177〕。每天來到杭州的客販、船隻不計其數，可謂爲「旁午於道，曾無虛日」〔註178〕。《夢粱錄》云：「城內外數十萬戶口。」〔註179〕，加藤繁認爲臨安人口有一百五十萬〔註180〕。吳松弟認爲臨安城外約有人口四十餘萬，城內人口八九十萬〔註181〕。臨安的繁華，雖不若開封，但仍是當時南宋全國最大的都市。〔註182〕

宋代都市的發展，主要是取決於經濟因素〔註183〕，其中汴京稅運交通方

〔註172〕同註171，頁29。

〔註173〕閻崇年，《中國都市生活史》（台北：文津出版社，1997年初版），頁203。

〔註174〕孟元老，《東京夢華錄》（台北：實學社出版公司，2004年初版，以下引用《東京夢華錄》，皆同此版本），卷二，頁27～28。

〔註175〕李燾，《續資治通鑑長編》（北京：中華書局，1979年第一版）（本文以下引用簡稱《長編》，皆同此版本）），卷三十二，頁6，太宗淳化二年六月乙酉條。

〔註176〕葛劍雄主編，吳松弟著，《中國人口史第三卷——遼宋金元時期》（上海：復旦大學出版社，2000年第一版），頁574。

〔註177〕梁庚堯，《宋代經濟史論集》上（台北：允晨文化公司，1997年初版），頁577～578。

〔註178〕吳自牧，《夢粱錄》（台北：廣文書局，1986年初版，以下引用《夢粱錄》，皆同此版本），卷十三〈鋪席〉。

〔註179〕《夢粱錄》，卷十三〈鋪席〉。

〔註180〕加藤繁，《中國經濟史考證》（台北：稻香出版社，1991年初版），頁851。

〔註181〕葛劍雄主編，吳松弟著，前揭書，頁584。

〔註182〕閻崇年，前揭書，頁213～214。

〔註183〕趙岡，陳鍾毅，《中國經濟制度史論》（台北：聯經出版公司，1992年），頁414。

便，北宋政府又能靠運河漕運，掌握京師糧源，自然地放心讓汴京人口增長
〔註 184〕。據估計東京當時有八萬多名的各類工匠和兩萬多家的商店〔註 185〕。
繁華熱鬧的都市生活景象可見一般〔註 186〕。《夢粱錄》記載，杭州市井中，商
販「吟叫百端，如汴京氣象，殊可人意」〔註 187〕。據程民生研究，開封文化
對杭州的影響也有：飲食、文娛、節日習俗等幾方面，兩者間的文化承繼亦
值得重視。〔註 188〕

（二）役法的問題

宋代差役的推行並非全民性，這是極嚴重的問題，免役之戶有官戶、女
戶、單丁、僧人、坊廓戶等，另有形勢戶亦可免役，其他有些情況亦可免役，
如有功勳之平民等〔註 189〕。總體而言，宋代差役實行時，社會上仍存在著免
役的特權份子。因此，聶崇岐說，宋代役弊的原因不外乎特權作祟、各地民
力不齊、州縣人少役繁、官吏貪贓枉法等原因，役法問題牽涉層面複雜，所
論極為貼切。〔註 190〕

宋代役法，由於集中在少數的上等戶〔註 191〕，而造成了另一個沉重的社
會經濟問題。《宋會要輯稿》記載如下：

> 凡州縣徭役、公家科數、縣官使令、監司迎送，皆責辦于都保之
> 中，故民當（保）正副，必破其家，大小保長日被追呼，廢其農
> 業。〔註 192〕
> 今兩浙、江南等路諸縣，並不顧募耆、壯、戶長，卻差保正副、大
> 小保長，費用不貲，每當一次，往往破蕩家業。〔註 193〕

〔註 184〕趙岡，《中國城市發展史論》（台北：聯經出版公司，1995 年初版），頁 97。

〔註 185〕陳橋驛主編，《中國六大古都》（北京：中國青年，1983 年第一版），頁 186。

〔註 186〕河上光一，《宋代の經濟生活》（東京都：吉川弘文館，1966 年），頁 267～274。

〔註 187〕《夢粱錄》，卷十三〈天曉諸人出市〉。

〔註 188〕程民生，《宋代地域文化》（開封：河南大學出版社，1997 年第一版），頁 376
　　　　～383。

〔註 189〕王明蓀，〈北宋中期役法的改革論〉，收錄于，王明蓀，《宋遼金史論文稿》（台
　　　　北：明文書局，1988 年再版），頁 140。

〔註 190〕聶崇岐，〈宋役法述〉，收錄于，聶崇岐，《宋史叢考》（台北：華世出版社，
　　　　1986 年台一版），上冊，頁 16。

〔註 191〕王明蓀，前揭書，頁 141。

〔註 192〕《宋會要》，食貨六十五之八十二，紹興三年 12 月 8 日條，頁 6183 下。

〔註 193〕《宋會要》，食貨六十五之八十，紹興三年 9 月 15 日條明堂赦文，頁 6182
　　　　上。

宋代役法問題之嚴重令人震驚〔註194〕，加之變亂起義之事不斷，已達人民家計艱難的地步。而宋代人民賦役負擔之沉重，可由南宋朱熹的論述得到印證。朱熹說：「古者刻剝之法，本朝皆備。」〔註195〕是很適切的評論。

宋室南渡後，朝廷內部檢討大亂的由來，因而紛紛非議募法，主張復行差役。但宋朝役制已隨時代推移而改變，無法恢復北宋差役的面貌，因此演變成南宋特有的「鄉都職役」制度。保伍制與結甲制交替入役，成為南宋最基本的特質，南宋役法名義上雖由募役改爲差役，卻依舊征收免役錢。整體而言，南宋職役的沉重負擔，對於社會民間所產生的弊害，最顯著的就是「妨害農業生產」和「破蕩農民家產」，影響可謂深遠。〔註196〕

南宋另有義役的實行，對於中產之家因執役而破產的民戶是有益的，不僅可以免破產的危機，鄰里鄉黨之間也少爭訟，所以民皆稱便。對於社會秩序、民生的康樂亦皆有所補益，但南宋的義役終究未能成功。〔註197〕

綜觀南宋義役的發展及所實行的成效，雖未能盡如理想，達成革除差異之弊的最終目的；但是地方人士自動自發的爲鄉里福利而獻身，努力設法解決當日的難題，實在是難能可貴的事。〔註198〕

差役之弊，不僅使民生困苦，還造成有意的浪費與怠產，這是兩種極端的情形，都是爲了逃避差役，可見當時的社會竟至於此〔註199〕。至王安石創新法，行僱役，積久亦百弊叢生，才有南宋義役的施行〔註200〕。不過，終宋之世，役法對於百姓的生活，始終是一大負擔與壓力。〔註201〕

（三）繁重的賦稅

表面上宋代農民依民田所交納的稅額數不多，但實際上交納的數額，卻超出原定的額數。在折價時，政府又強行規定不合理的比價，使農民每折一

〔註194〕王德毅，前揭書，頁253。

〔註195〕黎靖德編；王星賢點較，《朱子語類》（北京：中華書局，1986年第一版），卷一一〇。

〔註196〕黃繁光，〈南宋中晚期的役法實況——以《名公書判清明集》爲考察中心〉，收錄于宋史座談會主編，《宋史研究集》，第三十二輯（台北：蘭臺出版社，2002年初版），頁393～413。

〔註197〕王德毅，前揭書，頁269。

〔註198〕王德毅，前揭書，頁276。

〔註199〕王明蓀，前揭書，頁143。

〔註200〕王德毅，前揭書，頁253。

〔註201〕陳祈安，《宋代社會的命份觀念》（台北：臺灣大學歷史所碩士論文，2001年），頁97。

次，就要增加一次負擔。賦稅「輾轉增加，民無所訴」〔註202〕，造成「占田累百，賦無一二；貧者已苦瘠之畝，荷數倍之輸」〔註203〕，等賦稅不均的現象。

宋初，太宗對於均田受到阻擾，就曾說：

> 兩稅蠲減，朕無所惜。若實惠及貧民，雖每年放卻亦不恨也。今州縣城郭之內，則兼并之家侵削貧民；田畝之間，則豪猾之吏隱漏租稅，虛上逃帳，此甚弊事。〔註204〕

由此段記載可見，宋代豪強兼併之家，與官吏間，對於賦稅逃避、隱田漏稅的情況相當嚴重，宋廷亦無力解決，貧苦農民的賦稅壓力沉重，影響農業生產的正常進行，破壞社會的安定，衝擊宋廷的財政收入。〔註205〕

尤其是南宋雜稅繁多，一般農民所繳的賦稅，是原本二稅的數倍。擁有眾多土地，原本應該是是賦稅主要來源的富家，卻以各種方式逃漏賦稅，如恃強拒納或勾結胥吏逃漏等，地方政府為了向朝廷繳足稅額，只有將富戶所逃漏的賦稅均派給貧困的農民。故賦稅的不公平就是造成農家家計困難的最大原因。〔註206〕

宋代為了彌補財政上的匱乏，以法律手段加強鹽、酒、茶等的專賣，還制訂了一系列禁榷之法，民不堪其累〔註207〕。而繁苛的賦稅，也落在城郭下戶的身上。所以在宋代，城鄉的貧民下戶也是各種負稅和徵斂的主要負擔者。

故除天災飢荒外〔註208〕，推論役法、賦稅繁苛也是宋代俠士存在的原因之一，是不為過的。因為，賦稅與役法嚴苛，加深了人民生活的困苦，導致人民棄田逃亡，流離失所，淪為賊盜。課利日增，盜賊日重，則突顯出賦役不均，造成社會治安的惡化，是社會經濟問題的擴大。〔註209〕

〔註202〕馬端臨，《文獻通考》（北京：中華書局，1999年三刷），卷五〈田賦考五〉。
〔註203〕陳舜俞，《都官集》（台北：新文豐出版社，1989年台一版），卷二〈厚生〉。
〔註204〕《長編》，卷三十四，頁2，太宗淳化四年二月戊子條。
〔註205〕王聖鐸，前揭書，頁207。
〔註206〕梁庚堯，《南宋的農村經濟》（台北：聯經出版社，2003年初版三刷），頁172。
〔註207〕薛梅卿、趙曉耕，《兩宋法制通論》（北京：法律出版社，2002年第一版），頁225～233。
〔註208〕同註71，頁184。郭東旭認為「賊盜」乃荒年饑荒而起，故宋廷採寬仁政策。
〔註209〕鍾佳伶，前揭書，頁68。

二、俠士與經濟關係探討

俠士的存在，除了與政局、律法有一定的關係外，與經濟的問題亦不能忽視。宋代社會中俠士的生活開銷來源，一樣是個有趣的議題。以家世分析：官家後代，可以在宋代社會中享有部分特權，其生活開銷當不是問題。家富者，其行俠時生活所需的開銷自有家業當靠山。家貧的俠士，由於生活清苦，屬於社會的中下階層，有了反抗的心態，為了濟弱扶傾，力爭上游或劫富濟貧，都能改變局部的經濟狀態，當然也使社會產生了一些問題。家產中等的俠士，願意救濟貧窮者也不在少數。總之，從家世整理，家貧者因經濟壓力與不滿，走向行俠仗義的道路，是宋代較為普遍的現象。〔註210〕

宋代商業城市繁盛，容易吸引社會上不同階層的人前往謀生，而資金不斷地運作與活動，則為經濟帶來良性循環。同時許多富家，也因此累積了大量財富，成為覬覦的對象，產生更多問題〔註211〕。因此，王學泰說，宋代兩個都城為游民的生存提供更多的空間與機會，是相當貼切的論述〔註212〕。他的論點對於俠士與經濟研究，亦提供一個值得探討的論述，因為從不事生產的角度觀察，部份游民與俠士的經濟狀態是很相近的，可多加討論。

此外，就本文第二章歸納、整理俠士活動的地理分布後發現，俠士活動集中在都市的現象非常的明顯，北宋與南宋都城開封與臨安府，俠士活動記載的資料亦是兩時期中最多的。可見，俠士是都市的產物，受經濟活動影響大是有一定道理的。〔註213〕

宋代市民社會的崛起，對俠士及其人格的確立，有著不可輕忽的影響，故俠士與城市，是一個說不盡的話題。而活躍於歷史上的游俠，幾乎絕大多數是城市的產物〔註214〕。城市的背景，自然會對游俠情感，思想意識和行為方式等方面產生深刻的影響，對其人格形塑產生規範作用，換言之，在城市背景中誕生的俠士，必然會對都市文化有一種親切的認同，最基本的有兩方

〔註210〕筆者在本文第二章中，以「宋代俠士家世簡表」分析，發現俠士之家世以家貧者居多，雖然無法判讀家世資料的俠士仍不少，但反映出這樣的現象仍是值得關注的。

〔註211〕鍾佳伶，前揭書，頁58。

〔註212〕王學泰，前揭書，頁114。

〔註213〕俠本非農耕務實之士，乃都市社會的產物。見龔鵬程，前揭書，頁100～101。

〔註214〕汪涌豪、陳廣宏，《游俠錄》（台南：笙易有限公司，2002年初版），頁288～289。

面：一是對所謂「游業」的執奉，一個是對「利」、「慾」的追逐〔註215〕。這是非常合理的論述，且這兩種影響，也將左右俠士生命歷程的變化。

我們以《名公書判清明集》記載，討論游手的問題。記載如下：

> 照德所在城市，取鬻之利，盡爲游手所專。而田里小民皆不得著手。
> 凡服食所須，無一不出于田夫野叟，男耕女織，極其勤勞，所獲不
> 過錐刀之末，而倍蓰之息乃歸之游惰之人。此曹百十爲群，互相黨
> 庇；遇有鄉民鬻物于市，纔不經由其手，則群起而攻之，眾手捶打，
> 名曰「社家拳」，其無忌憚爲最甚。〔註216〕

由這段記載，可知在城市中，游手專斷城中及鄉里百姓的經濟。游手和俠士間有什麼關係呢？筆者以爲若以本文第三章，「亡命社」俠士結社所爲而論，游手中有宋代俠士的影子是不爲過的，因爲部份俠士的不事生產行徑和這些游手相當，對一般百姓的經濟生活產生不良的影響。

陸游所提亡命藏身的「無憂洞」〔註217〕，群不逞爲俠閭里的「亡命社」〔註218〕，上述的「社家拳」，喜與人死鬥之「沒命社」〔註219〕，還有「攔街虎」、「九條龍」等〔註220〕，他們的行爲特質都很接近，但有些人被稱爲俠士，有些人卻不是，正如筆者第二章所論，宋人對俠士意涵不清是主因〔註221〕。其實，兩者可以其義善目標、自己講求的人間正義展現作爲區隔的。但他們對城市的治安、百姓的經濟生活，產生不良的影響，卻是不爭的事實。

以俠士的出身分析：無論是武人出身、文人出身或恩蔭出身的俠士佔多數；他們的經濟狀況大體是沒有問題的，因爲在宋代社會裡，他們多屬於社會的中堅，他們能行俠或任俠，在己身的經濟狀況方面，並未有太大的問題，但平民出身的俠士，經濟問題就會影響他們的俠行和俠義精神宣揚，影響有多大，本節中我們將以俠士實例進行分析、探討。

俠士王克明他的職業是位醫生，常千里行醫拯救他人的性命，如沒有一定的經濟基礎，這種俠義行徑是很難實現的。王克明的人生際遇並不順遂，

〔註215〕同註214，頁294。
〔註216〕《清明集》，卷十四〈因爭販魚而致鬥毆〉，頁529。
〔註217〕《老學庵筆記》，卷第六，頁3503。
〔註218〕《宋史》，卷三四八〈石公弼傳〉，頁11032。
〔註219〕《宋史》，卷二九九〈薛顏傳〉，頁9943。
〔註220〕《武林舊事》，卷六〈游手〉，頁130。
〔註221〕除筆者於第二章所論，宋人對俠意涵概念模糊的論證外。這現象也代表時人對俠的一種看法，請參，汪涌豪，前揭書，頁52～53。

但行醫救人卻從不受自身環境所影響，總能適時的急人之難〔註222〕。王克明總能適時急人之難，雖沒有其相關家庭狀態之描述，但以其常千里行俠救人的俠蹟而論，成為醫官後的他，經濟狀態應是尚可的，否則難以溫飽的生活如何能支持他的俠義行止，將會是個大問題。而他在軍中救活士兵數萬人，卻不受功，對於環境清苦的士兵生活經濟當是一大貢獻〔註223〕。故論俠士行蹟卻要完全不觸及經濟層面探討，是難以完整呈現俠士與社會關係的。

我們另以元達的俠蹟記載，探討俠士與經濟間的問題。從元達的俠蹟記載可看出，為俠者不事生產的情況確實存在，而元達不願從事農事，和前述賦稅繁重也有一定的關係。元達喜歡與鄰里少年飲酒，生活開銷從哪裡來，同樣令人不解，可惜史料上沒有太多的記載難以論斷〔註224〕。而元達亡命山林之經過，則更可印證，宋代役法問題之嚴重，造成的百姓經濟壓力與不滿已普遍存在社會中，部份俠士才有主持正義的機會，進而展現其俠義精神。

俠士王延範喜任俠，家境富裕，後卻因謀反之罪，宋廷將其斬殺於廣州市，並收沒其家。在俠與經濟層面的探討上，亦有許多值得論述之地。在宋代俠士中，家境富裕又喜為俠的人數並不多，筆者推論是在於生活安逸，比較沒有行俠的原動力與原因。本文第三章中，筆者已論述王延範被斬殺的原因，乃王延範為朝廷命官，而有反叛之意圖，朝廷對此難以容忍有關，他的生命歷程轉變已成私慾的追求，而偏離了俠義精神的奉行〔註225〕。這也可印證汪涌豪所論，俠士會受自己走出來的那個階級、階層的價值標準或道德理想影響，若是富豪或權貴，也會多一份養私名求仕進，蓄勢力以建功業的功利追求慾望〔註226〕。王延範的生平事蹟，就是俠士轉變為私慾和功利追求的一種類型。

俠士王倫家貧；在開封和洛陽之間遊走，任俠行徑常違法，在俠士與經濟關係層面上，亦有許多值得探討之處。《宋史》中，雖未明確交代王倫的經濟來源，但從他往來京、洛之間，數次犯法，加上家境不佳，如何謀生本來就是令人懷疑的〔註227〕。由此亦可推論，當與本章所論都市的經濟與各方面

〔註222〕《宋史》，卷四六二，列傳二二一〈方技下・王克明〉，頁13530～13531。
〔註223〕《宋史》，卷四六二，列傳二二一〈方技下・王克明〉，頁13531。
〔註224〕《宋史》，卷二七五，列傳三十四〈元達〉，頁9373。
〔註225〕《宋史》，卷二八○〈王延範〉，頁9510～9511。
〔註226〕汪涌豪，前揭書，頁33。
〔註227〕《宋史》，卷三七一，列傳一三○〈王倫〉，頁11522。

的機會多，吸引社會各類人士聚集有關，因爲，王倫也算是宋代都市中的俠士代表之一。王倫在欽宗前毛遂自薦，是一種功名利祿追求的印證，但與其三槐王氏家風也有一定的關係與影響。

家境富裕又爲俠的資料不多，但楊允恭就是這類型俠士的代表。將楊允恭事蹟加以探討、整理後發現，家境富裕的俠士，其經濟與生活開銷當不成問題，但卻願意捨棄安逸生活，投入仕途，協助宋廷懲治賊盜〔註228〕。這也證明，任何人都是可以加入俠士行列的，因爲，行俠標榜的是一種無私無畏的精神行爲〔註229〕。這是非常貼近歷史狀態的論述，但若能多加詮釋，方能更貼近各朝的俠風，其中最值得重視的就是俠士生命歷程轉變的觀察。

除功名渴望的社會風氣外，楊允恭以富家子弟家世，行俠、入仕，追求功名之心是存在著，但若以行俠乃追求財富，則楊允恭之例證，即可加以駁斥。爲俠需要一定的經濟能力，求生活的溫飽是基本的要求，若不易達成時，則將會有不同的俠義行徑產生，如不法的財物獲取、聚眾山林等，這些由俠士與經濟層面產生的問題值得我們細究。

李穀的俠蹟，在經濟層面亦有可探討之處。以李穀入仕前任俠讓鄉里之人頭痛事蹟探討，其家庭經濟也是個大問題。就其入仕後能有難必救，有恩必報，照顧貧寒之士成朝廷重臣的記載而言〔註230〕，轉化爲官後的俠士李穀，其俠行對於社會經濟、社會秩序是具有正面意義的。

宋初俠士郭進，武人出身，後轉化爲破遼有功之名將，以其例亦可進行經濟層面探討，記載如下：

> 郭進，深州博野人。少貧賤，爲鉅鹿富家傭保。有膂力，倜儻任氣，
> 結豪俠，嗜酒蒲博。其家少年患之，欲圖殺進，婦竺氏陰知其謀，
> 以告進，遂走晉陽依漢祖。〔註231〕

郭進家世貧賤，又好飲博，以武力在富家當傭保，就生活經濟面而言是困苦的，亦僅能求個溫飽。但因爲其喜歡結交豪傑之士，反而爲自己招來了殺機，若非經濟情況不佳，以郭進的俠士性格是不會充當富家傭保的。

後來郭進有機會入仕爲官，有了名與利，曾尋訪救過他的主婦，但主婦

〔註228〕《宋史》，卷三〇九，列傳六十八〈楊允恭〉，頁 10159～9767。

〔註229〕汪涌豪，前揭書，頁 32。

〔註230〕《宋史》，卷二六二，列傳二十一〈李穀〉，頁 9501～9506。

〔註231〕《宋史》，卷二七三，列傳三十二〈郭進〉，頁 9334～9335、《東都事略》，卷二十九，頁 483。

已死，他仍願意回頭幫助主婦的兒女，主婦留下一女，生活十分貧困，郭進
將她收爲養女，等到出嫁日又贈以豐厚的嫁妝作爲報答〔註232〕。更加突出此
類型俠士，不因富貴而改變其一貫秉持的俠義精神。這亦可看出，宋代俠士
入仕的原因，經濟壓力與對功名的追求都是不能排除的，而受恩必報，則是
俠士特有的行爲模式，數十年後亦不會淡忘的。而就筆者的整理，宋代俠士
回報的方式，以經濟層面的回饋、協助最多。

　　史書對於張齊賢也多所記載，可用來分析他的經濟狀態與影響。

> 張齊賢，曹州冤句人。生三歲，值晉亂，徙家洛陽。孤貧力學，有
> 遠志，慕唐李大亮之爲人，故字師亮。〔註233〕

張齊賢孤貧，出身布衣，是宋代俠士中出身貧困家庭的代表之一，因此，他
的生活經濟是相當有問題的。靠著苦學求功名入仕爲官，改善了自身的經濟
狀態是毫無疑問的。他爲官後氣、力的展現，雖不能改變社會的經濟結構，
但他在掌理地方事務時，能盡力挽救不少盜賊與罪犯的生命，對於促進社會、
經濟的穩定，卻有一定的影響與幫助。〔註234〕

　　《宋史》中，相關俠士柳開的經濟層面俠蹟亦有所描述，記載如下。

> 在大名，嘗過酒肆飲，有士人在旁，辭貌稍異，開詢其名，則至自
> 京師，以貧不克葬其親，聞王祐篤義，將丐之。問所費，曰：「二十
> 萬足矣。」開即罄所有，得白金百餘兩，益錢數萬遣之。〔註235〕

柳開是官家之後，其後也成爲北宋的重要官員，故家庭的經濟當不成問題。
柳開熱心助人，傾囊助士人葬親記載，豪邁的俠義精神可見一般。雖然他的
俠行不能解決普遍的社會經濟問題，但卻可以幫助特定百姓紓緩經濟壓力，
對於人間正義的實現，是有正面效應的。

　　《鶴林玉露》中秀州刺客俠蹟，亦可進行經濟層面探討，所載如下：

> 苗、劉之亂，張魏公在秀州，……一夕獨坐，從者皆寢，忽一人持
> 刀立燭後。公知爲刺客，徐問曰：「豈非苗傅、劉正彥遣汝來殺我乎？」
> 曰：「然。」公曰：「若是，則取吾首以去可也。」曰：「我亦知書，

〔註232〕郭進報主婦救命之恩記載見，《東都事略》，卷二十九〈郭進〉，頁485。
〔註233〕《宋史》，卷二六五，列傳二十四〈張齊賢〉，頁9150；《東都事略》，卷三十
　　　　二，列傳十五，頁535～536。
〔註234〕《宋史》，卷二六五，列傳二十四〈張齊賢〉，頁9150；《東都事略》，卷三十
　　　　二，列傳十五，頁535～536。
〔註235〕《宋史》，卷四四○，列傳一九九〈柳開〉，頁13028。

> 寧肯爲賊用？況公忠義如此，豈忍加害！恐公防閑不嚴，有繼至者，
> 故來相告爾。」公問：「欲金帛乎？」笑曰：「殺公何患無財！」「然
> 則留事我乎？」曰：「我有老母在河北，未可留也。」問其姓名，俯
> 而不答……。〔註236〕

這位秀州刺客，不僅是位孝子，更是處處秉持著俠義精神，他不肯事賊賺取不義之財，而刺殺公忠體國的張浚，但他也不願收取張浚的厚禮，是非分明，是位武德高尚的大俠。由此亦可證筆者所論，部份俠士把個人的經濟問題看的輕，是擺置在俠義精神的宣揚之下的，這個論述是相當有合理性的。但刺客型的俠士之所以爲刺客，和經濟問題還是有一定的關係，雖然史書中對其家世記載不詳，但就同郭進爲傭保一般，和經濟的問題有一定關係。

　　《宋史》中關於耿傳的事蹟，在經濟層面亦有討論之地，記載如下：

> 耿傳字公弼，河南人。祖昭化，爲蜀州司戶參軍。……傳少喜俠尚
> 氣，初以父蔭爲三班奉職，換伊陽縣尉，歷明州司理參軍，遷將作
> 監丞、知永寧縣。〔註237〕

俠士耿傳的出身，和前述宋代極爲普及的恩蔭制度有關，其他的恩蔭俠士尙有：陸游、程迪、詹良臣等人〔註238〕。本節僅以耿傳爲例進行探討。耿傳受蔭後歷任各地的地方官，可知家中經濟應不成問題，使他沒有行俠的後顧之憂，這是恩蔭制度對這類俠士在經濟方面的實質回饋，也因此，他們的生活不至於困乏。其後耿傳遇敵姚家川，指顧自若，被數創而死〔註239〕。更可印證，俠士行徑並不受階級高低所困，其無私的俠義精神是隨時可以付出與展現發揮的。〔註240〕

　　宋江俠蹟，本文第三章的敍述較爲完整，本節僅引《宋史‧侯蒙傳》所錄關於宋江之事，進行經濟層面探究。記載如下：

> 宋江寇京東，蒙上書，言宋江以三十六人橫行齊魏，官軍數萬，無
> 敢抗者，不若赦江，使討方臘以自贖。〔註241〕

〔註236〕羅大經，《鶴林玉露》，卷三〈秀州刺客〉，頁5184～5185。
〔註237〕《宋史》，卷三二五，列傳八十四〈耿傳〉，頁10512。
〔註238〕《宋史》，卷三九五〈陸游〉；《宋史》，卷四四七〈程迪〉；《宋史》，卷四四六〈詹良臣〉。
〔註239〕《宋史》，卷三二五，列傳八十四〈耿傳〉，頁10512～10513。
〔註240〕汪涌豪，前揭書，頁32～33。
〔註241〕《宋史》，卷三五一〈侯蒙〉，頁11114；另見《東都事略》，卷一○三〈侯蒙傳〉，頁1587。

宋江、王寂等草寇出身的俠士，本身的生活經濟就有很大的問題，又如《宋史・侯蒙傳》所載，雖行俠仗義，但所到之處與官府對抗，對社會的經濟狀態和秩序影響相當大。其他如：嚴蕊本身是官妓〔註242〕，經濟當然是有問題的，且這樣的出身，對其俠行的展現也有一定的影響。

《宋史》中陳亮的事蹟，亦可進行經濟層面探討，記載如下：

> 亮之既第而歸也，弟充迎拜于境，相對感泣。亮曰：「使吾他日而貴，澤首逮汝，死之日各以命服見先人于地下足矣。」聞者悲傷其意。然志存經濟，重許可，人人見其肺肝。與人言必本於君臣父子之義，雖爲布衣，薦士恐弗及。家僅中產，畸人寒士衣食之，久不衰。卒之後，吏部侍郎葉適請于朝，命補一子官，非故典也。端平初，謚文毅，更與一子官。〔註243〕

陳亮的俠士風骨，在這段描述中可以看出，雖一生布衣，卻樂於助人，令朝野人士仰慕，故恩澤也能遺留給後代。整體而言，他對百姓的生活與經濟幫助比較大，這和他的家境中產有一定的關係。

南宋時期，孫益的俠蹟表現，除和社會律法、環境、內外局勢的變化有關，亦可進行經濟層面的探討。記載如下：

> 李全犯楊州，游騎薄泰興城下，縣令王爚募人守禦，益起從之……遂身先赴敵，死之。〔註244〕

俠士孫益的俠蹟留存，雖只有捕盜賊而以身赴死之記載，但就經濟層面探討仍有其價值。受召募抗賊，所能獲取之收入應不豐足，但孫益願意承擔抗賊重責，俠士精神的發揮當是主因。由孫益俠蹟與經濟層面的探討亦可以看出，部份俠士將俠義擺置的比自身的經濟問題與生命還要高。或許，在他們的心中，俠義精神的展現才是生活的一切吧。

另外還有散盡家財募民兵，支持宋朝廷或盡一己之力的俠士作爲。例如：劉純、王小觀、唐玉潛等人〔註245〕，就是這方面的代表。從社會安定的角度觀察，他們的義舉不但有經濟影響力；也是宋廷能繼續支撐的重要原因

〔註242〕《東野齊語》，卷二十，頁5684～5685。

〔註243〕《宋史》，卷四三六，列傳一九五〈陳亮〉，頁12943。

〔註244〕《宋史》，卷四五二，列傳二一一〈孫益〉，頁13310。

〔註245〕陸心源，《宋史翼》（北京：中華書局，1991年第一版，以下引用《宋史翼》資料，皆同此版本），卷三十一〈劉純〉，頁337；卷三十二〈王小觀〉，頁350；卷三十四〈唐玉潛〉，頁363。

與力量之一。

　　宋代俠士中，喜好飲博活動者不少，如焦繼勳、元達、郭進、飲博俠少、李壽朋、陳愷、陳亮等人都是代表。其中有一個經濟問題需要探討，那就是他們需要一定的生活開銷，但誰能支持他們的生活經濟所需卻是個大問題。可惜史料中，相關他們的經濟狀態多數記載不詳，我們只能從這些俠士的家世和出身，進行相關的考察和分析。但可以確定的是，經濟問題影響他們的行俠方式與活動狀態是很深遠的。

　　宋代俠士中，家世以官家後代、家貧者居多，社會地位差距很大，官家後代經濟問題較少。家貧者，由於家世不佳，經濟狀況困窘，自然有異於常人的行徑。再觀察俠士的出身，從文、從武者不在少數，顯示部份宋代俠士本身的經濟狀況已有一定水平，行俠仗義時經濟問題不大。但出身寒微，又未能仕進者，困苦的經濟壓力則直接衝擊其俠行與為俠方式。

　　就宋代俠士與經濟關係實例探討後，筆者有以下幾點看法：（一）俠士對社會經濟的影響並不強烈，但也不能說沒有影響。因為，有時俠士把俠義精神擺置的比個人的經濟生活還重要，且部分俠行對於平民百姓的困苦生活是有一定幫助的。（二）首都城市的發展、賦役的繁重，是構成俠士俠行的外在因素，這些宋代社會經濟的特點，對俠士活動有一定的影響力。（三）出身草寇的俠士如：宋江、王寂與亡命社等集團俠士，他們結伴而起的大膽行徑，造成嚴重的社會治安問題，對宋代的社會經濟造成的衝擊與影響比較大。（四）許多俠士散盡家財，召集民兵、豪傑對抗金或元的義舉，是支持宋廷的重要力量，也是一種不可忽視的國家、社會經濟影響力。

第四節　俠士的活動與困境

　　由於內外局勢的不安，宋代俠士的蹤跡遍布社會各個角落，部份俠士行徑更常與律法產生衝突，因此受到朝廷的壓制與捕殺。但這群好打抱不平的俠士；並未就此放棄俠義精神的宣揚，對自己所定的人間正義的實現，他們仍然以獨特的行事風格和活動方式，在宋代社會中尋求出路。本節僅針對他們的活動方式、風格、困境，加以整理、探討，前節所論的俠士與經濟、法治層面關係已屬完整，不再重複討論，期許對於整體宋代俠士的特色；能有更進一步的掌握與發現。

一、俠士的活動

宋代俠士的常態性活動是什麼，值得關注與探討。因此，筆者在這小節中，將俠士的活動狀態整理統計為表 4-1，並依統計結果進行討論、分析。

表 4-1：宋代俠士活動型態統計表

時間分期　　活動型態	北宋時期		北宋末至南宋初年	南宋時期		次數小計
	五代末至北宋初年	北宋中期	北宋末至南宋初年	南宋中期	南宋末期至元初年	
（一）違常道的財物獲取	1	1	6	0	1	9
（二）復仇、代人復仇	2	3	4	1	0	10
（三）賑濟貧弱	4	3	3	1	1	12
（四）有恩必報，有怨必報	2		3	0	0	6
（五）路見不平，起而相助	8	7	19	2	12	48
（六）飲博	5	6	5	1	3	20
（七）入仕為官	17	7	22	4	16	66
（八）武術習練	5	2	9	1	5	22
（九）喜交豪傑俠士	2	3	11	4	6	26
表現最多之活動型態	入仕為官（66 次）		表現次多之活動型態	路見不平，起而相助（48 次）		

註：資料來源為《宋史》、《宋代筆記小說》、《唐宋筆記叢刊》、《宋元方志叢書》、《宋人軼事彙編》等史料與本文表 2-1 宋代俠士活動時期表完成統計。
另可參見附錄一〈宋代俠士總表〉。

綜合本文相關資料完成表 4-1「俠士活動型態統計表」，但相關活動的代表性人物，在表中是無法探討的，故筆者仍需針對宋代俠士的九種活動狀態，進行細部的探討、分析，力求將宋代俠士活動狀態及其意涵如實呈現。相關探討如下：

（一）違常道的財物獲取

這種活動方式多發生在宋代的集團型俠士身上，即使在嚴密的法律制度下，仍不斷的上演。更明確的說，這些俠士的活動與生活正是如此，因為成員龐雜開銷大，這類活動可以解決生活上的問題。如：宋江集團、王寂、群盜、亡命社、沒命社、王善、汪革等都是代表。

（二）復仇、代人復仇

宋代俠士的俠行中，這類活動亦屬常見，不受外在壓力而有所變化。亦可看出俠士性格上的衝動與固執。這類活動的俠士有：曹光實、劉謙、孫立、沒命社、高言、趙某之妻等都是箇中代表。

（三）賑濟貧弱（急人之難）

宋代俠士急人之難的記載不少，但急人之難在宋代又可分為賑濟貧弱與起而相助兩種活動討論，因為這是俠義精神的直接宣揚，因此，普遍受到俠士的重視。此種類型活動者亦不少：曹光實、柳開、陳亮、群盜、李穀、查道、王克明、李壽朋、王寂、侯可、宋江集團等人可為代表。

（四）有恩必報

宋代俠士的俠行中，這類活動亦屬常見，這和俠義精神、信念有很大的關係。代表者有：郭進、元達、李彥仙、孫立、宋江集團、高言等人。

（五）路見不平，起而相助（急人之難）

在宋代俠士的活動型態統計中，這類活動記載是位居第二強的，並不受嚴密的法律制度影響，因為許多俠士的活動與生活正是如此。如：張詠、柳開、曹偕、元達、趙延嗣、楊允恭、劉仁罕、張齊賢、查道、桑懌、劉平、王寂、孫立、青巾者、侯可、嚴蕊、孫益、胡斌、宋江集團、陳俞、秀州刺客、武松、忠義社、劉生、昔橫、劉純、劉源、李天勇、熊飛、喻南強、西門楫、鄭采翁、潘中等人都是代表。

（六）飲　博

宋代的俠士中，喜好飲博活動者不少，這和俠士的豪邁性格，不拘小節作風有很大的關係。代表者有：焦繼勳、元達、郭進、飲博俠少、李壽朋、陳愷、孫立、高言、青巾者、陳亮、王實之、潘庭堅、汪革、王玠等人。

（七）入仕為官

宋代俠士入仕為官是最普遍的活動型態，這和本章所論宋代的社會風氣、科舉發展、求功名之心有很大的關係。相關俠士為官記載者有：楊業、楊美、張詠、郭進、柳開、曹偕、元達、王克明、曹光實、李穀、李韜、杜滸、李彥仙、王延範、焦繼勳、張齊賢、張詠、李壽朋、耿傅、劉平、侯可、華岳、周南、李全、陳俞、宗澤、林師益、晏溥、昔橫、劉純、劉伯文、喻

南強、西門楫等人都是代表。

（八）武術的習練

宋代的俠士中，喜好武術習練活動者為數不少，這和俠士中武人出身者多，有很大的關係。有此記載者有：楊業、楊美、華岳、李全、元達、陳慥、李彥仙、劉平、李全、韓世旺、忠義社、王玠、張憲、林師益、詹世勛、劉純、王小觀、熊飛、劉伯文等人可為代表。

（九）喜交豪傑俠士

宋代的俠士中，喜好與豪傑俠士交遊者不少，這和俠士豪爽、不拘小節的性格有很大的關係。代表者有：郭進、華岳、柳開、陳慥、李彥仙、張景、高言、冀州俠少、陳亮、周南、唐玉潛、宋江集團、忠義社、宗澤、汪革、邱祈、詹世勛、昔橫、劉源、王小觀、熊飛、喻南強、鄭采翁、潘中等人。

在宋代俠士活動型態統計中，一位俠士所展現的活動型態可能會有好幾種，這是合乎情理的，故筆者亦本於資料記載收入統計，並加以分析說明。另外，關於上述九種俠士活動型態統計、分析，雖沒有辦法將所有的俠士行徑、生活狀態完全涵蓋，但對於我們了解宋代俠士的生活，俠士與社會的關係，俠士的風格特色仍是有一定的幫助與意義的。

二、俠士活動與朝廷關係

在宋代俠士活動型態整理後，逐一討論活動方式和朝廷之間的關係是最為貼切的。但相關俠士實例在法律、經濟層面已有論述，故本小節僅著重於扼要的關係探討，作為分析俠士困境與出路的開端。

（一）違常道的財物獲取

這種活動方式，對朝廷和律法的衝擊影響較大。就宋代俠士的實例觀察，發現俠士從事這方面的活動後，招致朝廷捕滅的情況為多。

（二）復仇、代人復仇

這種活動方式是俠士所定的人間正義展現之一，但復仇往往牽扯到傷人、殺人，除非想復仇的對象是盜賊，朝廷加以追究的情況較低。但若為平民百姓或官員，則招致朝廷追捕、制裁的情況為多。

（三）賑濟貧弱（急人之難）

賑濟貧弱是俠士俠義精神的直接宣揚，因此，也是俠士重視的活動方式。

由於此類活動有著義善的目標與溫和的手段，是俠士活動普遍受到肯定的一種。但若涉及違常道的財物獲取，再進行賑濟貧弱，則宋廷的追捕難免。

（四）有恩必報

這類活動亦屬常見，是俠義精神的展現，亦是俠士形象大受美化之處。俠士身份為平民百姓時與朝廷關係較小，對社會風氣的影響較大。但俠士若仕進為官，盡忠職守，報皇帝、朝廷知遇之恩，對國家的安定影響深遠。

（五）**路見不平，起而相助**（急人之難）

這類活動方式，是俠士所定人間正義的具體展現，在宋俠活動次數佔第二強，亦少受朝廷法治影響，因為助人是好事。但就宋俠實例觀察，俠士若因助人而殺人，則朝廷的追捕便會展開。

（六）飲　博

宋代的城市發達，因此，俠士喜好飲博活動者不少，這也是俠士豪邁性格，不拘小節作風的展現，但若因飲博而鬧事，則朝廷必定介入處理，事情就會複雜化。此外，喜飲博者中游手亦多，兩種角色的混淆及不易區分，使得社會輿論對俠士的負面評價升高。

（七）入仕為官

是宋代俠士最普遍的活動型態，觀察宋俠入仕為官的普遍表現，多屬盡忠職守、氣節高操、憂國憂民、治蹟卓越、提攜後進等作為，對於朝廷和社會，都是正面意義大於負面影響，相當值得肯定。

（八）武術的習練

武術和俠士常被劃上等號，但在宋代俠士中，喜好武術習練活動者，只佔俠士活動方式的第四位，其中協助抗金、抗元、抗賊、抗亂佔有很大的成份。俠士武術的展現，若運用在這些方面，是受到朝廷肯定和支持的。但若是展現在叛亂上，則會招來朝廷的鎮壓與追捕。觀察社會百姓態度，俠士因具高強武功而受到他們仰慕的情況十分普遍，亦是俠士常被美化的原因。

（九）喜交豪傑俠士

喜好與豪傑俠士交遊者不少，這和俠士豪爽、不拘小節的性格有很大的關係，在所有宋代俠士活動方式中佔第三位，也是宋俠喜歡的活動型態之一。但在宋俠中也因為這個活動型態的擴散，俠士集團應運而生，成為一大特色。

若形成的俠士集團乃為了協助宋廷平亂、抗敵、抗賊，則宋廷是能夠鼓勵與包容的，亦能得百姓的敬仰。但若有對抗、叛亂的跡象產生，則朝廷的追捕在所難免，百姓自然多所畏懼，負面評價便隨之升高。

細究俠士活動與朝廷的關係，除少數易與朝廷產生衝突外，多數活動型態都是能被宋廷與百姓接受的，這和宋代俠義、忠義、求取功名、保家衛國等觀念的結合有很大的關係。

三、俠士的困境與出路

綜合本章所論，宋代的俠士不屬於特定階層，來源成份很複雜，各階層都有。且在不同於唐、五代的政策和嚴密的法律制度施行下，俠士在宋代只能算是其精神、人格或行徑的象徵，更非終身的職業，這是重要的研究所得。在朝廷的追捕、法律的不容、政治影響力的衰落等困境下，俠士們只能改變行俠的方式，化明為暗、以入仕行俠、或隱身市井、綠林中，在強大的法治壓力下，為俠義宗旨尋找適合的出路，但困境並非絕境，這些社會狀態變化產生的困境，可謂是促使宋代俠士風格轉變的新動力。

前述，入仕為官的轉化是俠士活動中比例最高的型態，這種現象是否成為宋代俠士的出路，值得多方面探討。除本章第一節所論，名利富貴之欲的社會心理，驅使俠士步入官場，爭取富貴名利外，宋代俠士因國家處於戰亂，投身軍旅伸展抱負，建功立業者亦不在少數。其它如科舉取士、教育風氣、儒家思想的潛化等，和俠士入仕方面的流動亦有很大的關係。〔註246〕

在中國，讀書的人都想做官，這不但因為中國產業不發達，知識份子除了做官之外，沒有別的謀生方法，還有就是受了儒家思想的影響。儒家思想是由「修身齊家」出發的，而結局則歸於「治國平天下」。「治國平天下」是政治家的職務，而在社會尚未發達，民智尚未進步的時候，人們要用自己的才幹，以實行「治國平天下」的抱負，必須做官，用現代的話說，就是必須取得政權，這個儒家思想對中國讀書人的影響論述十分貼切，可以用來解釋宋代俠士入仕為官活動熱烈的現象。〔註247〕

《宋史》中對於神宗時代重視儒學的態度記載如下：「神宗尤重儒學，自京師至郡縣，既皆有學，歲時月各有試，程其藝能，以差次升舍。」〔註248〕

〔註246〕陳義彥，前揭書，頁157～183。
〔註247〕薩孟武，《水滸傳與中國社會》（台北：三民書局，1967年初版），頁54。
〔註248〕《宋史》，卷一五七〈選舉三〉，頁9373。

布衣階層憑才華踏上仕途，官員子弟，沒有才幹未能屬於禮義者，漸趨沒落，這種升降的流動現象，儒家思想的潛移默化，實爲一個影響的暗流，是非常合理的論述〔註 249〕。因此，宋代俠士努力求仕進的活動比例高，便不足爲奇。

　　分析宋代社會、法律、經濟、俠士活動狀態與困境後，筆者將宋代俠士的出路模式整理如下：（一）入仕爲官：藉由爲官，展現俠義精神的風範，繼續濟弱扶傾，如元達、王倫、張詠等人。（二）與官府合作：抗賊、除霸，在俠義的行爲中，接受了宋代法律的規範，如孫益、燕竣、劉仁罕等人。（三）隱身市井、山林：在宋代強大的法制壓力下，隱身於市井、山林中，生活看似平常，但仍繼續奉行俠義宗旨，如陳慥、蚪須叟〔註 250〕、孫立、陳俞、王達等，這類俠士亦不少。（四）與朝廷對抗，如宋江的三十六人集團、王寂、亡命社、沒命社等人，就採取了這種激烈的對抗方式，宣揚自己的俠義精神與理念。整體而言，這四種宋代俠士出路模式，是符合宋代歷史狀態的。

　　汪涌豪說，理論上，政治清明的時代不需要俠士，因爲在這樣的時代社會裡，各種法律完備，官吏奉公守職，人民因此得以安居樂業〔註 251〕。但在中國歷史上卻非如此，在唐太宗時代雖有貞觀之治的美稱，但是俠士的活動仍有所載〔註 252〕。本文所論的宋眞宗、仁宗時代也都算是政治清明的時代，但是據本文第二章的俠士統計，這時期相關俠士的記載亦不在少數，由此可知，俠士的出現和政治清明，似乎沒有絕對的關係。

　　此外，由宋代俠士的探究即可看出，社會環境等各種變化，和俠士的存在有著一定的因果關係，但俠士始終沒有消失，因爲俠士並非職業；只是一個複雜的象徵形象，各階層的人只要能展現此種俠義精神與行徑，是隨時可以加入俠士行列的。觀察本文第二章的宋代俠士活動分期，五個時期中俠士人數與活動都有一定的變化，即可看出宋俠的困境、出路與社會的局勢有很大的關係。總體而言，宋代俠士的困境是存在的，尤其是來自朝廷、和律法間的壓力與限制，因此，他們只得尋找新出路、轉變喜歡的活動型態，繼續宣揚自己所定人間正義宗旨與信念。

〔註 249〕陳義彥，前揭書，頁 182。

〔註 250〕佚名，《北裔記異》，蚪須叟。

〔註 251〕汪涌豪，前揭書，頁 341。

〔註 252〕劉昫等撰，《舊唐書》（新校本，台北：鼎文書局，1998 年第九版），卷一三五，列傳六十〈太宗紀〉，頁 4569～4576。論述太宗能有所成，和俠士協助有很大的關係。

第五章 結 論

　　唐、五代時期崇尚武力，以武人爲主的俠士風格十分鮮明、強烈，在政權更替後，部分俠士的特點亦延續到北宋初年，但隨即有了不同的變化。因爲唐、五代時期，許多俠士與藩鎮關係密切，甚至爲其所用，在朝廷中有一定影響力。但宋代鑑於藩鎮挾勢自重犯上作亂的教訓，有著不同於前朝的政治措施及社會風氣調整，如科舉發達、中央集權、重視儒學等原因，造成俠士在質與量上的另一波轉變，這也是宋代與唐、五代俠風較爲顯著的區隔。

　　除特定的宋代俠士定義外，筆者所提出的幾個宋俠重要意涵：（一）宋代俠士行徑可以強烈特殊與平淡一般加以談論，觀察重點在於他們的震撼力與影響力。行徑強烈的俠士造成的社會影響層面大，如劫富濟貧活動便易受到宋廷的壓制。反觀，俠行平淡、溫和者，不但對於社會秩序沒有任何的破壞，自然也不會受到宋廷的任何懲治。（二）宋代俠士們都有著自己的俠義精神與個人的想法特質。在其濃烈的行徑和配合社會制度的態度上，和一般的士人義行是有所區隔的。他們並不在意是否有組織或社會制度的奧援，俠士的俠義精神與義舉是一種隨性的行爲展現。（三）時代的動盪，「忠」、「義」概念和宋俠的意涵密不可分。這些宋代俠士特色的展現，亦值得重視。

　　俠行濃淡和環境之間的關係，俠義精神的行爲展現，講求個人所定的人間正義與宋俠間的複雜問題探討等。對照於龔鵬程所論，每個時代都有不同的俠士面貌，俠士並不是固定的類型或人物，這些面貌與性質，雖與俠士起源時的意義有關，卻往往隨著時代的心理需求而變異，即可合理解釋宋俠的相關變化。此外，韓非所論的「俠以武犯禁」，或司馬遷所提「重然諾，輕生死」等古代俠士概念，對宋代俠士的影響仍是極爲深遠的。因爲，在本文的

探討中，許多宋俠的觀點、俠義行徑正是韓、馬論點的延續、轉化、擴充，這層關係是不容忽視的。

本文在宋代俠士的概況與類型研究中，以歷史學角度回顧俠意識觀念的轉變與問題，宋代社會中時人對俠士的普遍見解，近來學者對宋代俠士意涵的探討，並針對俠士的家世與出身，所處時期與地理分布，俠士的類型等加以統計、歸類、分析，在相關史料的佐證下，完成基礎性的俠士概況整理，為俠士議題研究開啟一條較為務實的道路，讓俠士的研究與分析；具有更深層的可探性與說服力。而整理俠士概況的研究模式，在這次的探討中亦產生一些具體的數據，可運用在解讀俠士風格的變化上。

就時間分期而言，俠士在宋代社會中的活動情形確有高低峰之產生，其中，北宋末南宋初這個宋代的動亂期，俠士活動最為頻仍，北宋初、南宋末期俠士活動情形亦不少。只是，南宋末這個大變動時期的俠士活動記載不如預期的多，目前則以保存史料過少，俠士與支持南宋朝廷的義士之間界定模糊，這兩個論述是較為合理的探討。

本文第二章所提，宋代俠士的行徑有強烈特殊與平淡一般可以談論，行徑強烈的俠士影響的社會層面較大，易受到宋廷的壓制，如宋江、王寂、亡命社、沒命社等集團性俠士都是這方面的例證。反觀，陳亮、王克明、王忠等人，他們的行俠仗義對於社會秩序沒有不當的破壞，故未受到宋廷的任何懲治。另外，加入義軍行列的梁興、忠義社、杜澣、李全等人則是俠士因時局而轉換行俠風格與行徑的代表。而這種時局變遷影響俠士行徑的現象，在北宋初期、北宋末南宋初期、南宋末期三個時期最為顯著。

宋代俠士的家世部分，以家貧者與官家後代居多，社會地位差距較大。家富而為俠士者佔少數，如王延範、楊允恭，就是少數家世富裕而有俠義之精神者，這個現象則反應，安逸的生活環境中俠士不易產生。

宋代俠士有武人、文人、恩蔭、平民百姓等種類的出身，因此他們的社會地位與影響力有了不同的轉變。且宋代官員以文人與恩蔭出身；仕途才能有較好的發展，更營造出宋代特有的俠士風格。另外，許多俠士在成為官員後，史料上便不再以俠士稱呼，反而習慣性以其官銜稱之，如張詠、楊業、張齊賢等人之記載即為實例。由此亦可知，在多數宋人的心中；公權力（官銜稱謂）之價值，是遠大於在社會中闖蕩之俠士名號的。

談宋代俠士的分布區域，可以有幾個見解：（一）開封府周邊，是北宋俠

士活動的活躍區，另外，河北路、陝西路俠士的風氣也很盛。（二）南宋俠士以兩浙路、福建路等靠近臨安府之記載爲多。（三）多數俠士的籍貫和活動區域相同，但也有例外的，如只有活動區域記載，卻未有相關籍貫資料。（四）整體而言，宋代俠士的分布區域除上述河北、陝西、兩浙幾路及開封府等經濟發達區外，零散者爲多，沒有特別集中的現象產生。另外，部份俠士的活動區域有橫跨幾個省、縣的現象亦值得注意。

　　宋代俠士的類型問題，筆者以俠士的行事風格與影響力，將俠士區分爲個人與集團兩大類，這兩大類型還可依其代表性；細分爲幾種典型進行探討，如個人類型的俠士；依出身可分爲：文人、武人與平民百姓等類；以其行爲探討：則可分爲刺客與盜俠兩種；以性別作爲區隔，則可分爲一般的男性俠士與少數的女性俠士。集團性的俠士則可分爲：綠林、祕密結社團體、小集團三種。在僞俠、武俠非宋代俠士類型特點的問題上，也有一番論證。整體而言，這兩類的分法，是符合歷史中宋代俠士狀態的歸納。

　　在宋代俠士的個案探究部分，筆者試圖處理家世與出身對俠士的影響，他們所扮演社會角色與地位的轉變，俠士精神在其後代子孫身上的延續與差異，及探討社會經歷、外在環境、家族精神與人格特質對其俠行之影響，深入解析宋代俠士的成因、特色、影響力等問題。發現外在環境、家族風範對俠士的影響頗大，以楊業與王倫兩個個案的研究即可證明。此外，俠士家風對後代的影響，卻未必是子孫入仕爲官的保證，牽涉的層面相當廣泛，其中，宋廷的政策與社會風氣等因素最值得注意。

　　在宋代各期的個案探究中，筆者也對於劉若愚所提，信念支配俠士行爲，他們無視法律，雖替人伸了冤，卻因此加深社會秩序混亂的看法，有所認同。因爲，從許多個案中可以發現，部份俠士的俠行，是隨性、沒有計劃的，對法治的破壞並不是那麼在意。故說宋代俠士不是一種職業或是階層，而是一群具有俠義精神、信念、性格、行徑人士的象徵，這是不爲過的。

　　中國歷朝中俠士之風互有消長，可以討論的原因很多，但以汪涌豪所說，多數俠士必須在朝廷的控制下仗義行俠，在宋代俠士與法治關係研究上，是最爲合理的論述。因爲，在宋代的專制法律下，俠士的轉化與調整是明顯的，爲得就是爭取更大的生存空間，這點和汪涌豪所論大致是符合的。

　　表面上，宋代俠士似乎不如唐、五代時期活躍，但他們的俠行和法律間的衝突是沒有減少的，只是和前代相較，確實含蓄了許多，這和宋代社會風

氣有關。綜觀宋代，內外問題複雜，律法規範嚴密，社會不安的因素仍多，因此，部份俠士活動和法治之間的矛盾終難停止。

此外，前述馬小紅所論，在傳統法律觀中，法律不是最高的，法律之外，尚有「法上之法」，那就是「道德」。這或許能簡單解釋俠士其行雖違法卻長期存在的現象，但俠士的研究其實更為複雜。宋代俠士講求自己所定的人間正義，並以此為個人生命的宗旨，這個論述比道德說更貼近俠士的真實狀態。此外，俠士與法治研究需要更多元的思考與論證才能有所突破，故本文之探討雖有些見解，仍有許多努力的空間。

就俠士與經濟關係探討，發現宋代賦稅與役法嚴苛，加深人民生活的困苦，導致人民棄田逃亡，流離失所，淪為賊盜。另外，課利日增，盜賊日重，賦役不均，而造成社會治安的惡化，則是社會經濟問題的擴大，其中集團性俠士宋江、亡命社、沒命社等造成的影響是最值得注意的。整體而言，集團性俠士活動造成的社會不安，是宋代俠士對經濟產生的最大影響。

此外，許多俠士散盡家財，召集民兵、豪傑對抗金或元的義舉，是支持宋廷的重要力量，也是一種不可忽視的經濟影響。就本文之研究結果而論，其實俠士對社會經濟的影響並不強烈，但也不能說沒有衝擊。因為，有時俠士把俠義精神擺置的比個人的經濟生活還重要，故部分俠行對平民百姓的困苦生活或宋廷的安定仍是有一定助益的。

唐、五代時期，商業經濟較有顯著的發展，具規模的城鎮開始形成，也為俠士的活動提供了很有利的條件，這段時期俠士的風行，是社會生活中一個不可忽視的事實，俠士在朝廷中十分活躍，俠風之盛可見一般。而宋代首都城市的發展、賦役的繁重，對俠士行徑的影響亦不能輕忽，因為宋代俠士在首都活動的記載不少，這和城市機會多，商業發達有很大的關係。

宋代俠士的活動狀態中，我們以九種行徑進行歸納、分析：（一）違常道的財物獲取。（二）復仇、代人復仇。（三）賑濟貧弱。（四）有恩必報。（五）路見不平，起而相助。（六）飲博。（七）入仕為官。（八）武術的習練。（九）喜交豪傑俠士。這幾種宋代俠士活動狀態，雖沒有辦法將所有的俠士活動完全涵蓋，但對於我們了解俠士的生活與社會的關係幫助是很大的。此外，一個俠士的活動狀態有多元的現象產生與交錯，亦是值得注意的。因為，這現象反映出俠士的活動類型並非只拘限於一種，對俠士研究的視野拓展極有影響，並貼近宋代俠士的歷史活動狀態。

在分析宋代法律、經濟狀態後，可將宋代俠士的出路模式區分爲：（一）入仕。（二）與官府合作。（三）隱居山林。（四）與朝廷對抗等四種，這大致是合理的分法。因爲俠士是一種象徵，他們藉由行俠模式轉換與調整，讓自身的俠義精神與道德觀念得以發揮，這並非怯弱，而是爲了俠士精神的延續，相當值得肯定。

汪涌豪說，理論上政治清明的時代不需要俠士，因爲在這樣的時代與社會裡，各種法律完備，官吏奉公守職，人民得以安居樂業。但在中國歷史上事實卻不是如此，在唐太宗時代雖有貞觀之治的美稱，但是俠士的活動仍有所載，本文所論的宋眞宗、仁宗時代也都算是政治清明的時代，但是據本文第二章的俠士統計，相關政治清明時期的俠士記載亦不在少數，由此可知，俠士的出現和政治清明似乎沒有絕對的關係。

我們亦可說，即使政治清明的時代，但社會人群複雜，不免有「正義」不及之處，需要俠士來主持社會正義。這和前述所論，俠士的存在與世間律法、人間正義，和帝王的政治利益有很大的關係，且是相互呼應的，集團性俠士也就是在這樣情況下，不斷受到朝廷壓制的。但部份個人風格型俠士，他們的活動情形多爲報恩、交結豪傑俠士、打抱不平、救濟貧弱等，並不會引起朝廷的重視與忌憚。因此，就宋代俠士產生的原因而言，與其行俠的宗旨、人間正義的信念有絕對的關係，和時代的政治清明關係顯然較小。

但據本文第二章研究統計，以北宋末南宋初的時局而論，俠士數量又是宋代各時期中最多的，因此，政局是否穩定、政治是否清明，和俠士的數量似乎又有一定的關係。故綜合而言，理論上，政治清明的時代不需要俠士，論述太過武斷，但卻有一定的道理，不能完全拋棄，以宋代俠士狀態進行論述與分析，即可看出此論點中的缺漏。但也不能排除一種可能，就是政治清明的時代，在中國歷史上從來就沒有眞正出現過，因爲士人對政治的觀感和平民百姓對政治清明的看法，本來就存在著差異性。

人的生命歷程會轉變，俠士亦不例外，他們可以仕進爲文官、武將，但爲官後是否就不再是俠士，有時是很難區隔的，因爲，中間存在著極大的灰色地帶。有人終生奉行俠義宗旨，有人轉而追求功名但仍不忘行俠，有人甚至開始追求私慾，這也是研究俠士這個象徵形象困難之處。也由於面臨這幾層思考，故俠士研究不像分析一種職業或制度，時間界線可以下的明確。俠士研究中其生命歷程轉變現象，不僅要重視；更要仔細探討才能有所獲。

　　以俠士的歷史事蹟記載進行探討，雖然可以在一定程度上解決俠士活動衍生的問題，但亦有因現存史料記載過於零散，而難以運用與討論的困境。如：家世、出身、卒年資料記載不詳等，對於資料的處理統計、分析等幾方面多少都有些影響。但整體而言，本次宋代俠士研究的相關基本概況整理，尚能平實反應出當時社會中的俠士狀態。

　　在宋代複雜的社會階級中，由於君主政治的獨裁，與官僚權力的分散，俠士在政治上並未能擁有強大而足以改變現狀的影響力。但他們的存在，對於宋廷、不仁不義的貪官與富戶，卻有一定的嚇阻作用。而相對於平民百姓，則提供一個人間正義維護者的形象，帶給他們公平正義的希望，因此，對於平民百姓生活的影響較大。

　　社會環境和國家局勢的各種變化，和俠士的出現可謂有一定的因果關係，因此，本文第二章所分宋代各個時期中，俠士雖有多寡的區別，但始終沒有消失，提供了一個重要註解，即代表著一種衝擊與反應現象的形成。就如筆者前述所論，因為俠士只是一種象徵，各階層的人只要有此俠義精神、行為，隨時都可以以其俠義行徑加入俠士行列的。

　　行為違法，不代表就是惡人，這在法治嚴密的宋代社會裡，是很重要的概念，宋代各個時間分期中，處處可見俠士的不完美與違法犯禁，但仍不時出現他們的蹤影，就是最佳的例證。這也意味著部份百姓對俠士的一種依賴與期待。宋代俠士有著自己的俠義性格與信念，雖不能成為一個固定階層或職業，但整體而言，其行徑與精神；對宋代社會應是利弊相參的。

　　藉由相關史料的蒐集為依據，以兩宋時期俠士的基本狀態、社會互動、時代脈絡釐清、活動與出路模式等進行分析，呈現宋代俠士較為多元的面貌，是符合當時社會狀態的探討，也可證明俠士活動與社會的關係是複雜、依存而不能忽視的。此外，本文在俠士與宋代社會狀態的探討與著墨，可讓宋史研究者對宋代中下階層的流動、宋代俠士的生活；有更深一層的認識，對於宋代研究中新課題的開拓，應該是有些意義的。

徵引書目

一、史料與古籍

1. 丁傳靖，《宋人軼事彙編》，台北：臺灣商務印書館，1982 年 9 月台二版。

2. 上海古籍出版社本社編，《宋元筆記小說大觀》，上海：上海古籍出版社，2001 年第一版。

3. 王洋，《東牟集》，台北：臺灣商務印書館，1983 年初版。

4. 王稱，《東都事略》，台北：國立中央圖書館，1981 年 2 月。

5. 王明清，《揮麈錄》，上海：上海書店出版社，2001 年 8 月第一版。

6. 王銍撰，朱杰人點校，《默記》，北京：中華書局，1981 年第一版。

7. 文瑩，《湘山野錄》，北京：中華書局，1997 年初版。

8. 田汝成，《西湖遊覽志餘》，台北：木鐸出版社，1982 年初版。

9. 司馬遷撰，裴駰集解、司馬貞索隱、張守節正義，《史記三家注并附編二種》，台北：鼎文書局出版社，2002 年十三版。

10. 四川大學古輯整理研究所編，曾棗莊、劉琳主編，《全宋文》，上海：巴蜀書社，1990 年第一版。

11. 江少虞撰，《宋朝事實類苑》，上海：上海古籍出版社，1981 年一版。

12. 中國社會科學院歷史研究所宋遼金元史研究室點校，《名公書判清明集》，北京：中華書局，2002 年 12 月第一版二刷。

13. 李攸，《宋朝事實》，台北：廣文書局，1979 年 12 月初版。

14. 李清臣，《琬琰集刪存》，台北：成文出版社，1966 年。

15. 沈括，《夢溪筆談》，收錄于《四部叢刊》，台北：臺灣商務印書館，1979 年。

16. 沈俶，《諧史》，北京：中華書局，1991 年。

17. 李心傳，《建炎以來繫年要錄》，北京：中華書局，1985 年新一版。

18. 佚名，《大宋宣和遺事》，台北：商務印書館，1973 年台四版。

19. 李燾撰，《續資治通鑑長編》，北京：中華書局，2004 年第二版。

20. 宋綬、宋敏求等編，司義祖校點，《宋大詔令集》，北京：中華書局，1962 年 10 月第一版。

21. 何薳，《春渚紀聞》，北京：中華書局，1997 年第一版。

22. 房玄齡等撰，楊家駱主編，《晉書》，台北：鼎文書局新校本，1990 年六版。

23. 周光培編，《宋代筆記小說》（宋）（二十四冊），河北：河北教育出版社，1985 年 2 月一版一刷。

24. 周密，《癸辛雜識》，北京：中華書局，1997 年第一版。

25. 周密，《武林舊事》，北京：中華書局，1999 年第一版。

26. 周輝撰，劉永翔校注，《清波雜志》，北京：中華書局，1994 年第一版。

27. 邵伯溫，《邵氏聞見錄》，北京：中華書局，1997 年 12 月第一版。

28. 孟元老等，《東京夢華錄》，台北：實學社，2004 年初版。

29. 吳自牧，《夢梁錄》，上海：上海書局，1991 年第一版。

30. 洪邁，《容齋隨筆》，上海：上海古籍出版社，1998 年 3 月初版第二刷。

31. 洪邁，《夷堅志》，台北：臺灣商務印書館，1981 年。

32. 洪邁，《夷堅志再補》，台北：新興書局，1988 年。

33. 馬端臨，《文獻通考》，北京：中華書局，1999 年第一版三刷。

34. 徐松（輯），《宋會要輯稿》，台北：新文豐公司，1976 年。

35. 徐夢莘，《三朝北盟會編》，台北：大化書局，1979 年 1 月初版。

36. 莊綽，《雞肋編》，北京：中華書局，1997 年一版。

37. 脫脫等撰，楊家駱主編，《宋史》，台北：鼎文書局新校本，1998 年九版。

38. 脫脫等撰，楊家駱主編，《遼史》，台北：鼎文書局新校本，1999 年二版。

39. 脫脫等撰，楊家駱主編，《金史》，台北：鼎文書局新校本，1998 年七版。

40. 陸心源輯撰，《宋史翼》，北京：中華書局，1991 年第一版。

41. 陳舜俞，《都官集》，台北：新文豐出版社，1989 年台一版。

42. 清聖祖敕編，《全唐文》，上海：上海古籍出版社，1993 年。

43. 陶宗儀，《南村輟耕錄》，北京：中華書局，1959 年初版。

44. 葉紹翁，《四朝聞見錄》，北京：中華書局，1997 年第一版。

45. 曾鞏，《隆平集》，成都市：巴蜀書社，1993 年第一版。

46. 程毅中編著，《古體小說鈔──宋元卷》，北京：中華書局，1995 年一版。

47. 趙汝愚編，北京大學中國中古史研究中點校整理，《宋朝諸臣奏議》，上海：上海古籍出版社，1999 年第一版。

48. 趙翼撰，黃壽成點校，《廿二史劄記》，瀋陽：遼寧出版社，2000 年一版。

49. 劉昫等撰，楊家駱主編，《舊唐書》，台北：鼎文書局新校本，2000 年九版。

50. 歐陽修，宋祁同撰，楊家駱主編，《新唐書》，台北：鼎文書局新校本，1998 年九版。

51. 歐陽修撰，徐無黨注，楊家駱主編，《新五代史》，台北：鼎文書局新校本，1998 年七版。

52. 潘永因編著，《宋稗類鈔》，北京：書目文獻出版社，1985 年。

53. 蔡絛，《鐵圍山叢談》，北京：中華書局，1997 年第一版。

54. 薛居正等撰，邵晉涵輯，楊家駱主編，《舊五代史》，台北：鼎文書局新校本，1995 年八版。

55. 韓非著，傅武光、賴炎元注譯，《新譯韓非子》，台北：三民書局，2003 年初版三刷。

56. 竇儀等撰，《宋刑統》，台北：仁愛書局，1985 年 10 月版。

二、金石、方志資料

1. 《石刻史料新編》第一輯（三十冊），台北：新文豐出版公司，1977 年。

2. 《石刻史料新編》第二輯（二十冊），台北：新文豐出版公司，1977 年。

3. 《石刻史料新編》第三輯（四十冊），台北：新文豐出版公司，1977 年。

4. 《宋元方志叢刊》，北京：中華書局，1990 年第一版。

5. 陸文煥纂修，張顧恆增修，《臨安縣志》，北京：中國書店，1992 年。

三、專　書

（一）近人專著

1. 方豪，《宋史》，台北：華岡出版有限公司，2000 年 9 月再版二刷。

2. 王立，《中國古代豪俠義士》，合肥：安徽人民出版社，1996 年第一版。

3. 王明蓀，《宋遼金史論文稿》，台北：明文書局，1988 年再版。

4. 王齊，《中國古代遊俠》，台北：台灣商務印書館，1998 年初版。

5. 王曾瑜，《宋朝階級結構》，石家莊：河北教育出版社，1996 年。

6. 王壽南，《中國歷代思想家十一》，台北：臺灣商務印書館，1999 年更新版。

7. 王德毅，《宋史研究論集》，台北：臺灣商務印書館，1993 年修訂版。

8. 王聖鐸,《兩宋財政史》,北京:中華書局,1995 年第一版。

9. 王學泰,《游民文化與中國社會》,北京:學苑出版社,1999 年第一版。

10. 王學泰、李新宇,《水滸傳與三國演義批判》,天津:天津古籍出版社,2004 年第一版。

11. 白鋼主編,朱瑞熙著,《中國政治制度通史——宋代卷》,北京:人民出版社,1996 年一版。

12. 加藤繁,《中國經濟史考證》,台北:稻香出版社,1991 年初版。

13. 艾蒂安·白樂日(Etienne Balazs)著;黃沫譯,《中國的文明與官僚主義》,台北:久大文化,1992 年初版。

14. 艾瑞克·霍布斯邦著,鄭明萱譯,《盜匪:從羅賓漢到水滸英雄》,台北:麥田出版社,1998 年初版。

15. 朱瑞熙,《宋代社會研究》,台北:弘文館,1986 年初版。

16. 伊永文,《宋代市民生活》,北京市:中國社會出版社,1999 年第一版。

17. 李用兵,《中國古代法制史話》,北京:商務印書館,1996 年第一版。

18. 李則芬,《宋遼金元歷史論文集》,台北:黎明文化出版社,1991 年初版。

19. 李弘祺,《宋代官學教育與科舉》,台北:聯經出版社,1994 年初版。

20. 李樹桐,《隋唐史別裁》,台北:商務印書館,1994 年初版。

21. 李貴錄,《北宋三槐王氏家族研究》,濟南:齊魯書社,2004 年一版。

22. 汪涌豪,《中國游俠史》,上海:復旦大學出版社,2001 年 8 月初版一刷。

23. 汪涌豪、陳廣宏,《俠的人格與世界》,上海:復旦大學出版社,2005 年第一版。

24. 汪涌豪、陳廣宏,《游俠錄——中國歷史上的游俠》,台南:笙易文化部,2002 年初版。

25. 何冠環,《北宋武將研究》,香港:中華書局,2003 年 6 月初版。

26. 余嘉錫,《余嘉錫論學雜著》,台北:河洛圖書出版社,1976 年 3 月初版。

27. 呂志興著,《宋代法制特點研究》,成都:四川大學出版社,2001 年第一版。

28. 何忠禮、徐吉軍,《南宋史稿》,杭州:杭州大學出版社,1999 年第一版。

29. 宋代官箴研讀會編,《宋代社會與法律——《名公書判清明集》討論》,台北:東大圖書公司,2001 年 4 月初版一刷。

30. 吳兆清、赫志清,《中國幫會史》,台北:文津出版社,1996 年初版。

31. 竺青選編，《名家解讀水滸傳》，濟南：山東人民出版社，1998 年一版。

32. 苗壯，《筆記小說史》，浙江：浙江古籍出版社，1998 年 12 月第一版。

33. 苗書梅，《宋代官員選任和管理制度》，河南：河南大學出版社，1996 年 6 月第一版。

34. 周密著，《宋代刑法史》，北京：法律出版社，2002 年 4 月一版一刷。

35. 周寶珠、王曾瑜新撰，《北宋史》，上海市：上海古籍出版社，1997 年。

36. 易劍東，《武俠文化》，台北：揚智文化公司，2000 年 12 月初版。

37. 吳松弟著、葛劍雄主編，《中國人口史——第三卷・遼宋金元時期》，上海：復旦大學出版社，2000 年 12 月第一版。

38. John Winthrop Haeger 著，陶晉生等譯，《宋史論文選集》，台北：國立編譯館，1995 年初版。

39. 侯健，《中國小說比較研究》，台北：東大圖書公司，1983 年。

40. 紀振倫著，竺少華標點，《楊家府演義》，上海：上海古籍出版社，1980 年。

41. 胡昭儀主編，《宋蒙（元）關係史》，成都：四川大學出版社，1992 年第一版。

42. 姚從吾先生遺著整理委員會編，《姚從吾先生全集（五)》，台北：正中書局，1981 年。

43. 胡仲權，《武俠小說研究資料參考》，台北：萬卷樓圖書有限公司，1998 年 11 月初版。

44. 柳立言編，《宋元時代的法律思想和社會》，台北：國立編譯館，2001 年 1 月初版。

45. 倉修良，《中國史學名著評介》，台北：里仁書局，1994 年 4 月台一版。

46. 馬小紅，《中國古代社會的法律觀》，鄭州：大象出版社，1997 年第一版。

47. 孫國棟，《唐宋史論叢》，香港：商務印書館，2000 年初版。

48. 孫述宇，《水滸傳的來歷、心態與藝術》，台北：時報文化出版公司，1983 年二版。

49. 淡江大學中文系主編，《俠與中國文化》，台北：台灣學生書局，1993 年 4 月初版。

50. 黃寬重，《南宋時代抗金的義軍》，台北：聯經出版社，1988 年初版。

51. 黃寬重，《南宋史研究》，台北：新文豐出版公司，1985 年台一版。

52. 黃寬重，《南宋軍政與文獻探索》，台北：新文豐出版公司，1990 年 7 月台一版。

53. 黃寬重，《南宋軍地方武力——地方軍與民間自衛武力的探討》，台北：

東大圖書公司，2002 年 3 月初版。

54. 黃寬重，《史事、文獻與人物——宋史研究論文集》，台北：東大圖書公司，2003 年 9 月初版。

55. 惜秋，《宋初風雲人物》，台北：三民書局，1985 年初版。

56. 曹正文，《中國俠文化史》，上海：上海文藝出版社，1997 年第一版二刷。

57. 曹正文，《俠客行——縱談中國武俠》，台北：雲龍出版社，1998 年初版。

58. 曹亦冰，《俠義公案小說史》，杭州：浙江古籍出版社，1998 年一版一刷。

59. 陳平原，《千古文人俠客夢——武俠小說類型研究》，台北：麥田出版股份有限公司，1995 年 4 月初版一刷。

60. 陳山，《中國武俠史》，上海：上海三聯書局，1992 年第一版。

61. 陳峰，《北宋武將群體與相關問題研究》，北京：中華書局，2004 年第一版。

62. 陸德陽，《流民史》，上海：上海文藝出版社，1997 年第一版。

63. 陳橋驛主編，《中國六大古都》，北京：中國青年，1983 年第一版。

64. 陳寶良，《中國流氓史》，北京：中國社會科學出版社，1993 年初版一刷。

65. 梁庚堯，《南宋的農村經濟》，台北：聯經出版社，2003 年 5 月初版第三刷。

66. 梁庚堯，《宋代社會經濟史論集》，台北：允晨文化實業公司，1997 年初版。

67. 陶晉生，《北宋士族：家族婚姻生活》，台北：中央研究院——歷史語言研究所。

68. 陶晉生，《宋遼關係史研究》，台北：聯經出版社，2002 年初版五刷。

69. 陶希聖，《辯士與游俠》，台北：台灣商務印書館，1995 年 11 月台二版一刷。

70. 陶晉生，《宋遼金元史新編》，台北：稻香出版社，2003 年初版。

71. 郭東旭，《宋朝法律史論》，保定市：河北大學出版社，2001 年 8 月第一版第一刷。

72. 郭東旭，《宋代法制研究》，保定市：河北大學出版社，2000 年第二版。

73. 游瑞華執行編輯；張玉法總校訂，《名將評傳（宋金)》，台北：萬象出版社，1993 年初版。

74. 游彪，《宋代蔭補制度研究》，北京：中國社會科學出版社，2001 年 9 月第一版。

75. 傅正玲，《悲壯與蒼涼——水滸意境的探討》，台北：文津出版社，2001年一版。

76. 程民生，《宋代地域文化》，開封：河南大學出版社，1997年第一版。

77. 程民生，《宋代地域經濟》，台北：雲龍出版社，2002年3月初版二刷。

78. 鄧廣銘、漆俠主編，《中日宋史研討會論文選編》，河北：河北大學出版社，1991年一版。

79. 鄧廣銘，《鄧廣銘治史叢稿》，北京：北京中華大學出版社，1997年第一版。

80. 張志和、鄭春元，《中國文史中的俠客》，中國社會科學出版社，1994年10月一刷。

81. 張金鑑，《中國文官制度史》，台北市：中華文化出版事業委員會，1955年初版。

82. 張詠著，張其凡整理，《張乖崖集》，北京：中華書局出版，2000年第一版。

83. 張亮采編著，《中國風俗史》，上海：上海三聯書店，1988年影印本。

84. 董平、劉宏章，《陳亮評傳》，南京：南京大學出版社，1996年第一版。

85. 董海、王鴻鵬主編，《中國歷代武狀元》，北京：解放軍出版社，2002年第一版。

86. 董國慶，《武俠文化》，北京：中國經濟出版社，1995年第一版一刷。

87. 楊倩描、王曾瑜新撰，《南宋史》，上海市：上海古籍出版社，1997年。

88. 賈志揚，《宋代科舉》，台北：東大圖書公司，1999年初版。

89. 趙岡，《中國城市發展史論》，台北：聯經出版公司，1995年初版。

90. 趙岡，陳鍾毅，《中國經濟制度史論》，台北：聯經出版公司，1992年。

91. 趙敏、胡國鈞主編，《陳亮研究論文集》，杭州：杭州大學出版社，1994年第一版。

92. 趙曉耕，《宋代法制研究》，中國政法大學出版社，1994年第一版。

93. 蒙思明，《元代社會階級制度》，北京：中華書局，1980年一版。

94. 蔣復璁編著，《宋史新探》，台北：正中書局，1966年。

95. 漆俠著，《中國經濟通史——宋代經濟卷》（上下冊），收錄於周自強等主編，《中國經濟通史》，北京：經濟日報出版社，1999年第一版。

96. 鄭春元，《俠客史》，上海：上海文藝出版社，1999年第一版。

97. 鄭欽仁編，《立國的宏規》，台北：聯經出版社，2000年初版十刷。

98. 禚夢庵，《宋代人物與風氣》，台北：台灣商務印書館，1996年二版。

99. 閻崇年，《中國都市生活史》，台北：文津出版社，1997年8月初版。

100. 劉子健，《兩宋史研究彙編》，台北：聯經出版社，1987 年 12 月初版。

101. 劉子健，《中國轉向內在──兩宋之際的文化內向》，南京：江蘇人民出版社，2001 年 12 月一版。

102. 劉若愚（美）著，周清霖、唐發鐃譯，《中國之俠》，上海：三聯書店，1991 年 9 月初版。

103. 劉靜貞，《北宋前期皇帝和他們的權力》，台北：稻鄉出版社，1996 年 4 月初版。

104. 魯迅，《中國小說史略》，北京：人民文學出版社，1973 年第一版。

105. 黎靖德編；王星賢點校，《朱子語類》，北京：中華書局，1986 年第一版。

106. 薛梅卿、趙曉耕主編，《兩宋法制通論》，北京：法律出版社，2002 年 5 月初版。

107. 薩孟武，《水滸傳與中國社會》，台北：三民書局，1967 年初版十刷。

108. 鍾振振，《北宋詞人賀鑄研究》，台北：文津出版社，1994 年 8 月初版。

109. 聶崇岐，《宋史叢考》，台北：華世出版社，1986 年台一版。

110. 瞿同祖著，《中國法律與中國社會》，台北：里仁書局，2000 年 10 月。

111. 龔鵬程，《大俠》，台北：錦冠出版社，1987 年 10 月初版。

112. 龔鵬程、林保淳編，《二十四史俠客資料匯編》，台北：台灣學生書局，1995 年 9 月初版。

113. 龔鵬程，《俠的精神文化史論》，台北：風雲時代出版，2004 年 8 月初版。

（二）工具書

1. 昌彼得等編，王德毅增訂，《宋人傳記資料索引》，台北：鼎文書局，1977 年第一版。

2. 姜亮夫，《歷代名人年里碑傳總表》，台北：台灣商務印書館，1993 年台一版四刷。

3. 鄭騫，《宋人生卒年考示例》，台北：華世出版社新校本，1977 年。

4. 楊得鈞，《中國歷史地圖》，台北：中國文化大學出版社，1993 年一版二刷。

5. 梁廷燦，《歷代名人生卒年表》，台北：臺灣商務印書館，1979 年台二版。

6. 童世亨，《歷代疆域形勢圖》，台北：廣文書局，1982 年初版。

四、期刊論文

1. 王立，〈俠的負面與慕俠社會心理之失〉，《齊魯學刊》，1994 年第五期。

2. 王曾瑜，〈宋史研究的回顧與展望〉，《宋遼金元史》，1998 年 1 月。

3. 史江，〈宋代經濟互助會社研究〉，《中國社會經濟史研究》，2003 年第二期。

4. 李浩，〈原俠〉，《西北大學學報》，1996 年第一期第二十六卷。

5. 李裕民，〈楊業考〉，載於鄧廣銘、徐規（主編），《宋史研究論文集》，河北教育，1996 年。

6. 李裕民，〈楊家將史事新考〉，收錄於李裕民，《宋史新探》，西安：陝西師範大學出版社，1999 年第一版。

7. 李歐，〈論原型意象——「俠」的三個層面〉，《四川師範學院學報（哲社版）》，1994 年第四期。

8. 李弘祺，〈宋代官員的統計〉，收錄于《宋史研究集十八》，台北：國立編譯館，1988 年。

9. 李靈年、陳新，〈宋江征方臘新証〉，《文學遺產》，1994 年第三期。

10. 何竹淇，〈論宋代農民爭取土地的鬥爭〉，收錄於中州書畫社編，《宋史論集》，鄭州：中州書畫社，1983 年初版。

11. 汪涌豪，〈古代游俠社會關係之考究〉，《殷都學刊》，1994 年第二期。

12. 余丹，〈《水滸傳》與中國古代俠文化〉，《淮北煤師院學報》，2001 年 2 月，第二十二卷第一期。

13. 金毓黻，〈宋代官制與行政制度〉，收錄于《宋遼金元史論集》，台北：漢聲出版社，1966 年。

14. 吳旭霞，〈試述宋代的社會風氣〉，《江西社會科學學報》，1998 年第三期。

15. 李敏昌，〈論宋代法律制度的特點〉，《三峽大學學報》，2001 年 3 月，第二十三卷第二期。

16. 徐紅，〈論商品經濟對宋代社會生活方式的影響〉，《廊坊師範學院學報》，2002 年 3 月。

17. 翁麗雪，〈古俠考略〉，《嘉義農專學報》，第四十期，1995 年 2 月。

18. 孫桂芝，〈俠的氾濫與失落〉，《中國論壇》十七卷八期，1984 年 1 月。

19. 孫鐵剛，〈秦漢時代士和俠的式微〉，《台灣大學歷史學系學報》，第二期，1974 年 6 月。

20. 陳仲庚，〈激揚生命：行俠仗義與廣場狂歡之真原〉，《江漢論壇》，2002 年 4 月。

21. 陳惠芯，〈漢代社會中游俠階級屬性之探討〉，《史苑》第五十九期，1999 年。

22. 陳廣宏，〈關於中國早期歷史上游俠身分的重新檢討〉，《復旦學報（社科

版）》，2001 年第六期。

23. 勞榦，〈論漢代的游俠〉，《文史哲學報》（一），1948 年 4 月。

24. 路育松，〈試論王安石對吏錄的改革〉，《安徽史學》，1999 年第二期。

25. 楊曉紅，〈宋代占卜與宋代社會〉，《四川師範大學學報》，2002 年 5 月，第二十九卷第三期。

26. 楊聯陞，〈劉若愚：中國文史中之俠〉，《清華學報》，1970 年 8 月，新七卷第一期。

27. 魯德才，〈歷史中的俠與小說中的俠〉，《南開大學學報》，2001 年第一期。

28. 張業敏，〈俠議〉，《學術論壇》，1996 年 5 月。

29. 張秀平、羅秉良，〈邵晉涵與宋史研究〉，《文史哲》，1992 年第二期。

30. 張英，〈中國古代的俠〉，《文史知識》，1990 年第一期。

31. 黃啟昌，〈富民階層與宋代社會〉，《求索》，1995 年第三期。

32. 黃繁光，〈南宋中期的役法實況——以《名公書判清明集》為考察中心〉，收錄於宋史座談會主編，《宋史研究集》，台北：蘭臺出版社，2002 年第初版。

33. 雷家宏，〈宋代弓手述論〉，《晉陽學刊》，1993 年。

34. 鄭延君，〈俠骨文心賀鑄詞〉，《中國韻文學刊》，1996 年第二期。

35. 增淵龍夫，〈漢代民間秩序的構成和任俠習俗〉，《日本學者研究中國史論著選譯》，北京：中華書局，1993 年第一版第三卷。

36. 蔡松林，〈論宋代法治下俠風的轉變〉，宜蘭：《佛光人文社會學院——文學、歷史與社會三所研究生論文集》，2003 年，頁 179～213。

37. 劉永濟，〈論古代任俠之風〉，《思想與時代月刊》第十二期，1942 年 7 月。

38. 劉智民，〈論游俠與游民〉，《史學會刊》（師大），1992 年第三十六期。

39. 劉新風，〈論俠意識〉，《文史知識》，1990 年第六期。

40. 韓雲波，〈論中國俠文化的基本特徵——中國俠文化形態論之一〉，《西南師範大學學報（哲社版）》，1993 年第一期。

41. 龍登高，〈略論宋代各階層的演變趨勢〉，《中州學刊》，1998 年第三期。

五、學位論文

1. 王世宗，《南宋高宗朝變亂之研究》，台北：臺灣大學歷史所碩士論文，1987 年。

2. 朱倍儀，《宋代士人之義行》，台中：東海大學歷史所碩士論文，2003 年。

3. 孫鐵剛，《中國古代的士和俠》，台北：臺灣大學歷史所博士論文，1974年。

4. 崔奉源，《中國古典短篇俠義小說研究》，1983年政治大學中文所博士論文，台北：聯經出版事業公司，1986年3月初版。

5. 陳祈安，《宋代社會的命份觀念》，台北：臺灣大學歷史所博士論文，2001年。

6. 陳義彥，《北宋統治階層社會流動之研究》，台北：嘉新水泥公司，1977年。

7. 區萬鴻，《陳亮經世思想之發展研究》，香港：香港新亞研究所史學組碩士論文，2001年。

8. 黃繁光，《宋代民戶的職役負擔》，台北：中國文化大學史學研究所博士論文，1980年。

9. 黃純怡，《宋代刑法修正之研究》，台中：中興大學歷史所博士論文，2003年。

10. 游秀雲，《宋代傳奇小說研究》，台中：東海大學中國文學所碩士論文，1992年6月。

11. 鍾佳伶，《宋代城市治安的管理與維護》，台北：文化大學史學所碩士論文，2000年。

六、日文部分（依作者姓名筆劃排列）

1. 河上光一，《宋代の經濟生活》，東京都：吉川弘文館，1966年初版。

2. 高橋芳郎，《宋代中國の法制と社會》，東京都：汲古書院，2002年。

3. 梅原郁，《宋代官僚制度研究》，京都市：同朋舍出版，1955年。

附錄一　宋代俠士總表

人　物	出　身	家世（籍貫、活動地域）	生卒年（期）	終　官	記　載　出　處
楊　業	軍功	父爲刺使	宋太宗雍西三年卒	太宗贈太尉、大同軍節度使	《宋史》，列傳三十一、《東都事略》、《楊文公談苑》
陳　慥	與蘇軾馬上論用兵	父贈工部侍衛郎	北宋中期	隱居稱方山子	《宋史》，列傳五十七，陳希亮子、《邵氏聞見後錄》，卷第十五
劉　平	進士及第	父崇儀使	戰時被執沒於興州	贈朔方軍節度使兼侍中、謚壯武	《宋史》，列傳八十四、《東都事略》，卷一一○
耿　傅	父蔭	官家後代	元昊入寇	右諫議大夫	《宋史》，列傳八十四、《東都事略》，卷一一○
賀　鑄	娶宗女、隸籍右選	孝惠皇后之族孫	北宋中期	自號慶湖遺老	《宋史》，列傳二二○，文苑五、《宋人軼事彙編》，卷十四、《東都事略》，卷一一六
柳　開	開寶六年舉進士	父乾德初監察御史	年五十四，北宋初期	滄州刺史	《宋史》，列傳一九九，文苑二、《東都事略》，卷三十八、《澠水燕談錄》，卷三、《宋稗類鈔·豪曠》，卷之四
劉和仲	刻厲欲自成家	父官至秘書丞	早死，北宋中期		《宋史》，列傳二三○，文苑六，劉恕子
曹　偕	許州都監	韓王彬後代	徙河陽總管卒，北宋中期	河陽總管	《宋史》，列傳二二三，外戚中，曹佾從弟
曹光實	父蔭，光實嗣職	父爲蜀靜南軍使	太平興國五年，五十五歲	數州都巡檢使，卒贈賻加等	《宋史》，列傳三十一、《東都事略》，卷三十四
杜　滸	宰縣（恩蔭）	丞相範從子也	憂憤感疾卒，南宋末年	益王授司農卿、廣東提督、招討副使、督府參謀	《宋史》，列傳二一三，忠義九
王延範	薦舉	家富於財	太平興國九年間	廣南轉運使	《宋史》，列傳三十九

楊允恭	平賊入仕	家世豪富	咸平二年，年五十六	升州都巡檢使	《宋史》，列傳六十八
郭　進	軍功	少貧賤，為鉅鹿富豪傭保	太平興國四年卒，年五十八	贈安國軍節度	《宋史》，列傳三十二、《東都事略》，卷二十九
元　達	原亡命山林，求見太宗得隸帳下	家業農，洺州雞澤人	淳化四年卒，四十二歲	贈昭化節度	《宋史》，列傳三十四，卷二七五
王　倫	撫欽宗前都人亂	家貧無行	紹興十年，年六十一	東京留守兼開封尹、贈通議大夫	《宋史》，列傳一三○、《揮麈後錄》，卷之八、《金史·王倫傳》、《宋人軼事彙編》，卷十六
鄭　戩	舉進士	早孤力學	北宋中期	贈太尉、諡號文肅	《宋史》，列傳五十一、《續資治通鑑長編》、《宋人軼事彙編》，卷七
張　詠	登進士乙科	濮州鄄城人	年七十，北宋初年真宗年間	贈左僕射、諡忠定	《宋史》，列傳五十二、《春渚紀聞》、《宋人軼事彙編》，卷六、《倦游雜錄》、《玉壺清話》，卷六
嚴　蕊	官妓	台州府天台縣，微賤	南宋中年		周密，《齊東野語》，卷二十、洪邁，《夷堅志》
張齊賢	太宗擢進士	孤貧力學	大中降符七年	贈司徒，諡文定	《宋史》，列傳二十四、劉斧，《青瑣高議》、《宋稗類鈔·豪曠》，卷之四
楊　美	軍功	青州文水人	太平興國三年卒，年四十八	贈侍中	《宋史》，列傳三十二
劉仁罕	率眾潰賊	父以純厚聞於鄉黨	北宋初年	同州都校	《宋史》，列傳三十四
劉　謙	應募從軍	官家後代	大中祥符初年，年六十	贈侍中	《宋史》，列傳三十四
燕　竦	率其屬迎符彥卿	青州，後家曹州	北宋初年		《宋史》，列傳五十七，燕肅父
陳　亮	上書孝宗，進士	中產，婺州	寧宗時卒	諡文毅	《宋史》，列傳一九五，儒林六、《四朝聞見錄·天子獄》、《宋人軼事彙編》，卷十七
李　毅	舉進士	潁州汝陰人	建隆元年卒，年五十八	贈侍中	《宋史》，列傳二十一
焦繼勳	儒服謁晉祖，留帳下	許州長社人	太平興國三年卒，年七十八	彰德軍節度、贈太尉	《宋史》，列傳二十
王克明	紹興、乾道間名醫，禮部試中選	徙湖州烏程縣	紹興五年卒，年六十七	額內翰林醫痊局，賜金紫	《宋史》，列傳二二一，方技下
華　岳	武學生	家貧，貴池人	為史彌遠杖死東市，南宋中期	殿前司官屬	《宋史》，列傳二一四，忠義十、《四朝聞見錄》，甲集
鄒　鳳	從天祥勤王，補武資至將軍	吉水人	天祥被執，鳳自殺，南宋末期	益王立，進兵部侍郎兼江東、西處置副使	《宋史》，列傳二一三，忠義九

李彥仙	种師中部曲	寧州彭原人	投河死，年三十六，南宋初年	贈彰武節度軍節度使，諡忠威	《宋史》，列傳二七○，忠義三、洪邁，《容齋隨筆》
孫　益	率眾拒賊	揚州泰興人	理宗紹定中，拒敵赴死	保義郎	《宋史》，列傳二一一，忠義七
李　韜	禁軍隊長	河朔人	乾德六年卒	趙州刺史，移慈州	《宋史》，列傳三十
郭　京	布衣，薦官	陳州（京畿路）	北宋中期	陝西都部署司參謀軍事	《宋史》，列傳二一六，隱逸上、《續資治通鑑長編》，卷一三一
張　惠	李二措將	燕俠士	南宋末期		《宋史》，列傳二三五，叛臣中
宋　江	草寇	家貧，京東	北宋末南宋初		《宋史·張叔夜》，佚名、《大宋宣和遺事》、《癸辛雜識·續集》
向　拱	客周祖	懷州河內人	五代末北宋初	贈中書令	《宋史》，列傳十四，向拱、《洛陽縉紳舊聞記》
李壽朋	賜進士出身	父贈尚書右丞	北宋中期	鹽鐵副使	《宋史》，列傳五十，李若谷孫
查　道	舉進士高第	官家後代	天禧二年卒，年六十四	知虢州	《宋史》，列傳五十五
王　寂	殺惡官入寇	平民，汾州邑人	北宋中期	驛舍暴卒	劉斧，《青瑣高議前集·王寂》，卷之四
范信中	士人	開封	北宋末南宋初	諸路戎鈐	《梁溪漫志·范信中》、《獨醒雜志》
孫　立	為友復仇	屠夫，隨州市	北宋中期	誅於市	劉斧，《青瑣高議·孫立為王氏報冤》，卷之四
單　和	善飛梯	開封	北宋末南宋初	儀鸞司	《鐵圍山叢談·單和》
韓世旺	臨安府幕僚	家貧，韓世忠兄	北宋末南宋初		洪邁，《夷堅志》
陳　俞	建炎大赦	臨川人	北宋末南宋初	累舉恩得縉雲主簿	洪邁，《夷堅志》，補卷二
王小官人	盜	鄮沙	北宋末南宋初		《癸辛雜識·前集》
董士廉	佐劉滬築水洛城	關中豪俠	北宋中期		《東齋記事》、《默記》，卷上
蕭明哲	進士	太和人	南宋末期	死於隆興	《宋史》，列傳二一三，忠義九
林　琦	功補宣教郎	閩人	南宋末期	佐文天祥幕	《宋史》，列傳二一三，忠義九、陸心源，《宋史翼》，卷三十二
劉　易	賜處士	陝西豪士	北宋中期		《宋人軼事彙編》，卷七
宗　澤	登進士第	婺州農家子弟	北宋末南宋初	贈觀文殿學士通議大夫，諡忠簡	《宋史》，列傳一一九、《宋人軼事彙編》，卷十四
王　善	巨寇		南宋初期		《宋史》，列傳一一九
陸　游	蔭補登仕郎	官家後，越州山陰人	南宋初期	嘉定二年卒，年八十五	《宋史》，列傳一五四、《四朝聞見錄》

周　南	遊太學登進士	平江人	南宋中期	兩爲館職	《宋史》，列傳一五二、《四朝聞見錄》，乙集
楊　忠	僕人	家貧			沈俶，《諧史·楊忠》、《宋稗類鈔·忠義》，卷之三
桑懌	義俠		北宋中期		歐陽修，《桑懌傳》
劉元八郎*			南宋初期		洪邁，《夷堅志》，支戌，卷五
劉　過	布衣	廬陵	南宋中期	鬱鬱以終	《四朝聞見錄·函韓首》
唐玉潛	太學生	家貧，會稽山陰人	南宋末元初		《宋人軼事彙編》，卷十九、《宋稗類鈔·忠義》，卷之三、《南村輟耕錄》，卷四、《宋史翼》，卷三十四
毛惜惜	高郵妓也	家貧	南宋末	特封英烈夫人、賜廟祠	《宋稗類鈔·貞烈》，卷之三
潘庭堅	殿試第三人	富沙人	南宋末期	臥病而殂	《齊東野語》，卷四
王實之	登甲科	莆人	南宋末期		《齊東野語》，卷四
張　元	舉進士不第		北宋中期		王鞏，《聞見近錄》
俠者遺劍*			北宋初期		《玉壺清話》，卷五、《宋朝事實類苑》
助劉氏之任俠			南宋初期		《宋史·列女傳》
李　全	販牛馬	濰州北海農家子	南宋末期	紹定四年	《宋史》，列傳二三五，叛臣中、《齊東野語》，卷九
張　景	古學尚氣義	江陵公安，散官	北宋中期	壽不五十	《湘山野錄》，卷下，《宋史翼》，卷二十六
冀州俠少	平民	冀州	北宋中期	俠者不軌	《湘山野錄》，卷下
豪俠少年	平民		南宋末期		《宋稗類鈔·吳妓徐蘭》
朱　游	士人		南宋初期		《四朝聞見錄·乙集》
蒯挺			北宋末南宋初		《建炎以來繫年要錄》，八十
劉孝廉					《子不語》
施　全	殿前司後軍使臣		南宋初期	磔於市	《宋史》，列傳二三二，秦檜傳、《宋史》，本紀第三十，高宗趙構七
唐　琦	衛士	開封人	南宋初期	焚屍	《宋稗類鈔·忠義》，卷之三
張家義僕	僕人	家貧	南宋初期		《宋稗類鈔·忠義》，卷之三
王　達	僕夫	家貧			《宋稗類鈔·忠義》，卷之三
張　順	民兵部將		南宋末期	立雙廟祀之	《宋史》，列傳二九〇、《宋稗類鈔·忠義》，卷之三
張　貴	民兵部將		南宋末期	立雙廟祀之	《宋史》，列傳二九〇、《宋稗類鈔·忠義》，卷之三
范天順	荊湖都統		南宋末期	贈定江軍承宣使	《宋史》，列傳二九〇、《宋稗類鈔·忠義》，卷之三

牛　富	制置司遊擊砦兵籍	霍丘人	南宋末期	贈靜江軍節度使，諡忠烈，賜廟建康	《宋史》，列傳二九〇、《宋稗類鈔‧忠義》，卷之三
劉相如	讀書人		北宋末南宋初		《建炎以來繫年要錄》，卷三十
劉　佑*			南宋末期		《宋史‧叛臣傳中》
武　松	賣藝人	家貧	北宋末南宋初	重刑死於獄中	《臨安縣志》、《西湖大觀》、《杭州府志》、《浙江通志》
艾　氏	不畏金人之欺侮		北宋末南宋初		《夷堅志‧支志庚》，卷七
洪州書生*		洪州	北宋初年		《江淮異人錄》
我來也	小偷				沈俶，《諧史‧我來也》、田汝成，《西湖遊覽志餘》，卷二十五
潘　戾*					《江淮異人錄》
定　遠弓箭手	弓手	濠州			沈括，《夢溪筆談》，卷第十三
秀州刺客		河北人	北宋末南宋初		《鶴林玉露》，卷三、《宋史‧張浚傳》，卷三六一
高　言	倜儻豪傑	京師人	北宋中期		《青瑣高議前集》，卷之三
青面獸			北宋末南宋初		《醉翁談錄》、《大宋宣和遺事》
王　淵	應募擊夏國，屢有功	熙州人	北宋末南宋初	贈開府儀同三司，累加少保，官其子孫八人	《宋史》，列傳一二八
政和劍俠*			北宋末南宋初		《邵氏見聞後錄》
趙某之妻*		鄂州	南宋時期		《夷堅志‧再補》
群盜			北宋初年		《青瑣高議後集》，卷之二
青巾者	刺客	開封	北宋中期		《青瑣高議前集》，卷之四
魏　勝	弓箭手	淮陽軍宿遷縣人	北宋末南宋初	保寧軍節度使，諡忠壯	《宋史》，列傳一二七、《宋人軼事彙編》，卷十五
程　迪	門蔭得官	官家後開封人	北宋末南宋初	贈明州觀察使，諡恭愍	《宋史》，卷四四七，忠義二
徐徽言	賜武舉絕倫及第	衢之西安人	北宋末南宋初	諡忠壯，再贈彰化軍節度	《宋史》，卷四四七，忠義二
邵　雲	聚少年	龍門人			《宋史》，卷四四八，忠義三
飲博俠少		開封	北宋中期		《宋史‧列女傳朱氏》
俠婦人*			北宋末南宋初		《夷堅志》，乙志
詹良臣	以恩得官	官家後，睦州分水人	北宋末南宋初	贈通直郎	《宋史》，卷四四六，忠義一、《宋史翼》，卷三十
張　確	進士	邠州宜祿人	北宋末南宋初	優贈述古殿直學士	《宋史》，卷四四六，忠義一

唐 重	進士	眉州彭山人	北宋末南宋初	贈資政殿學士，後謚恭愍	《宋史》，卷四四七，忠義二
胡 斌	殿前司將官		南宋末期	贈武節大夫	《宋史》，卷四四九，忠義四
尹 玉	捕盜有功	寧都人	南宋末期	贈玉濠州團練始	《宋史》，卷四五〇，忠義五
翟 興	應募擊賊	河南伊縣人	北宋末南宋初	贈保信軍節度使	《宋史》，卷四五二，忠義七
翟 進	捕盜有功	河南伊縣人	北宋末南宋初	贈左武大夫、中州刺史	《宋史》，卷四五二，忠義七
侯 可	隨計入京	華州華陰人	北宋中期	殿中丞	《宋史》，卷四五六，孝義
霍將軍	秀才	吳興	北宋末南宋初		《夷堅志》，丁志，卷十一
亡命社	爲俠於閭里	揚州	北宋末南宋初	社破散	《宋史》，列傳一〇七，石公弼
劉 生		陝西人	南宋初，高宗紹興初年		《夷堅志》，丁志，卷九
趙鄰幾僕（延嗣）	僕人		北宋初，太宗時期		王闢之，《澠水燕談錄》，卷第三
秦 生	酒吏	信陽州	北宋中期	病死	范公偁，《過庭錄・忠宣在信陽奏秦生破賊功》
梁 興	助飛抗金	河北路	北宋末南宋初，紹興年間		《宋史・岳飛》，卷三六五
忠義社	附岳飛抗金	河北路	北宋末南宋初，高宗紹興年間		《宋史・岳飛》，卷三六十、《宋史・兵六》，卷一九二
沒命社	喜與人鬥，平民	耀州	北宋中期仁宗年間	籍於軍	《宋史・薛顏》，卷二九九
林 攄 鉏大俠		揚州	北宋末南宋初		《宋史・林攄》，卷三五一
解洵婦		荊州	北宋末南宋初		《夷堅志補》
舒州民	殺四虎	舒州	北宋末南宋初		《夷堅志》，甲志，第十四卷
虯鬚叟	平民	揚州，隱身助人			《北窗記異》、《燈下閑談》
汪 革	鐵冶之眾	舒州	北宋末南宋初		岳珂，《桯史》，卷六
李 鐙	豪俠橫行		南宋中期		佚名，《名公書判清明集》，卷十二
王 玠	倜儻負氣	長洲	北宋末南宋初	沉於龍眼磯	陸心源，《宋史翼》，卷三十一
張 憲	博興巡檢	貴溪人	北宋末南宋初	累贈奉直大夫	陸心源，《宋史翼》，卷三十一
邱 祈	倜儻負氣	福建仙遊人	北宋末南宋初	爲賊所害	陸心源，《宋史翼》，卷三十一
林師益	父蔭	福建仙遊人	北宋末南宋初	力戰死之	陸心源，《宋史翼》，卷三十
晏 溥	官家後代	河北	北宋末南宋初	力戰而死	陸心源，《宋史翼》，卷三十
詹世勛	倜儻負氣	婺源人	北宋末南宋初	戰死	陸心源，《宋史翼》，卷三十一

昔　橫	功補進義校尉	開封	北宋末南宋初	贈訓武郎	陸心源，《宋史翼》，卷三十一
劉　純	父蔭	福建建陽人	紹定，南宋末期	贈朝散郎	陸心源，《宋史翼》，卷三十一
劉　源	義兵長	淮西野人原	南宋末年（德祐）	奮戰而死	陸心源，《宋史翼》，卷三十二
李天勇	從謝枋得學	臨川人	南宋末年（德祐）	戰死	陸心源，《宋史翼》，卷三十二
王小觀	忠義自許，善槊	瑞安	南宋末年	戰死	《宋史翼》，卷三十二
熊　飛	有武略，善騎射	東莞	南宋末年	戰死	《宋史翼》，卷三十二
劉伯文	武舉賜第	吉水	南宋末年	斬於市	《宋史翼》，卷三十二
喻南強	貢於鄉上禮部不得第	義鳥人	南宋中期（慶元）	縉雲丞	《宋史翼》，卷三十三
西門楄	好學立義	渤海人	南宋中期（慶元）	象州司戶參軍	《宋史翼》，卷三十三
鄭采翁	好讀書學兵法勤王	壽昌人	南宋末年	仗義不屈死之	《宋史翼》，卷三十二
潘　中	崇寧五年進士	福建浦城人	北宋末南宋初	贈朝請大夫	《宋史翼》，卷三十
滿子路	名聞都下	開封	北宋初年		《長編》，卷八十五
哮張二	屠戶	鄂州	北宋末南宋初	立功補官	《夷堅志》，支甲，卷八
包汝諧	業儒	溫州	北宋末南宋初	賜忠孝扁	《宋史翼》，卷三十
董公健	抗賊	新昌	北宋末南宋初	贈武功大夫	《宋史翼》，卷三十
趙玉淵	進士	東莞	南宋末期	歸隱	《宋史翼》，卷十七
林景曦	太學	平陽	南宋末期	歸隱	《宋史翼》，卷三十一
胡德廣	抗賊	東陽	南宋末期	迪功郎尉	《宋史翼》，卷三十一
程　全	抗賊	休寧人	北宋末南宋初	贈協忠大夫	《宋史翼》，卷三十一
張履翁	守城	永新人	南宋末期	忠義之家	《宋史翼》，卷三十二
合　計	149 筆俠士資料				

註：本表資料來源同表 2-1、2-2、2-3、2-4 之史料，如：《宋史》、《金史》、《宋代筆記小說》、
　　《唐宋筆記叢刊》、《宋元方志叢書》、《宋史翼》等。另外《宋史‧忠義傳》事蹟多所採
　　用，乃因許多傳主之義舉，已可列入俠士的研究範圍，故加以整理、討論。
　　*則屬於資料較爲不全之俠義事蹟，雖列入總表，但不進行細部討論分析。